出版沉思录
振兴之路
The Meditations on Publishing

何志勇　著

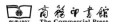
商务印书馆
创于1897　The Commercial Press

图书在版编目(CIP)数据

出版沉思录:振兴之路/何志勇著.—北京:商务印书馆,2020
ISBN 978-7-100-18513-4

Ⅰ.①出… Ⅱ.①何… Ⅲ.①出版工作—四川—文集 Ⅳ.①G239.277.1-53

中国版本图书馆 CIP 数据核字(2020)第 087692 号

出版沉思录:振兴之路
何志勇 著

商 务 印 书 馆 出 版
(北京王府井大街 36 号 邮政编码 100710)
商 务 印 书 馆 发 行
北京中科印刷有限公司印刷
ISBN 978-7-100-18513-4

2020 年 9 月第 1 版 开本 710×1000 1/16
2020 年 9 月北京第 1 次印刷 印张 29¼
定价:128.00 元

出版改革的思想者和践行者

柳斌杰

志勇同志准备出书，定名为《出版沉思录》，要我写序，我慨然应允。一是因为我对志勇非常熟悉了解，可以说，我是看着他成长起来的。二是因为志勇有思想，有情怀，有担当，一直坚守在新闻出版行业内做事，在很多出版单位干过，都干出了非常好的业绩。我国出版业之所以能创造历史上新的辉煌成绩，成为世界公认的出版大国，就是因为有一大批像志勇同志这样的中坚力量。作为他的老领导，接到这样的邀约，我义不容辞。三是因为志勇既是一个实干家，又是一个理论家。在他近三十年的出版生涯中，志勇既勇于在实践中创新，又善于在探索中进行理论提升，发表了大量富于启迪的文章，为我国出版业的改革发展做出了理论研究上的贡献。这一点，我特别赞赏。

认识志勇，是我在四川省委工作期间。因分管宣传工作，我对当时四川省新闻出版系统的重要人事调整记忆犹新。我清楚地记得，他是从西南财经大学出版社社长任上调到四川省新闻出版局任副局长的。那时志勇还不到四十岁，在当时是很年轻的干部。我调往国家新闻出版总署工作后，由于工作上的关系，我们的联系和交流就更多一些。令我印象特别深刻的是，志勇出任四川出版集团总编辑期间，为纪念小平同志诞辰 100 周年，四川出版集团推出了《邓小平画传》等"永远的小平"系列图书，受到社会各界广泛好评。这对四川出版扫除 20 世纪 90 年代"出版事故"留下的阴霾、增强发展信心产生了重要作用；同时，这一系列图书也为我国出版界纪念小平同志诞辰 100 周年添上了浓墨重彩的一笔。

2005 年，志勇从四川出版集团调到四川党建期刊集团任党委书记、管委会主任。在"一把手"的位置上，他充分展示了自己的运筹能力。经过几年的努力，他把濒临亏损的四川党建期刊集团做得风生水起。我在总署工作期间，他多次就四川出版业的改革发展来找过我。我很欣赏他这种善于思考、开拓进取、奋发有为的精神状态。

四川出版，有过辉煌灿烂的历史。四川出版业的改革，也一直走在全国前列。但是，一段时间，四川出版落后了。这是新闻出版总署和四川省委省政府都不愿意看到的。2016 年四川省委做出了"振兴四川出版"的战略部署。在这个关键时期，志勇正好担任四川出版的主力军——新华文轩的董事长，遂担起了振兴四川出版的重任。这让我看到了四川出版重新崛起的曙光。由于我在四川工作过好几年，对四川很有感情，所以一直很关心四川的变化，尤其关注四川新闻出版业的发展。期间，我在媒体上经常看到志勇的文章和相关报道，了解到四川振兴出版的一些情况，包括他们推进的改革举措，以及这几年四川出版发生的明显变化。据报道，新华文轩旗下的几家大众出版社，2015 年亏损 2880 万元，到 2019 年实现盈利 1.7 亿元；文轩出版的市场占有率全国排名，也从 2015 年的第 26 位跃升为 2019 年的第 7 位。短短三四年，四川出版的活力激发出来了，这是一个了不起的成就。从振兴四川出版的措施和成效看，我认为新时代的四川出版走上了一条健康的发展之路。

基于振兴四川出版取得的成绩，2016 年和 2019 年，志勇两次荣获由出版人杂志社和北京开卷公司主办的书业评选之"年度出版人"大奖。这个奖主要基于数据和市场评价，是专业认同度很高的奖。在这个奖的评选史上，他是目前唯一的两次获得者。恰好这两次都是我在颁奖典礼上为他颁奖。两次颁奖，我都表达了同一个意思：一个出版家只要热爱出版事业，坚守出版本分，研究出版规律，注重出版效果，不断改革创新，就能够在出版文化这片沃土上开出灿烂的鲜花，结出丰硕的果实。

出版是传承文化、传播真理、普及科学、教育人民、服务大众的基础文化事业。出版事业的发展进步，决定着整个文化发展的面貌。我们出版工作者，无论什么时候，都肩负着记录历史、发展文化、服务人民的重任，承担着建设文化强国的使命。为此，在我国当前的出版领域，我们要在打造具有世界影响力的内容产品上、利用新兴科技增强国际传播能力上、建设具有国际影响力的出版传媒集团上、培养世界一流"大师级"的出版人才上、提升我国人均图书占有率上，切实肩负起历史责任和文化使命，为推进我国出版强国建设勇挑重担，创造中国出版史上的新辉煌。

毋庸讳言，在传播技术大革命的今天，出版业面临很多新的情况和问题，需要我们有更多的理性思考，做出更深入的研究。一方面我们要坚守出版的本来，不管出现什么情况，无论科技如何进步，变化的永远是技术、载体、平台，而不变的或者说永恒的，是思想、精神、文化价值。所以，任何时候，呈现好的思想内容，推出好的内容作品，都是出版业的责任与使命。另一方面，我们要跟上时代前进步伐，积极运用互联网、大数据、云计算、区块链、人工智能等新兴科技，创新出版的形态、业态、产品和服务方式，不断满足人民美好文化生活的新需要。同时，还要着力推进出版融合发展、高质量发展和国际化发展，构建与我国经济文化社会发展水平相匹配的出版格局，提供更高水平的知识服务。

坚守与变革，是出版业的时代主题，也是出版人永恒的研究课题。希望有更多的出版工作者像志勇同志一样，在工作中思考，在思考中实践，用更多的研究成果和实践经验来丰富我们的出版理论，提升我们的出版能力，引领中国向着出版强国迈进。振兴出版，没有终点，唯有不忘初心，永远奋斗。祝愿志勇同志在以后的工作中更上一层楼，做出更大的贡献。

2020 年 2 月 15 日

目　录

新时代出版业高质量发展若干问题思考（代自序）　………… 1

（一）

为把文轩建成一个伟大的文化企业而奋斗　…………… 18

出好书是出版社的根本职责　………………… 21

从战略高度来认识和推动文轩出版工作　…………… 32

摸清家底，谋划未来　………………… 43

做好三篇文章，推动文轩产业全面发展　…………… 53

聚焦"一带一路"，让四川出版、中国文化"走出去"

　　——四川新闻网记者专访………………… 58

振兴四川出版的思考与建议　………………… 63

建立赛跑机制，切实推进出版振兴　………………… 77

（二）

组建新天地社：文轩振兴出版的重大举措　…………… 90

新华文轩：在全产业链格局下发挥文化影响力

　　——百道网记者专访………………… 92

用"工匠精神"做好每一本书

　　——《四川日报》记者专访 …………………… 101

精耕主业，转型发展，努力打造国内一流的

　　文化综合服务集团 ………………… 103

中盘要发挥振兴四川出版的独特作用 …………… 117

加强理论研究　发出振兴四川出版强音 ………… 125

总结 2016，干好 2017 ……………………………… 129

实业＋资本，重振"川军"雄风

　　——《出版人》记者专访 ………………………… 144

为营造书香社会贡献力量

　　——《光明日报》记者专访 ……………………… 149

振兴出版 2017 年上半年业绩报告 ……………… 152

振兴四川出版一年来形成的五大成果 …………… 156

从内容、渠道到文化：文轩"走出去"的大格局

　　——《国际出版周报》记者专访 ………………… 162

深入实施四大发展战略　推动四川出版再上新台阶 …… 168

文轩出版的希望和未来在青年编辑 ……………… 183

加快振兴出版，创新文化服务 …………………… 194

（三）

振兴出版 2017 年度业绩报告 …………………… 209

坚持"三精"出版，开启振兴四川出版的新征程 ……… 214

百尺竿头思更进　策马扬鞭再奋蹄 ……………… 228

以"三精"出版为引领，激发中盘新动能 ·············· 231

服务医药卫生事业　提升专业出版能力 ·············· 234

创新发展　对标发展　转型发展 ···················· 237

川教社应该在教育出版市场大显身手 ················ 255

振兴出版 2018 年上半年业绩报告 ·················· 265

实施"三精"出版战略　推动文轩出版高质量发展 ····· 270

文化产业发展四个建议 ···························· 280

处理好"车"与"路"的关系　做大做强文轩产业 ····· 285

在分析问题、解决问题中稳步向前 ·················· 292

开创文轩出版"走出去"工作新局面 ················ 298

我们"模样"在变，但初心不改

　　——《中国新闻出版广电报》记者专访 ·············· 308

坚持改革创新，争创中国一流出版传媒集团

　　——《中国出版传媒商报》记者专访 ·············· 312

创新高端人才培养模式

　　助推"振兴出版"再上新台阶 ···················· 317

（四）

振兴出版 2018 年度业绩报告 ······················ 320

以"三精"出版为理念　推进文轩出版高质量发展 ····· 324

推动教育出版改革　打造振兴出版新增长极 ·········· 341

看清问题，澄清误区，走好"三精"出版之路 ·········· 344

坚守出版本来　推进天地出版子集团建设 ············ 349

三年三大步，文轩出版快速崛起的秘诀何在

　　——《出版人》记者专访 …………………… 352

出版融合发展是新华文轩的必由之路 ………… 367

承新华辉煌　谱文轩新篇 ……………………… 379

聚焦"一带一路"

　　推动出版"走出去"向更高层次迈进 ……… 392

振兴出版 2019 年上半年业绩报告 …………… 398

优化产业结构，增添发展动力 ………………… 401

我们的主题出版观 ……………………………… 413

我们的出版人才观 ……………………………… 417

与合作伙伴一道走向美好未来 ………………… 422

天府书展：一张四川出版的全新名片

　　——《中国出版传媒商报》记者专访 ……… 425

2019：新华文轩具有里程碑意义的一年 ……… 434

出版业未来十年的坚守与变革

　　——《出版人》记者专访 …………………… 440

后　记 …………………………………………… 453

新时代出版业高质量发展若干问题思考[*]

（代自序）

党的十八大以来，出版业深入学习贯彻习近平总书记系列重要讲话精神和治国理政新理念新思想新战略，坚持正确的政治方向、价值取向和出版导向，以多出优秀作品为中心，出版事业与产业发展取得了令人瞩目的成绩。进入新时代，党和国家将文化建设提升到关系民族复兴的高度，作为文化建设的重要力量，出版业的发展受到了社会各界的广泛关注。出版业如何进一步深化改革与加快发展，继续走在时代前列，是需要深入探讨的问题。笔者立足于我国出版业面临的新形势，就新时代出版业高质量发展问题谈几点认识，希望有助于出版业的持续健康发展。

一、新时代出版业必须走高质量发展之路

（一）以高质量发展满足人民群众对美好文化生活的新期待

改革开放以来，我国出版业从小到大，出版发行业取得巨大进步。每年出版新版图书由 1978 年的 14987 种增长到 2017 年的 25.5 万种，图书总印数由 1978 年的 37.74 亿册（张）增长到 2017

---

* 本文原载《中国出版传媒商报》2018 年 10 月 9 日，《新华文摘》2018 年第 24 期转载。

年的 92.4 亿册（张）。20 世纪 70 年代末，出版物发行网点只有
5 万多处，不仅业态单一，而且大多数网点设施落后，发行能力极
低；从业人员不过 6 万人，年发行图书仅 30 多亿册。到 2017 年，
全国共有出版物发行网点 16.3 万处，从业人员 57.0 万人，较好地
满足了人们对图书的需要。可以说，改革开放 40 余年来，出版业
已经很好地解决了图书"有没有"的问题。

党的十九大报告指出，"我国社会主要矛盾已经转化为人民
日益增长的美好生活需要和不平衡不充分的发展之间的矛盾"，
"满足人民过上美好生活的新期待，必须提供丰富的精神食粮"。
这是党和政府赋予出版业的光荣使命，也是出版业面临的新机遇。
建设美好文化生活，需要提供丰富多彩的、高品质的文化产品与
服务，需要出版业切实解决出版文化服务"好不好"的问题，这
决定了新时代出版业必须走一条高质量发展之路。

（二）以高质量发展应对内容生产传播方式变革的挑战

进入 21 世纪，互联网开始进入人们生活的方方面面，对各个
行业都带来了革命性的影响，出版业受到的影响和冲击更加明显。
其中最大的挑战是新技术带来的新的内容生产传播方式，改变了
传统出版生态。首先，数字技术改变了传统的内容表现形式和载体。
借助数字技术，出版内容单纯由文字、静态图片等单一形态扩展
为集文字、图像、声音、视频等于一体的立体化复合形态，而内
容载体也随之改变，这对传统出版业纸质图书一品独尊的地位构
成巨大冲击。其次，数字技术颠覆了传统发行模式。数字介质存
储的"虚拟化"图书或电子图书，没有传统出版的库存、退换货、

批发和零售等问题，传统的"先复制后发行"经营模式随之变革为"先销售后复制"的经营模式。再次，数字技术提高了对出版人才素质的要求。数字化出版对从业者有着更高的技术要求，急需既懂数字技术又熟悉出版业务的复合型人才，而传统出版业中极度缺乏这种人才，这引发了出版业的"人才危机"。最后，数字技术动摇了传统出版业的地位。基于数字技术的交互性和网络传媒的信息双向互动传播机制，打破了传统出版业原有的市场垄断格局，把传统出版社推向更为广阔的市场竞争，其出版主体地位受到削弱，甚至有被边缘化的危险。

在业内外忧心传统出版业衰落的时候，我们也要看到，数字化浪潮可以改变内容生产与传播方式，但改变不了内容对消费者带来的价值本身。只不过消费者对内容的质量要求更高、更加苛刻，以传统的"注水"方式生产内容产品已很难满足消费者的胃口。随着近一两年来知识付费开始普及，人们逐渐认识到，原来互联网并不是要消灭收费的内容，而是要创新内容生产、传播与消费模式，通过市场机制筛选出更有价值的内容，并实现内容价值的最大化。面对全新的内容产业竞争，出版业要充分发挥以文字表达的内容产业在所有文化产业中的基础性作用，加快提升内容生产质量，走高质量出版发展之路，跟上文化消费升级的步伐。

（三）以高质量发展推动文化繁荣和文明进步

阅读是人类社会独有的活动，是人类文明的标志和象征。可以说，没有阅读，就没有文化繁荣，也就没有人类社会和人类文明的进步。但是，随着计算机与互联网的发展，人类社会进入了信息爆炸的时代，人类社会的阅读活动不得不面对多元阅读载体、无限信息知识与有限阅读时间之间的矛盾与挑战。面对阅读信息资料的无限增长与个体接受信息能力有限的矛盾，作为信息知识收集、甄别、整理、加工等的出版业，其作用就更加重要。在新知识与日俱增、信息严重过剩的今天，如果没有高质量的出版活动，没有精心策划与制作的图书，读者接受到的就只能是低层次的、碎片化的、杂乱无章的信息和知识。没有系统的知识获取，就没有科学素养的提升；没有深度的阅读学习，就没有思想的升华和文化的进步。可以说，只有推动出版业高质量发展，才能有效构建现代阅读社会，才能有力推动文化繁荣与文明进步。

二、新时代制约出版业高质量发展的突出问题

当前，出版业在思维观念、商业模式和人才建设等方面存在突出问题，制约了出版业高质量发展。

（一）思维观念问题：以封闭式思维应对开放性市场

出版业的高质量发展，需要建设统一开放的文化大市场。不仅在出版业内部要打破市场壁垒，而且需要推进出版市场与其他文化市场融合，实现资源要素的自由流动。但是，当前出版业存在的封闭思维限制了文化大市场的发展。

一是区域封闭思维阻碍了全国统一开放的出版大市场形成。由于历史原因形成的行业管理体制，导致整个出版业在管理上地方保护主义严重，在经营主体上区域分割和所有制分割明显。目

前中国几乎每个省都有一家出版发行集团，这些集团具有高度的同质化倾向。由于各省的国有出版传媒集团控制着本区域教育出版市场，有稳定的收益，观念上形成了比较强烈的区域封闭意识，反对跨区域经营，习惯于耕好自己的一亩三分地。在这种思维下，出版资源、人才、信息、技术等出版要素的自由流动受到限制，阻碍了统一开放的出版大市场的形成。

二是行业封闭思维使出版业不能有效融入互联网文化大市场。随着数字技术和移动互联网的普及，新兴的互联网公司已经成为最大的文化内容提供商和渠道运营商。由此形成了全新的文化生态环境：一个是由国有出版传媒企业主导的、以新闻出版广电等传统媒体为主要载体的传统文化服务体系；另一个是以民间力量为主导的、以新兴媒体为主要载体的、以在线内容为主要形式的新型文化服务体系。出版业从传统出版一路走来，早已习惯按传统出版的流程、体系、模式运作，形成了编印发、产供销成熟的行业闭环，并且获得了较为稳定的收益，因此具有较为强烈的自给自足"小农意识"，对新型的互联网文化大市场视而不见、见而不为，缺乏共享、互联等开放性思维，不敢、不愿开展跨行业、跨产业的合作，致使出版业不能有效地融入互联网文化大市场，也在很大程度上限制了自身的发展。

（二）商业模式问题：以传统生产方式应对新兴市场需求

出版业的高质量发展，需要生产和提供多种形态的文化产品与服务，这需要变革传统商业模式，以全新的生产方式，满足不断增长的新兴文化市场需求。但是，当前出版业传统的商业模式，不能适应和满足新兴市场需求。

随着互联网的发展，出版市场需求发生重大变化。一方面，读者群体发生重大变化。传统的大众读者群体逐渐消失，各种用户圈层不断涌现。年龄、审美、爱好等相同或相似的人群组成不同的文化圈层，影响着文化消费市场的走向。另一方面，读者需求发生重大变化。消费者已不满足于阅读传统纸书，电子书、有声书、知识服务产品等成为读者的新宠；消费者已不满足于传统的阅读方式，更喜欢轻阅读和碎片化阅读；消费者已不满足于购买产品，而是更希望享受到多元化、体验式的文化服务。

出版市场需求的变化，带来出版市场两大转变：一是从"大众"市场向"小众"市场转变。除了国家规定的统编教材外，统一的"出版市场"实际上已不复存在，而且这个市场还在进行更彻底的细分，小众出版、个性化出版将成为常态；二是从图书市场向阅读市场转变。纸质图书独领风骚的时代已经结束，数字出版、有声书、短视频等内容产品和阅读服务通过免费方式大量抓走用户的时间，不断分流传统图书市场。虽然这些新兴的内容产品和服务目前的销售额与图书相比还很小，但是互联网用户的触及率、接触时间及数字内容产品增长率等都在高速增长，预示着传统出版业还将面临更大压力。

面对出版市场的巨大变化，出版业积极推动数字化转型，也取得了一定的成效。但是，从整个行业来看，出版生产方式仍然停留在传统时代。我们沿袭编印发的生产模式，进行大规模生产与大规模营销，无法满足不同圈层读者更加个性化、多元化的需求；我们更重视以作者为中心，而不是以读者为中心，忽视与读者的互动和交流；我们更重视纸质书形态，对有声书、电子书、网络书等不同形态的产品缺乏深度的开发；我们更重视销售产品，而忽视了为消费者提供多元的文化服务。出版业转型的缓慢给互联网文化企业提供了更大的机会。随着知乎、喜马拉雅等一大批互联网文化服务企业的快速崛起，新一代读者群体正在逐渐远离传统出版业。互联网文化企业凭借先进的内容生产方式和灵活的运营机制，推出形式多样的内容产品及文化服务，不断挤压传统出版业的市场空间。这种情况要求出版业调整和变革传统的商业模式，追上消费者不断前行的脚步。

（三）人才队伍问题：以行业培养模式应对跨界竞争

人是生产力中起决定作用的要素，发展出版生产力关键靠人才。没有一支高水平的出版人才队伍，就没有出版业的高质量发展。

出版业高质量发展需要走跨界融合发展之路，这对出版人才建设提出了新的要求。一方面，在"互联网＋"经济的引领下，"出版＋"概念应运而生。出版与各种创新发展元素相结合，单一业态向多元新兴业态升级，出现了"出版＋餐饮""出版＋影视""出版＋教育"等新兴出版模式。另一方面，互联网连接一切的属性催生了一个打通出版、影视、游戏、动漫、戏剧等领域的泛娱乐新生态。出版业走"IP"产业化道路成为新的机遇。通过"IP"运作，内容可以实现由传统出版物到电影、网剧、游戏、衍生品、海外版权、数字版权等多领域的开发，单体项目的价值可以实现几何级增长。在互联网浪潮下，出版业跨界融合与转型升级，急需相应的复合型跨界人才的支撑。

但是，在传统的出版业人才培养框架中，出版人才只是在一个固定而僵化的认知模式中，按照传统的编印发职责分工，被培养成几个单一明确的职业岗位。比如，长期以来出版企业比较重视编辑人才的培养，文字编辑大多数十年如一日地伏案工作，最终培养成编审等高级职称人才。这样的人才对传统出版有价值，但要应对跨界竞争则远远不够。在信息快速流动及产业边界不断重构的融合发展时代，在出版产业链从内容到形式都被注入新的内涵的互联网时代，这种人才培养模式已经严重不适应出版业的发展，人才问题已经成为出版业高质量发展的重要障碍。

三、新时代出版业高质量发展要坚持正确的出版价值观

出版业是历史长河与时代风云的镜子和明灯，映照着人类文明进步的波澜壮阔，直接参与社会精神文化生活的建构，引领着社会精神文化生活的走向。出版价值观是出版业兴业之魂，决定着出版事业和出版产业的发展方向和运作模式。在新时代，出版业坚持什么样的价值观，将深刻影响中国社会文化生活的演进，也将决定出版传媒企业走什么样的道路，从而左右着出版业改革与发展的方向与进程。在新时代，出版业要实现高质量发展，要坚持三大出版价值观。

（一）在多元文化个性中彰显主流价值

当今世界已经进入一个崇尚文化个性的时代。工业化推动以

规模经济为特征的"大众时代"的到来，互联网则催生了个性化需求的长尾市场，使"分众时代"成为未来的趋势。在出版业，随着互联网的影响越来越深入，出版活动也越来越个性化，以网络出版为代表的个性化出版的兴起与繁荣使消费者成为内容生产的中心甚至主体。个性化出版活动极大地释放了出版活力，丰富了多元化的文化形态，推动了文化繁荣与发展。但另一方面，个性化出版带来对文化多元化的追求，势必削弱主流文化的影响力。比如，围绕作者或网络大咖形成拥有共同价值观的固定圈层，从草根阶层影响社会舆论与文化风尚的走向，对社会主流价值传播构成挑战。

面对新的文化传播形势，作为文化产品的主要提供者，国有出版传媒企业一定要发挥文化大市场中的主力军作用，巩固壮大主流思想舆论，形成自己的传播优势，坚持唱响主旋律，传播正能量；作为文化产品的主要生产商，国有出版传媒企业要深刻认识到自身在文化传播体系中的独特地位，表现出在传播社会主义核心价值观方面的远大理想和文化担当，"胸怀大局、把握大势、着眼大事"[1]，彰显主流价值，不断强化内容建设，推进内容创新，坚持以人民为中心的出版导向，以满足人民群众的文化需求为目标，提升自身的内容生产能力、传播能力和创新能力，通过高质量发展，不断打造出市场青睐、人民喜爱、国际认可的精品力作，提升中华民族的文化自信，动员全社会团结一心谱写实现中华民

---

[1] 引自 2013 年 8 月 19 日中共中央总书记、国家主席、中央军委主席习近平在全国宣传思想工作会议上的重要讲话。

族伟大复兴中国梦的历史新篇章。

（二）在社会生活演进中实现文化价值

出版业从事精神内容生产，既解释社会生活，又引导社会生活。不同时代的出版业都是其时代精神及社会生活的书写。出版业通过出版物的生产与传播，满足人们的精神文化生活需要，影响着大众的思想观念和行为规范，事关社会风尚和价值取向。新时代出版业，要在社会生活中发现真善美，弘扬健康向上的社会生活价值取向，给社会生活注入文化正能量；要深切关注人们的日常生活，通过生产优秀的出版物哺育一代又一代读者，推动文明的延续和社会的进步。

新时代的出版业，无论是在中华优秀传统文化的积累传承方面，还是在社会主义先进文化的发掘弘扬方面，均肩负着光荣的使命和重大的责任。一方面，要主动承担起中华优秀传统文化的积累、传承、弘扬与传播工作，要对中华民族文化有更准确的理解、更高度的认同、更精准的阐释，提倡经典阅读和有价值的阅读，让广大人民群众自觉成为传统文化的传承者。要让优秀传统文化鲜活起来，融入人民大众的日常生活，增强优秀传统文化的凝聚力、影响力。另一方面，也要不断发掘弘扬社会主义先进文化，丰富先进文化的内涵，推出更多更好的有时代特色、为人民群众所喜闻乐见、传递正能量的出版产品，满足广大人民群众日益增长的美好生活需要，为推动社会进步和国家文化软实力提升做出应有的贡献。

（三）在先进文化传播中创造经济价值

推进出版业高质量发展，是建设文化强国的必由之路。出版业同时具有意识形态功能和经济属性，其发展首先要符合社会主义文化建设要求，遵循意识形态发展规律，其次也要适应市场经济发展要求，遵循经济规律。因此，推进出版业高质量发展，在传播先进文化的同时，也要做大做强出版产业，助推文化产业成为国民经济支柱性产业。

新时代，文化产业作为经济发展新动力，其独特经济价值日益显现。作为文化产业的重要组成部分，出版产业的经济价值主要体现在以下几个方面：首先，出版产业经济价值包含和反映了两个效益。出版产业的经济价值既体现出经济增长和经济效益，也从侧面反映出社会效益的大小。出版业的社会效益要通过成千上万本优秀图书的传播体现出来，如果没有好的经济效益，没有图书的销售、流通、传播，其社会效益从哪里来？如果一本获奖的"优秀"图书没有获得读者的认可、市场的青睐，只在很小的范围内流传，其社会效益又能高到哪里去？可以说，社会效益与经济效益具有高度一致性，好的经济效益反映出好的社会效益。其次，出版产业具有产业价值的放大效应。出版产业是知识密集型产业，在产业发展的过程中，一方面通过合理配置技术、智力、人力、科技、资本等要素资源，创造出自身的产业价值；另一方面，发达的出版产业又通过助力知识创造与传播，培育各社会产业所需的人力资源，为各行业提供智力支持与知识服务，从而推动各社会产业创造出更大的产业价值。在现实中，我们会发现一个有趣的现象：凡是其他形态的文化产业发展得有声有色的省份，其出版产业都发展得很好；而出版产业发展稍差的省份，其他文化产业也没有多大成就，其原因也在于此。因此，推进出版业高质量发展，要在传播先进文化的同时，发展壮大出版产业，不断提升经济效益，为文化产业乃至整个国家经济的发展做出自己的贡献。

四、新时代出版业高质量发展要加快转型升级步伐

新时代出版业走高质量发展之路，加快出版业转型升级步伐，要始终围绕一个基本点，就是发挥出版功能。自从出版活动产生以来，传播知识、传承文明是出版业始终坚持的基本功能。进入现代社会以来，随着科技的发展，出版载体与形式发生了巨大的变化，铅与火、纸墨笔、声光电、0和1，极大地丰富了出版的形态。但不管怎样变化，出版业生产内容这个基本功能没有变。

互联网时代，面对机器算法、人工智能开始内容生产，传统出版业的生存空间不断受到挤压，不少业内外人士预测传统出版业"大限将至"。在这个当口儿，传统出版业找到自身的竞争优势至关重要。在笔者看来，传统出版业的唯一优势就是有别于碎片化、轻内容的以"高水平作者＋高水平编辑"生产高品质内容的专业能力。从这个意义上讲，高品质的内容就是未来出版的生命线、生死线。出版业转型升级，一定要围绕内容这个本质特征来谋求产业的发展壮大。

（一）内容建设升级，以"三精"出版理念引领出版新风尚

要不断生产出高品质的内容，出版业必须更新出版理念，树

立起精准出版、精细出版、精品出版的"三精"出版发展理念，改变原来上品种、上规模的出版方式，转到注重质量效益上来，用更优质的内容产品去满足人们不断增长的精神文化生活需求。

一是坚持精准出版。精准出版就是供给与需求要"对得准"，精准满足人们对文化产品的需求，增加有效供给。精准出版的实质，就是坚持专业出版、优势出版、有效出版，准确对接市场需求，实现双效统一。一本书只有为特定的读者带来特定的价值才有意义。坚持精准出版，就是发挥自身特色和优势，坚持差异化的出版定位，有针对性地策划选题，找准选题的核心价值，围绕读者需求抢抓优质内容资源，进行精准开发，做出真正能够打动人心的作品，从而为读者带来独特的阅读价值。坚持精准出版就要在经营产品的同时经营好作者，牢牢抓住一批优质作者，要围绕作者的特质，找准市场的契合点，打造精品力作。

二是坚持精细出版。精细出版就是产品要"做得好"。出版是一个相对小的行业，只有精耕细作才能带来大产值；图书是一个小商品，只有精心打磨才能产生大价值。坚持精细出版，就是要改变粗放式的出版方式，建立精细化的运营机制，从出版的全环节入手，实施精细化策划、精细化编辑、精细化设计、精细化营销，通过精细化管理、精细化运作，推出精品力作，用有限的资源实现更大的效益。坚持精细出版，就是要发扬工匠精神，出版机构全环节的编辑、营销、管理等人员都要在各自专业领域深入学习、不断钻研，成为自身领域的专才和专家。

三是坚持精品出版。精品出版就是图书要"出得精"，始终聚焦单品种图书的效益，以质量效益作为增加品种、扩大规模的前提。精品出版的实质，是在品种数量相对稳定的情况下，在资源和资金投入既定的条件下，实现更大的社会效益和经济效益。一本畅销书的投入，并不比一本平庸书的投入更多，但二者带来的双效益完全不可同日而语。坚持精品出版，才能实现出版资源价值的最大化，才能体现高质量发展的经营能力和管理水平，才能在纷繁的产品形态竞争中立于不败之地。

（二）商业模式升级，推动出版产业向内容产业转型

在互联网时代，随着内容产业的规则被改写，内容生产模式、传播方式、消费形态等发生巨变，我们对传统出版越熟悉，反而对出版的未来越陌生。随着UGC（用户生产内容）、自助出版、智能出版等新的内容生产模式不断兴起，"专业作者＋专业编辑"生产内容的模式受到挑战；随着"数字出版、网络传播、电子阅读"融合带来出版形态与传播方式的变革，传统纸质图书出版生产模式的弊端显露无遗；随着知识付费的兴起，通过作者与用户直接供需见面实现知识分享与传播，彻底颠覆了传统出版业利用书号控制知识产权与产品形态的状况，原来那种封闭式渠道流通创造产业价值的根基开始动摇。面对史无前例的巨大变革，出版人要敢于超越传统产业模式带来的局限，推动商业模式的变革。

一是以消费者为中心，创造出版价值。传统出版业的商业模式是建立在以作者为中心的基础之上的，追求自身利益最大化。互联网的发展消除了出版市场信息的不对称，消费者掌握了更多出版物产品、价格、品牌等方面的信息，市场竞争更为充分，市场由出版商主导转变为消费者主导，消费者主权时代真正到来。

因此，出版业要从市场定位、产品策划、生产销售、售后服务等出版价值链的各个环节，建立起"以消费者为中心"的用户思维，将自身的商业价值建立在为用户提供价值的基础之上，正所谓"没有认同，就没有合同"。

二是创新出版形态，开展内容运营。出版为阅读提供内容，这是不变的，变化的是出版的形态。"出版"概念不是封闭的、静止不变的，而是一个不断发展变化的历史性概念。它的内涵与外延随着社会情境、科学技术等因素的变化而变化。随着互联网的发展，网站、博客、微信、自助出版等新的出版形态，正在不断拓宽出版的范围，重塑出版的内涵和外延，不断蚕食传统出版的市场空间，争夺终端用户的注意力。因此，出版人要勇于把出版内容从延续几千年的出版载体上解放出来，创新出版形态，从产品经营向内容运营转变，对出版内容按照不同层次、不同类型的需求进行重新设计、包装，向用户进行精准推送，以高水平的内容运营能力吸引新一代消费者向出版回归。

三是从实现"交易"升级到建立"关系"。传统出版业商业模式以实现"交易"为目标，出版商无论是向读者出售内容产品，还是向第三方售卖或转让内容版权，都以实现商品交易为最终目的。交易一旦实现，商业活动即宣告结束。这种简单的"一卖了之"的出版模式，在互联网时代，很难留住消费者的心。在新时代，出版业要将基于"交易"的商业模式升级到基于"关系"的商业模式，努力构建与消费者的新型关系。出版业要将先进的市场服务能力和优质的内容原创能力相结合，提升出版业对消费者的吸引力，用多种方式"黏住用户"，建立与用户的长期关系，形成特定用户群，通过大数据精准推送内容产品，推动出版业实现更高层次的发展。

（三）产业政策升级，有力支撑出版业高质量发展

推动出版业高质量发展，政府这只有力的手不可或缺。要精准施策，充分发挥文化产业政策对出版业繁荣发展起到的巨大推动作用，完善文化产业政策体系，进一步强化相关产业政策的支撑作用。

1. 出版产业政策要着力支持出版创意的发展，引领全社会创新创意热潮。随着出版规模的增长，产品的极大丰富，应将过去以增加产值（GDP）为核心的传统产业政策逐步转向以增加价值（文化价值）为核心的新型产业政策。产业政策扶植和支持的对象应重点放在产业价值链的高端—出版创意环节。产业政策的导向要以鼓励创新创意为着力点，激发全民文化创新创意的热情，形成全社会创新创意的热潮，为生产高品质的内容奠定广泛坚实的社会基础。

2. 出版产业政策要着力构建开放的市场体系，支持出版与相关产业融合发展。出版市场无边界，文化交流与传播无边界，把出版活动局限在一个区域内，局限在一个行业内，就很难发挥出版业最大化的文化价值。因此，出版产业政策不但要打破出版业内的市场壁垒，更要推动出版业对外开放，支持与相关产业的融合发展。近年来，随着出版融合发展的深入推进，以出版业之力实现融合发展目标的难度越来越大，因此，出版业的融合发展，不但要通过工商支持、税收减免、财政补助等政策改善"营商环

境"、增加发展后劲，解决出版企业的后顾之忧，还要构建"文化—科技—金融"三位一体的政策体系，形成适应供给侧改革和文化科技融合发展要求的出版政策体系，形成"文化—科技—金融"三元动力结构，以此推动出版产业全面对接国家"互联网＋"战略，推动出版业态创新。

3. 出版产业政策要着力支持出版体制机制创新，为出版业人才建设提供制度保障。解决出版业的人才建设问题，核心是出版企业要构建具有竞争力的薪酬激励机制，进一步推动以人为核心的产权变革，其中特别要重视人力资源的资本权重。除了确保国有资本的保值增值之外，还应把经营团队、骨干出版人的利益诉求，作为改革的着眼点。经营团队和骨干出版人拥有一定的股权是题中之意，甚至一定数量的员工持股也应该成为产业现实。这些问题需要政府着眼壮大国有出版业，发挥出版业基础文化产业作用，调整和优化产业政策。这样才有利于国有出版传媒企业与拥有灵活体制机制的互联网企业进行跨界竞争，也才有利于推动出版业的高质量发展。

为把文轩建成一个伟大的文化企业而奋斗[*]

我们每个人，只有在一定的组织体系当中发挥作用，才会形成强有力的推进事业发展的力量。因此，我们一定要做到上靠省委和省委宣传部，这是我们的上级；背靠发行集团，这是我们的母体；下靠管理团队，这是我们的核心。只有做到、做好这三个依靠，个人才是有力量的。在此基础上，我们应着力做好几项工作：把战略规划好，把机制搭建好，把资源协调好，把优势发挥好，把短板弥补好，把风险控制好，把氛围营造好，把政策贯彻好，把底线坚守好。

这里要特别说明，上届董事会和经营班子已经为我们确立了"两个转型"的战略。当前和今后一个时期，我们要做好文轩的工作，就是要继续大力推动和实施这两个转型战略。第一个转型是由单一的发行集团转型为全产业链的综合出版集团；第二个转型是由传统的出版产业集团转型为现代的文化服务型集团。

第一个转型即文轩要从单一的发行集团转型为综合的出版集团。从文轩由"连锁股份有限公司"更名为"出版传媒股份公司"那天起，文轩其实就开启了这个转型战略。今天的文轩，已经成

---

* 本文为2015年12月28日在文轩干部大会上的任职发言摘要。

为一个提供文化产品和服务的综合性出版企业，出好书、卖好书是文轩两个最核心的业务，也是文轩的神圣职责。就文轩的现状而言，"卖好书"做得比较好，尽管还有很多需要改进的地方。文轩"卖好书"已经走在了全国前列，无论是影响力还是在总局的评价体系中，文轩的传统业务——"卖好书"都是响当当的。两周前，新闻出版总局发行司司长来川考察调研，对文轩发行给予了非常高的评价，说文轩是全国发行界的一个标杆。相比之下，"出好书"方面我们还有很多欠缺，在全国处于十分落后的地位。文轩本版图书的市场占有率，在全国 35 家出版集团排名中，去年位居第 29 位，这与四川在全国的地位严重不符，与文轩在全国的影响也严重不符。图书出版业务已经严重地拉了文轩的后腿，成为名副其实的短板。上周，中宣部出版局领导来川授课并调研，在调研中反复强调，文轩一定要解决出版短板问题。因此，做好文轩的工作，首要的一个问题，就是走好已经确立的转型之路，在坚持全面发展的前提下，围绕"出好书"重点推进出版体制机制改革，培育和造就一批优势出版社、知名出版领军人物和优秀编辑人才，推出一大批有影响的图书。现代企业制度的常识告诉我们，企业没有好的产品，就很难成为一个好企业。"出好书"很难，短期内要解决"出好书"的问题更难，但是，文轩要成为一个伟大的出版传媒企业，必须弥补这块短板。只有不断推出有较大影响的文化产品，文轩才能真正走向全国、走向世界。

第二个转型就是从传统出版产业集团转型为现代文化服务型集团。这个转型，具体说就是转变"一个观念"，插上"两个翅膀"。转变"一个观念"，就是转变我们的服务观念，变传统发行的观念为现代服务的观念。这个转变方面，我们已经做了大量卓有成效的工作。从"教材事业部"变为"教育服务事业部"的更名中，我已经看到了观念的变化。插上"两个翅膀"：一是插上互联网这个翅膀，让我们的传统业务在"互联网＋"的国家战略下，实现融会贯通。这一方面，我们已经有一个非常好的开端，文轩网做得风生水起，在全国业界产生了很大的影响。今后要在我们各个业务板块搭建更多的互联网平台，进一步拓宽我们的经营路子。二是插上资本经营这个翅膀。文轩回 A 在即。我想，当初规划文轩回 A 战略，一定是本着为文轩的发展插上一只资本经营的翅膀而来的。接下来，我们需要充分发挥我们作为上市公司的独特优势，用好资本市场，尤其是利用好 H 股和 A 股两个市场，把实体经营与资本经营结合起来，实现二者交相辉映。目前，文轩的互联网和资本经营这两只翅膀已经生长出来了，下一步我们要做的就是让这两只翅膀变得更加强健，让文轩飞得更高、飞得更远。

走好今后的发展之路，文轩要崇尚一种风气，并且要将这种风气转变为一种风清气正的企业文化，一种靠业绩导向的人才选拔机制。这就是，我们的事业在我们每个人的手里，不好的要好，好的要更好。要形成一种风气，我们的事业，不管现状如何，都会因为我们而不断向上、向前。

在这条路上，愿我们大家一起携起手来，共同前进。

出好书是出版社的根本职责 *

一、当前出版社面临的许多问题都是能力问题

近期，听到大家提出的各种意见，对此我非常理解。下面对大家提到的有些问题做一个回应：

1. 关于保护弱小问题。有同志提到，我们出版社现在很弱小，根本没有竞争力，这种情况下，与有超强实力的出版社去正面竞争，怎么可能有胜算的机会。言下之意，弱小者只有依靠保护。不过，任何强大的企业，都是从弱小开始的。如果我们把注意力都放在如何保护弱小上，可能永远都走不出来。我们应该做的，是要进入市场，了解市场，感知读者的需求，找到我们各自的生存空间，找到我们的生存方式。

巴蜀书社坚持走专业化的路子，结果证明它走对了。我们一定要在自己的专业领域找出路，在自己的相对优势领域下功夫。只有在我们熟知的地盘上耕耘才有希望。

2. 关于学习先进问题。有同志提出，需要外出考察，走出去看看全国同行出版社怎么做的。对于全国同行，我们确实需要了

---

* 本文为 2016 年 1 月 13 日在文轩出版社调研座谈时的讲话摘要。

解，需要学习先进。但我比较纳闷的是，我们身处这个出版领域，不是一天两天了，难道过去我们就不去研究同行，不去学习优秀的出版社吗？实际上，不管我们处于弱小状态，还是将来变得比较强大了，任何时候都需要研究同行、学习同行。我们不是在真空中做出版，我们是在与全国同行的竞争与合作中不断朝前走的。不学习，不交流，关起门来做事，一定不会有进步。这个学习交流，并不一定是要去现场面对面进行，而是要去研究他们好的做法，研究全国行业的趋势与动态。这是对我们做出版工作起码的要求。如果说别的行业可以关起门来做产品的话，那么出版则是一个最不能闭门造车的产业。

3. 关于教材教辅问题。有不少同志提出，要谋求出版社的发展，就应该重获教材教辅业务。我们多数出版社过去都有教材教辅业务，进入文轩之后，教材教辅业务全都集中到教育出版社了。教材教辅业务被剥离以后，对这些出版社来说，没有了主要收入来源，经营一下子就变得很困难。所以这几年，文轩对出版社都是实行的亏损管理。这个亏损状态，使出版社内部的日子不好过，外部的形象也不好看。但这里我要给大家说，在这个问题上，文轩公司过去的决策是正确的，这个决策对未来有着长远的好处。要知道，教材教辅出版业务有着极强的专业性，竞争也十分激烈。在我的职业生涯中，最累心的阶段，就是在出版集团做总编辑主管教材教辅业务的时候。把教材教辅业务集中到教育出版社，有利于专业化运作，有利于把教材教辅业务做大做强。再说，过去我们很多出版社有教材教辅业务的时候，也没见到有多富裕，实力有多强，也没有见到哪家出版社推出了多少好书，哪家出版社在全国的排名靠前了。这说明什么？说明问题不在于有没有教材教辅业务，而在于我们的能力不足，在于我们缺乏造血机能。过去有教材教辅业务，出版社的日子好过一些，反而掩盖了能力不足的问题。能力不行，做什么都不行，就只剩下抱怨了。钱是一个永恒的话题，不管对单位还是对个人，钱永远都是不够的。我十多年前就听到出版社有这个抱怨，现在还在抱怨没有教材教辅业务，没有钱，日子不好过。这说明这么多年，我们没有多少进步。

把教材教辅业务还给各家出版社，不仅文轩出版社有这个诉求，从其他方面我也听到了这种意见。今天我认真地给大家说明一下，从今往后，不要再提这个问题了。我们不走回头路，在改革上不去翻烧饼，要朝前看，今后我们要把注意力和精力放在各自的专业领域上，放在能力建设上，通过发展来解决我们面临的问题。

如果我们的出版社因为发展缺钱，因为出好书缺钱，给钱给支持是没有问题的。但是钱如果在你的手里消耗了，那么你就是失职。任何企业都不可能长期靠输血过日子。不断输血，你却不断亏损，你做的事情就是把"钱"变成"纸"，意义何在？扭转出版社目前这个艰难局面，还是要靠不断提升出版能力，一步一步朝前走，积小胜为大胜。别人的成功案例不能作为规律。不能说《学习的革命》在资本市场上赚了，大家就都用这个方式来做出版；还是要遵守出版本身的规律，要讲两个效益。我们要通过差异化考核，推动各个出版社走不同的发展路子。

4. 关于总部支持问题。有同志提出，希望总部出面帮助争取国家重点项目。这个问题涉及一个更为宏大的问题，即出好书的主体是谁？千万不要以为，既然我说文轩公司要重视出版，就等于出好书的主体成为文轩总部了。我要明确告诉大家，出好书的主体，永远都是出版社！公司总部的责任是为出版社出好书提供必要条件，建立适合的体制机制，给予支持和帮助。所以，从这个角度说，争取各种项目的主体也是出版社。如果什么都为你准备好了，把选题项目都给你拿回来了，还要你出版社来干什么？如果争取项目要总部帮忙，那么策划选题是不是也要总部帮忙呢？要记住，出版社的本来是出好书。围绕出好书有大量的工作，这都是出版社的分内之事。

5. 关于人才缺乏问题。有同志说，现在出版社人才缺乏，体制机制都有问题。人才问题很重要，没有人才，怎么能够出好书呢？但这个问题主要还是出版社内部的问题，是社长履职的问题，是出版社内部建立什么样的体制机制的问题。我感兴趣的是在人才问题上，公司层面有什么问题制约了出版社对人才的培养，需要公司层面做些什么实质性的改革。

二、补齐出版短板是今后的一个战略任务

文轩总经理建议，这次调研一定要先到出版社来，不然出版社的同志会很失望。我听取了这个意见。这件小事实际上说明了文轩高层对出版这一块非常重视，特别是老文轩的人，对出版可以说是小心翼翼、用心良苦。

从摆放出来的样书，大致可以看出我们现在的出书能力和水平。现在是我们认清形势、有所作为的时候了。

这几年，四川出版有触底反弹的迹象，开始有一些好书出来，包括《雪域长歌》《瞻对》等。但是，对四川这样一个出版大省、文化大省来说，这样的好书太少了，所以我们在全国出版社的排名靠后，川版书在全国的影响力也很小，书店几乎看不到川版图书。因为好书少，文轩在全国的影响更多地还是在发行，很多人甚至不知道文轩是有着9家出版社的全产业链出版集团，还以为文轩是单纯的发行机构。我最近到北京，与业界的一些老朋友见面，他们都以为我转行去搞发行了。我到总局向领导汇报工作，管发行的领导的态度，与管出版的领导的态度有所不同。管发行的领导对文轩赞赏有加；管出版的领导，在客气中有批评，四川出版在全国排名太落后——他没有说出来，我们自己知道，全国35家出版集团，文轩出版去年排第26位。

可以说，文轩发行强而出版弱的状况，影响了文轩的战略选择和战略布局，也制约了文轩的品牌和形象的延伸，进而也拉低了四川出版在全国的地位。因此，面对出版这个明显的短板，怎么将其补齐应该是文轩今后工作的一个战略重点。我们一定要把文轩出版这面旗高高举起，这是文轩未来的出路所在。

下一步，我们要对文轩出版做全面的规划，既要"就出版说出版"，还要"跳出出版说出版"。这里谈几点粗浅的想法：

1. 加深对社会效益的理解，用科学的指标引导出版社多出好书。两办50号文件强调把社会效益放在首位。对社会效益，很多人有不同的理解。我以为，出版社社会效益的最好表达，就是出好书。什么才是好书？上次我在省委宣传部组织的"全省出版行业马克思主义出版观培训班"授课时，讲了好书的三个标准：一是社会认可；二是专业认可；三是市场认可。在这三个标准中占到一个，就可以说是好书，如果占到两个或三个，当然就更好了，但这很不容易，因为具有传承价值的图书，往往都非常小众。评价出版社的社会效益，可以从这三个标准来设计指标。有的同志认为，出版社的出书规模，也应该作为社会效益的指标之一。我想，标准问题可以大家讨论。但是，有一点要明确，平庸书再多，都不能说有多大的社会效益。现在我们正在起草《出版社社会效益和经济效益考核办法》。这个考核办法，会先征求大家的意见，这个征求意见的过程，也是集思广益的过程，也是统一思想的过程，也是大家对好书标准的认识过程。这个办法出台后，我想会极大地调动大家出好书的积极性，推动出版社完善出好书的体制机制。

2. 采取切实措施推动出版社出好书。这里，我把我的一些初步想法跟大家做一个交流。

一是评奖，对好书进行奖励。我们要出台一个奖励好书的办法。文轩准备每年拿出一笔钱来奖励和资助出好书。这需要有一个资助和奖励好书的管理办法。先把制度立在前面，然后按照这个制度来实施，就是一种公平公正的做法。不然，有人可能会说，因为你没有激励，所以我才没有完全使力。我从在出版局做副局长的时候就形成了一个理念：事前有政策，事后有奖励。对好书的支持，与其事前给补贴，不如事后给奖励。即使是对好书的补贴，补贴的钱也要事后才能到位。事后补贴资金到位，也有奖励的性质在里面。

这里顺便回应一个质疑：文轩这么多机构、这么多业务，为什么要把出好书单独列出来奖励？因为出版是创意产业，一家出版社一年出版几百上千种图书，每一种都不一样，所以创新是出版社每天都要面临的课题。创新创造，往往不是靠下达指令能够做成的，而是要靠氛围、靠机制、靠出版人的责任和动力。我给你一百万元，让你出版一套传世之作，行吗？我给你一百万元，叫你出一本全国畅销书，也不可能。我有一个观点：图书行业中，发行靠管理，更多强调做好"规定动作"；出版靠理念，更多强调做好"自选动作"。出好书不能事前命令，只能事后奖励。奖励对于出好书，既是一种有效的激励，也是一种明确的导向。好书评奖，连带着还要评选好书背后的人，这是人才培养的一个途径。我们每年要评选出版成就奖、出版新人奖，还要评选优秀社长。

二是建立文轩出版基金。此举旨在通过建立出版基金的方式来切实支持出好书，来解决一些出版社面临的资金困境。有好的选题，需要资金支持，就可以通过基金扶持的办法来解决。这项工作已经列入我们的议事日程。

三是支持出版社争取各类出版项目资助。现在国家有很多支持文化产业发展的专项资金，出版社要学会通过项目争取资金的运作方式。图书出版项目的支持渠道很多，包括中央的、省级的，还有各个部委的。这项工作一定要发挥出版社的主体作用。同时，为了调动出版社的积极性，不仅谁争取到资助资金谁受益，文轩公司不克扣，而且公司层面还会有适度的奖励。争取各类出版资助，应该成为当前出版社出好书的一个重要资金来源。

3. 在总部成立编辑委员会。为了切实贯彻落实 50 号文件精神，文轩下一步要成立编辑委员会。其职责是加强出版物的导向管理和重大选题的管理，同时还要研究出好书的体制机制建设与改革。在公司层面建立编辑委员会，也是一些优秀出版集团的经验做法。别人好的经验我们要学习借鉴。这个编辑委员会，我打算主动请缨担任主任委员，当然，我是不是够条件，是不是合格，还要大家评判。我来做这个主任委员，一个最直接的考虑就是担责。如果你们出一本坏书，我就成了直接责任人。现在不是讲要有担当吗？我带头来做。我来做这个编辑委员会主任委员，好处是可以使这个编辑委员会更有效地发挥作用。

4. 出好书，要靠机制、靠人才，最终是靠综合能力。出版社出好书，急不得，也慢不得。现在我们的能力很弱，着急没用，需要出版社各种要素积累到一定程度才能形成出好书的能力。但是，出好书也慢不得，你慢了，机会就被抢走了。这里面最忌讳的是出风头的意识：我平时没有什么好书，却总想着来个一鸣惊人。你们不是不看好我吗？我就做一件让大家刮目相看的事情。四川一家高校出版社出了一本影响不良的官场小说，就是想出风头、一鸣惊人，结果该出版社社长被免职了。一家出版社出好书、求发展，绝对不可能靠着咬咬牙或撞大运就能成的，这需要不断提升内部的各种能力，在不断进步中好书越来越多。因此，出好书是水到渠成的事。这就好比成绩好的考生考砸是常事，但成绩差的考生想出人意料地考得很好是没有的事。所以，从事出版工作，哪怕你是很优秀的"考生"，也总是战战兢兢、如履薄冰，一不留神可能就"考砸"了。

5. 社长一定要围绕选题来开展工作。出版社工作千头万绪，但最重要的工作，是选题、选题，还是选题。没有好的选题，出版社的经营就是无源之水、无本之木、无米之炊。

选题的中心要素是策划编辑，一定要有一批能力较强的策划编辑。优秀的策划编辑有几个特点：一是有较高的文化素养，能够与作者对话。二是对市场敏感，对行业熟悉，知道什么东西好什么东西不好。出版业有很多传说，比如一些伟大的作品曾经被一些出版社退稿，说的就是这些出版社缺乏眼光。三是要有活动能力、人脉关系，也就是善于与人打交道。没有这样的人，出版社出好书就是无米之炊。实际上，在我们的出版社，这样的人往往是我们的社长总编，或者是编辑室主任。策划编辑，前要联系作者，后要做好营销，当中还要协调责任编辑、责任校对。围绕策划编辑这个选题中心有三端：

选题的前端——作者，要联络一批作者。最近我们一家出版单位有一个比较好的想法，打算与省作协及其网络作家协会建立战略合作关系，以此联络一批网络作家。网络作家都是年轻人，后劲足。前不久，四川一个网络作家的《三星堆密码》还没有写完就被浙江拿走了。花一点钱，联络一批有前途的青年作家，我们就可以争取主动。

选题的中端——文案编辑，要建立一批高素质的编辑队伍。没有米，巧妇也没有用。有了米，巧妇就很重要了。没有好的编辑力量，再好的米你也煮不出香喷喷的饭来。策划编辑是买菜的、设计菜品的；文案编辑是做饭的，做饭要讲究手艺，这不用多说。

选题的后端——营销，要有一支强有力的营销队伍。营销不是简单的发行，不是简单地将书变成钱，营销对选题有至关重要的反哺作用。有作者说，我的作品要按销售十万册拿版税，你敢不敢要这个书稿？这个胆量和气魄，并不取决于你手里有多少钱，而是取决于你的判断力和营销能力有多强。因为营销的作用特别重大，我曾经把选题和营销比喻为出版社这驾马车的两个轮子，只有一个转，另一个不转，出版社这驾马车就只会在原地打转。没有哪个优秀的出版社是没有营销体系的，更没有哪个超级出版社没有强有力的营销。如果一个出版社不关心市场，不了解市场，它出的图书能有市场吗？由这个道理和常识，我们可以反思一下，我们的出版社应该建立什么样的营销关系和营销体制。

选题的前端、中端、后端的作用，说明了必须抓住选题这个"牛鼻子"，出版社才能立于主动。抓好了选题工作，出版社内部的编辑与发行的关系才能理顺。否则，一定会出现编辑与发行打架的问题。图书发行不好，编辑说发行没本事，发行说编辑出的书太差。大家搅在里面是走不出来的。我记得十多年前就有社长问，如何才能避免出版社的编辑与发行打架。我当时就说，关键在社长。两边的缰绳都牵在社长手里，各自按照不同的要求做事，在社长那里集中统一，统一的支点就在抓好选题、出好书。

6. 逐步建立起出版社可持续的运作模式。出版社的运作与管理有两种模式：一种是单一核心的模式，出版社一切活动都围绕社长转。因为社长什么都管，所以对市场、选题、营销都很在行，容易把握好分寸。这种管理模式的好处是效率高、见效快，但缺点也很突出：一是不可持续，一旦这个能干的社长或核心人物离开，整个单位就会受到很大的影响，甚至一落千丈；二是容易出错，权威一旦形成，往往容易过度自信，并且喜欢用过去的经验来应对现在的问题，用老办法处理新问题，容易出现大问题。

还有一种是多中心的模式。出版社有若干个核心，运转主要靠团队、靠制度、靠规程。这种模式的坏处是效率不够高，但它的好处十分明显，就是可持续，不会因为某一个人出问题而影响全局，因为平台的作用很大。对私营企业来说，前一种模式是可以的，对国有单位来说，后一种模式比较好。现在我们很多出版社大都处于前一种模式，这是历史形成的，是没有办法的事，但需要逐步过渡到后一种模式。

从战略高度来认识和推动文轩出版工作[*]

今天是文轩第一次召开出版工作会议。文轩作为四川省最重要的出版机构，把好导向，守住底线，切实做好内容产业，对于做好意识形态工作、推动全省出版产业发展具有十分重要的意义。

2016 年文轩出版工作总的指导思想是：以出好书为目标，推动文轩出版的改革与发展。总体思路是：坚持正确的出版导向，建立灵活有效的出版体制机制，出好书、出人才，实现社会效益和经济效益的统一。

一、守住底线，严格把控出版内容关

党的十八大以来，习近平总书记多次强调指出，意识形态工作是党的一项极端重要的工作。中共中央要求各级党委（党组）要强化责任意识，严格追责问责，把意识形态工作的任务要求不折不扣地落到实处。对意识形态工作，我们一定要高度重视，认真按照中央的要求在公司上下全面落实意识形态工作责任制。

---

* 本文为 2016 年 1 月 27 日在新华文轩第一次出版工作会上的讲话摘要，原文刊载于《文轩人》2016 年第 1 期。

　　对文轩出版来说，落实责任制，第一件事就是要守住出版底线，严把出版导向关。出版是我党重要的意识形态阵地，当前意识形态领域存在着复杂的情况和问题，把好内容质量关，并不是一件容易的事情，这需要我们出版工作者的知识水准、思想素养、专业能力和责任担当。

　　把好出版导向关，也是有规律可循的，其中要把住的最重要一点，就是严格按照三审三校制度、选题报批制度等流程规则办事。这些规则和制度，都是过去很多经验和教训换来的。建立这些规则和制度，就是因为过去这方面曾经出过问题。为了防止这些问题再度出现，才设计了这么一些规则和制度。因此，遵守好这些规则和制度，就能够比较好地把好内容关口，规避事故。

　　坚守出版导向不出问题，这是做出版的底线。这个底线，是1，做好出版其他工作是0。在有1在前面打头的情况下，后面的0越多，你的贡献就越大；但没有了1，就一切都等于0了。

　　还要特别注意，历史教训表明，越是经济困难的出版单位，就越是容易出导向问题。我们的出版机构包括出版社和报刊社，普遍比较弱小，要坚决防止为了蝇头小利而铤而走险。为了一点小钱去做违纪违规的事，简直就是要钱不要命。还要防止出风头的想法，总想来个轰动效应，不按规程办事，结果往往惹出大事。我赞成前天《读者报》的同志说的，"要保持冷静的办报思路"！

　　在意识形态工作责任制座谈会上，四川省委领导同志强调，今年中宣部将对全国贯彻落实意识形态工作责任制的情况进行专项督查，要抓几个典型进行追责问责。他强调，这些典型绝不能出在四川，这是底线。四川也会组织若干督察组进行全面督查。

这里我也要说，我们的各个相关单位和相关部门绝不能因为意识形态工作方面的重大失职或重大问题而被上级部门查处和问责，这也是我们的底线。在意识形态导向问题上，要坚决实行一票否决。

二、坚持把社会效益放在首位，努力实现两个效益的统一

强调把社会效益放在首位，这是两办 50 号文件的总要求。这里，我们首先要明确什么是我们应该去努力实现的"社会效益"？是不是不出坏书、不出导向上的大问题就是把社会效益放在首位了？我认为，衡量出版单位"社会效益"的主要指标，就是多出好书，多围绕重大主题和宣传中心进行宣传报道，多通过我们的各种渠道和综合传播体系把优秀图书和报刊传播出去、起到效果。这里面，多出好书是源头，是关键。

强化社会效益不能空喊口号，要靠一大批好书来支撑。那么，好书的标准又是什么？我在前几次讲话中都有提及，简单说就是几个"认可"：一是社会认可，比如获得各类奖励和好评；二是专业认可，比如入选国家级重点出版项目或重大出版工程，在一定范围内得到专家好评，具有文化传承价值；三是市场认可，比如在市场上畅销，有较强的市场影响力。只要是好书，就一定可以在这几个标准中占到至少一个。评价出版单位的社会效益，可以从这几个标准上来设计指标。还有什么标准或指标，大家可以讨论。但是，有一点需要明确，平庸书再多，也不能说有多大的社会效益。

　　这里还要说明，我们强调把社会效益放在首位，不等于要忽视经济效益。很多时候，两个效益是统一的。台湾诚品书店董事长有一句话："诚品没有经营活不了，诚品没有文化不想活。"这话对我们有启发。完全不讲经济效益，出版社和报刊社是难以持续的，最终也不会有多好的社会效益。我们反对出版社单纯追求经济效益，就是不顾社会效益，甚至违背社会效益去追求经济效益，但出版单位一定要讲求经济效益，这就是通过多出好书来实现。

三、强化两个效益的考核，建立一套适合的 奖惩机制

　　文轩出好书的规模与质量代表着四川出版的水平。文轩要出一大批好书，充分显现文轩出版的社会效益和经济效益，必须在体制机制上做文章。靠集中力量重点抓几本好书很容易做到，但文轩出版要想在全国出版界占有一席之地，形成较大影响，必须持续不断地推出大批好书，这就要推进出版改革，建立起出好书的体制机制。用传统思维集中力量抓几本好书，支撑不了文轩出版的地位，更不能提升四川出版在全国的地位。

　　文轩一定要从体制机制上建立一套奖惩制度来推动出版工作。一方面在出版单位内部要建立起一套激励和约束机制，引导大家按照规章制度办事，充分调动出好书的积极性；另一方面在文轩公司层面，也要建立一套推动出好书的机制，切实支持出版社出好书。具体措施如下：

一是建立"文轩出版编辑委员会"，统领公司的意识形态工作和出版工作，把两办50号文件精神和近期系列会议精神落到实处。通过在公司层面建立编辑委员会，高度重视意识形态导向管理，重视出好书的成效，加强选题管理、流程管理，组织开展重点项目规划、项目支持和奖励激励等各项工作，同时还要研究出好书的体制机制建设与改革。在集团层面建立编辑委员会，也是一些优秀出版集团的经验做法。

二是制定《文轩社会效益考核实施办法》，围绕上面提到的衡量"社会效益"的主要标准，对出版单位的考核导向和考核方式进行调整。目前，中宣部、总局、省委宣传部正在研究制定出版单位社会效益考核指标，文轩也要抓紧研究制定符合自身实际和发展要求的社会效益考核指标，真正有利于出版单位强化社会效益，实现社会效益与经济效益相统一。目前，文轩有关部门正在制定《新华文轩出版单位两个效益考核办法》。我们希望这项工作要抓紧，尽快落实。万事总有开头，我们不敢说开始提出的这些双效考核指标体系会十分完善，但是我相信，只要我们认真去实践，经过2~3年的实施，不断加以修正修订，就一定会建立起一套适合文轩出版实际的考核指标体系。从今年开始，考核的结果，要与薪酬和个人升迁奖励挂钩。如果考核好与不好都一个样，这个考核就没有意义。

三是建立"文轩出版基金"，通过建立出版基金的方式，为出好书提供有力支持，同时也对重点项目孵化和传媒板块的转型发展提供必要的支持。建立出版基金支持出好书，是全国先进出版集团的重要经验。要多出好书，除了出版单位的自身建设和努力之外，也需要切实发挥文轩的强大支撑引领作用。在公司层面建立"文轩出版基金"，专门用于支持出版单位出好书，在一定程度上就是文轩发挥引领作用的具体体现。只要出版单位有好的项目和优秀的选题，就可以申请出版基金的支持。用基金的方式支持出版工作，支持出好书，具有可持续性。靠简单输血的方式，难以解决长久出好书的问题。建立这个出版基金，将来还可以争取各方面的支持，不断扩大规模，从而使"文轩出版基金"支持出好书的力度越来越大，效果越来越好。目前，文轩资本经营中心正在积极研究如何建立、管理和运作这个出版基金。希望这项工作抓紧做，尽快拿出方案。

四是制定《文轩优秀出版物奖励办法》。奖励优秀出版物，是推动出版单位多出好书的重要方式，是激励出版工作者出好书的有效手段。我们要通过颁布《文轩优秀出版物奖励办法》，对"文轩好书"及荣获国家级奖励、入选国家级重点项目及超级畅销书等优秀出版物进行奖励，以此形成鼓励多出好书的良好氛围。在下周的表彰会上，文轩将首次对评出的16种好书进行表彰奖励。明年开始，我们就要依照公司颁布的奖励办法来奖励今年出版的出版物，奖励的力度肯定要比今年大。在这个奖励办法中，除了要评选好书以外，还要评优秀出版领军人才、优秀编辑等，作为推荐到省和全国的出版人才。同时，还要对优秀的报刊给予奖励，可以设立"文轩报刊进步奖""媒体融合发展成效奖"等，以此来推动报刊的发展。我们要把文轩优秀出版物的奖励，作为一种含金量极高的奖项，这就要做到好中选优、宁缺毋滥。

四、在强化社会效益前提下，切实推动出版单位做强做优做大

两办50号文件对文化企业提出了三个要求：做强、做优、做大。这与过去的提法有很大的不同。我想，"做强"就是要有市场竞争力；"做优"就是要有文化影响力；"做大"就是要有产业扩张力。总体上说，文轩在做优（即文化影响力）上显得相对薄弱，在做强做大上情况比较好。但就文轩出版单位而言，所属的9家出版社，这三个方面都不够好。

我们要将文轩出版单位做强做优做大，首先要把出版放在文轩的战略核心地位，高度重视出版工作，彻底改变出版社是文轩包袱的思维，把出版业务作为文轩产业新的增长点。对全国很多省来说，要增加一家出版社何其难，然而我们有9家出版社，应该是一个巨大的文化产业资源。如果说我们连出版这种带有一定垄断性的业务都做不好，我们还能说我们有能力做好完全竞争性的业务吗？其次要在文轩的出版单位中，实施"非均衡发展"战略，支持有条件的出版单位率先做强做优做大。这也是马太效应的一个规律，即强的越强，弱的越弱。文轩现在的出版机构普遍小而弱，没有一家出版单位在全国同行中排名靠前，出书能力弱，两个效益水平低。这种情况下，普遍做强做优做大不可能，因此我们要特别关注支持那些发展好的出版单位，不管是出版社还是报刊社，只要发展好，两个效益突出，我们就在资源上给予倾斜。凡是出好书能力强、发展好的出版单位，一定是在体制机制、人才队伍上有独到的优势。这种单位，一定有希望做大做强。

我们有一个理念，即是不是优秀，不是人为来确定，而是靠业绩说话。市场上表现优秀才说明你是有能力的。不仅如此，我们还要在发展好的出版单位中选拔人才，让发展好的单位不仅出经验，还要出人才，出领军人物。领军人才，都是在实践中成长起来的，没有经历过成败，一定成不了将军。将军是打出来的！

五、发挥多重优势，推动出版单位走媒体融合发展之路

当前，受新媒体的影响，人们的阅读习惯发生了巨大变化，给传统出版带来了严峻挑战。转型升级是当前业界的共识，但是转到哪里去，却是众说纷纭，对此大家都还处在探索之中。我们鼓励每个出版单位都去尝试，去涉足数字出版和新媒体，走媒体融合发展之路，但我们不支持盲目依靠烧钱去做新媒体和数字出版。实际上，做一个网站，做一个微信公众号或 APP 是花不了多少钱的。而一个传统出版单位如果完全没有涉足这些新媒体的形态，可能就永远走不出传统出版的圈子。现在可以说，网站、微信等新媒体，是所有传统媒体的"标配"，没有这些东西，你都不好意思说你是媒体。我一直有一个观念，在"门外"看问题与在"门里"看问题，感觉是完全不一样的。通过入门，找到机会了，我们再来发力。我们走媒体融合发展之路，要先解决"有无"的问题，然后解决"影响力"的问题，最后才能说"盈利"的问题。

目前我们的出版单位总体上都还非常弱小，不可能在媒体融合发展上有大的手笔。这种情况下，文轩要发挥上市公司的作用，

发挥文轩网及其团队的优势，在媒体融合发展上有所作为。我们要尽快制定文轩数字化出版和媒体融合发展的战略，在出版单位和公司两个层面推进媒体融合发展。同时，下一步文轩网还要根据网销形成的大数据优势，有针对性地策划图书选题，推出既有自己的独立版权又有好的市场表现的精品图书。

六、做好发展规划，优化今年选题

当前，国家和省级有关部门正在对"十三五"规划进行梳理完善，我们要充分利用这个机会，让更多的项目挤进"十三五"规划。就文轩来说，重点是两个方面的工作：一是要对接上级的"十三五"规划，把国家和省上的最新发展理念与发展目标融入我们的规划之中，以此形成新的项目。二是要弥补我们的短板，在"十三五"规划中，要在出版项目上多做文章。列入规划的好处是将来能够争取资金。进了项目库，进了规划，将来你的项目就容易争取到更多支持。

一是我们的出版单位，特别是报刊社，要紧紧抓住当前国家支持媒体融合发展的机会，将自己的融合发展思路形成项目和方案，寻求政府的资金支持。现在很少有报刊在用自己的钱来做媒体融合发展的尝试的。

二是要策划更多的重点项目和重大选题。我们已经有78个出版项目上报，比"十二五"的35个项目增加了不少，但我们还要抓住机会追加项目。

今年，我们要优化年度选题，力争做到去平庸、去低俗、去跟风、去无效出版，最大限度追求单本书效益，提高图书再版率和生命周期。各个出版单位要充分发挥各自的专业优势，在自己的优势领域多出书、出好书。

七、建立"赛马"机制，以业绩为导向造就一支　　高素质人才队伍

创意产业是轻资产、重人才的产业。出好书要靠人才。人才的重要性不用多说，关键在于怎么才能拥有人才。人才只能在出好书的过程中成长，优秀团队只能在出版社的发展中形成。

伯乐相马是一个传说，我们都做不了伯乐。我们只有通过赛马来识别千里马。通过比赛来选拔、重用人才，一是大家认可，公认度高；二是导向清晰，有利于形成竞相干事、多出好书的风气；三是领导不累，扯皮很少。在实际工作中，当伯乐是服不了人的，会有很多难事缠身。

对这个问题，我有一个根深蒂固的认识，即衡量一个干部是否称职，要看其事业的发展趋势。这个单位在你手里是不断地上升还是不断地下滑？我们个人在哪个单位供职有偶然性。不管是发展好的单位，还是条件差的单位，这都是历史形成的，都是前任留给我们的现状。对我们个人来说，衡量能力大小的根本标准在于：你在这个岗位上，单位是不断在上升、在发展，还是在下滑、在停滞。这就是我们个人的作用，也是能力的体现。很多人都喜欢说，别人的单位都好搞，我这个单位不好干。我要说的是，要搞好都不容易。从来没有随随便便的成功！对规模小的单位来

说，条件差、资源少，不好搞；但规模小、基数小，潜力也大，增长有更大的空间。对规模大的单位来说，规模大，基数就大，增长的难度也大，但规模大的单位资源多，有利因素也多，因此更有上升的条件。所以，我们衡量一个干部的能力，不是看单位的规模大小，而是看重这个单位是上升了、增长了，还是下滑了。千万不要说，我这个单位不行，但我的能力却很行。"败军之将，焉能言勇！"

出版单位必须建立起干部能上能下的机制，才能做到让跑得慢的下去，跑得快的上来。干部能上能下，也是"三项制度改革"的关键。

以业绩导向的人才观，对选人用人导向具有十分重要的作用。感情留人、待遇留人、事业留人，都是套话，关键是机制留人。庸人下不去，能人就上不来，也就留不住。

好书的背后是人才。我们要通过出好书培养和锻炼人才，也要通过好书来选拔人才。我刚来文轩就听到一些说法，说这个人是谁的人，那个人是谁的人。还有人说，某某与我有多么深厚的关系，何某人做董事长，某个人就可以出头了。这里我要说明，在我的任上，选人用人就一条标准：靠业绩说话。文轩所有人都是我的部下，都是我很信任的人，但是你坐什么位置要靠业绩，在出版单位则要拿书说话。我希望我们的出版单位推出更多的好书，用更多的好书来展示我们的能力。只有建立起风清气正、公开透明的选人用人大环境，才能造就一支高素质的人才队伍，也才能把握好我们面临的新的战略机遇。

摸清家底，谋划未来 *

一、出版：要创新体制机制，做强做优做大

文轩作为四川出版的主力军，文轩出版的高度代表着四川出版的高度，文轩出好书的规模与质量代表着四川出版的水平，文轩有责任也要有能力把四川的内容产业做稳、做好、做出影响。

一是要守住出版底线，严把出版内容关。意识形态工作是我党的一项极端重要的工作，出版是我党的重要意识形态阵地，文轩出版更是四川意识形态领域的主阵地。坚守出版导向不出问题是做出版的底线。在意识形态和导向问题上，要坚决实行一票否决制。

二是要坚持把社会效益放在首位，实现社会效益和经济效益相统一。衡量出版单位"社会效益"的主要指标是多出好书，只有出好书才能真正落实把社会效益放在首位，实现社会效益和经济效益的统一。在绝大多数情况下，这两个效益是统一的。有好的经济效益就有好的社会效益。我们反对的是出版单位不顾社会

---

* 本文为 2016 年 1~4 月到文轩各业务机构专题调研时的讲话摘要，原文刊载于《文轩人》2016 年第 5 期。

效益单纯追求经济效益，甚至违背社会效益去追求经济效益。

三是强化"双效"考核，在两个层面建立起相应的奖惩机制。要做强文轩出版，一定要在两个层面分别建立一套奖惩制度。一方面在出版单位内部要建立一套完善的激励和约束机制，另一方面在文轩公司层面也要建立一套推动出好书的机制，即建立"文轩出版编辑委员会"，统领文轩意识形态工作和出版工作；制定《文轩社会效益考核实施办法》，调整对出版单位的考核导向和考核方式；建立"文轩出版基金"，为出好书提供有力支持，同时也对重点项目孵化和传媒板块的转型发展提供必要的支持；制定《文轩优秀出版物奖励办法》，通过奖励优秀出版物推动出版单位多出好书。

四是实施"非均衡发展"战略，切实推动出版单位做强做优做大。推动文轩出版整体做强做优做大，就要在出版单位中实施"不均衡发展"战略，支持有条件的出版单位率先做强做优做大。不管是出版社还是报刊社，只要发展好，两个效益突出，我们就在资源上对其给予倾斜。凡是出好书能力强、发展好的出版单位，一定是在体制机制、人才队伍上有独到优势。这种单位也有希望进一步做大做强。

五是发挥多重优势，推动出版单位走媒体融合发展之路。受互联网新媒体影响，大众阅读习惯发生了巨大变化，媒体融合发展已成为文轩出版传媒业务的必由之路。我们鼓励每个出版单位都去尝试、涉足数字出版和新媒体。走媒体融合发展之路，要保持"在路上"的状态。要先解决"有无"问题，再解决"影响力"问题，最后才能说"盈利"问题。要发挥文轩整体优势，从出版单位和文轩两个层面推进媒体融合发展。

六是建立赛跑机制，以业绩为导向造就一支高素质人才队伍。创意产业是轻资产、重人才的产业，出好书要靠人才。人才要通过"业绩"来识别，学历、经历都不是人才识别的唯一标准。我们要建立"靠业绩说话"的选人用人标准。对出版单位来说，业绩是靠好书来支撑的。好书的背后是人才。要通过出好书培养和锻炼人才，也要以好书来选拔人才。出版单位要建立干部能上能下的机制，让跑得慢的下去，跑得快的上来。庸人下不去，能人就上不来，也就留不住。只有形成风清气正、公开透明的选人用人大环境，才能造就一支高素质人才队伍。

二、报刊：要立足根本，走融合发展之路

报刊是文轩一个不可忽视的业务板块，承载着各个方面的宣传重任。在当前纸质媒体受到新媒体强烈冲击的情况下，文轩各报刊面对困难，坚持正确的舆论导向，坚持自身的定位，在做好纸媒的同时，积极探索融合发展之路，难能可贵。未来文轩报刊传媒要坚持走融合发展之路，积极探索新的发展路径。

一是要采取"非均衡发展"策略推进报刊发展。作为出版传媒上市公司，报刊传媒的发展对于提高整个文轩的社会影响力和资本市场吸引力意义重大。目前文轩有 2 报 12 刊，数量多、规模小、实力弱，很难齐头并进发展。要采取"非均衡发展"策略，推动发展势头好、潜力大、队伍管理规范的报刊单位做强做大。读者报社发展有新理念，希望在报刊板块中率先走出来，并通过《读者报》的发展，进一步推动文轩报刊板块的整体发展。

二是要围绕报刊这个根基来谋求发展。新媒体发展来势汹涌，对报刊冲击大、影响深，我们必须走媒体融合发展之路。但是，对传统媒体来说，媒体融合、新媒体拓展、多元化发展，都离不开报刊这个根基。没有这个根基，我们就没有立足之本，最终会一无所得。所以打牢根基，是我们谋求进一步发展的前提。

三是推动媒体融合发展要有项目支撑。新媒体已经成为传统媒体的标配。现在我们有了多种形态的新媒体，已经解决了有无问题，下一步要解决扩大影响力的问题。媒体融合发展需要有项目支撑。我们的新媒体项目要争取政府政策和资金支持。我们不能关起门来做事情，要看准大势，学会借力。读者报社的多元化经营与主营业务结合紧密，做得很好，还可以更多地去尝试，起到排头兵作用。

三、文轩在线：要成为行业新标杆

文轩要在出版发行业中吃饭，就要搭建若干有影响力的平台，文轩在线是文轩的一面旗帜和一根标杆，要争取进入国家和省上"十三五"规划的盘子。下一步我们要打造以互联网为支撑的新文轩，传统业务要以互联网方式进行改造升级，不仅信息中心要发挥作用，文轩网更是要担当起领头羊的职责。文轩下属业务单位推进数字化工作，仅靠业务单位自身是远远不够的。企业的数字化工作是有层次的，除了业务单位外，公司总部层面要有所作为，要充分利用信息中心、文轩网的基础和优势去做。

文轩网做大做强的发展之路要坚定不移地走下去，发展中的问题要在发展中解决。一是要借助资本市场发展。文轩网有很多独特优势，深受资本市场青睐。如何借助资本市场谋求发展是一篇大文章。二是要线上线下融合发展。比如，目前文轩网的 70 万种图书通过智慧书城可以与线下门店共享；零售门店线下也有支持文轩网的问题。零售门店与网店如何互动要专题研究。三是要研究介入定制出版的问题。文轩网要充分运用大数据优势，尽快开发自己的专有出版物、定制出版物，从而与文轩出版社形成犄角互补之势。四是要涉足数字出版，以九月网为平台做好数字产品的开发与营销。文轩在线做的是文轩最前沿的业务，一定要站在文轩公司层面去思考，要拿出一个数字出版规划，既要解决传统业务的升级转型问题，也要解决数字化产品的生产、营销问题。新华文轩不做好数字出版这篇大文章，就很难向资本市场讲好我们未来的故事。

四、零售连锁：要履行责任，提升品牌，贡献规模，不拖后腿

零售门店是文轩的传统业务板块，肩负着文轩发展的重任，关乎文轩的社会形象，意义特别重大。关于实体书店的未来，我有三点感受：一是图书是深阅读载体，图书销售风景这边独好。受新媒体冲击的影响，报纸期刊这类浅阅读传统媒体的销量断崖式下跌。而图书作为深阅读对象，其销售景气度像电影一样在回归。图书出版还有机会，实体书店也还有机会。二是逛书店是一种不可取代的文化体验。网上购书与实体店购书体验不一样，很多人

到书店来是体验，是来感受文化氛围，不一定是要买几本书。诚品书店已成为台湾的一张文化名片，我们要从台湾诚品书店的经营经验中找到我们的发展定位。三是书店是城市文化繁荣的载体，是一张重要的城市文化名片。一个城市有没有文化，书店数量与质量是一个重要标志。最近几年，纸书销量不降反升，书店数量也在持续增加，这都增强了我们对未来书店发展的信心。

现在我们零售业务存在着许多不足。总体来说，我们的零售门店有理念但行动不足，有想法但落地不足。具体说，一是门店数量不多。文轩的门店增长没有与时俱进，全省183个县只有152家店（除3个少数民族自治州所辖县外有114个县），少于很多省市的门店数量。二是门店质量不高，主要是文轩零售门店的体验不够好，曾经在全国的领先地位，已经被外省其他集团超越。最近新开的新型民营书店广受关注，这也给作为四川最大国有书店的文轩很大压力。三是门店文创产品还比较单一，线上线下结合发展也做得不够好。

对此，我对零售业务提出"十六字"要求：履行责任，提升品牌，贡献规模，不拖后腿。履行责任，即"卖好书"是文轩的神圣职责，赚不赚钱都要做，我们要承担起相应的政治责任和社会责任。零售门店业务既是文轩的职责又是文轩的核心业务。现在"卖好书"市场竞争激烈，这件事做不做得好，事关文轩的品牌形象。我现在特别关注文轩的社会形象及其资本市场上的表现。省外各大集团投巨资进行门店建设，民营企业也在开办新型书店。更为严峻的还在于，省外很多书店集团纷纷把书店开到了四川，并且用了很多新理念、新形态去吸引读者。这种情况下，文轩作为四川图书零售主力军的脸面何在，形象何在，地位何在？

面对残酷的市场竞争，我们其实没有退路。我们在书店建设上要当仁不让，这已经不是赚钱不赚钱的简单的经营问题了。我们要在两个方面下功夫：一要在发展广度上布好局，保持文轩主体、主流、主阵地地位；二要在深度上丰富书店业态，占据实体书店行业制高点。书店要重视业态创新，要成为文化消费地、体验地、休闲地。以前书店里不买书的人多了，商家就觉得很烦。现在我们要想办法吸引更多的读者到书店来，这就需要改变我们的经营理念。现在，国家出台不少政策来扶持实体书店，目的就是要提升城市的文化品位。

文轩实体书店要与互联网结合。线下看书、线上买书的趋势，我们是堵不住的，只能顺势而为，要想方设法将文轩门店顾客引导到文轩网上来，而不是让他们到其他网店上去买书。今后我们要建立一种机制把二者融合起来，门店要主动给文轩网店推送用户资源，文轩网要帮助门店解决陈列品种不足的问题。

书店建设要打好文化牌，要借力借势。一要靠政府，就是要用好政策，特别要用好推广全民阅读的相关政策。二要靠资本，要以开放合作的思维来运作实体书店，而不是自我包办。利用资本合作方式，可以采取多种模式合作，只要打出文轩品牌，即使我们不控股也可以。三要靠市场，要顺应城市文化地产建设趋势，根据市场需要来推动文轩实体书店的建设。总之，我们要借助政府力量、资本力量和社会力量来做好门店建设工作。

五、商超：要尽快找到新的出路

文轩商超经营模式独特，独树一帜。运作虽非常艰难，亏损让人忧心，但减亏走势向好，让人看到了希望。现状是历史形成的，只要能看到希望就好。尽管如此，商超仍需探索新的经营模式，特别是在引进版权经营、策划文创产品等方面都需要认真研究。将来靠什么立足、靠什么生存、靠什么发展，希望商超多做探索，找到一条切实有效的路子。现在商超在全国有800多个网点，虽然目前处于亏损状态，但从另一个方面来说，这又是一个难得的资源，关键在于我们怎么用。下一步，我们要厘清商超体制，从文轩战略层面上来思考商超的未来发展之路。

六、物流：要实现专业化经营

关于物流业务，有三个"没想到"：一是没想到文轩物流建设的规模和气魄这么大，已具有现代物流气势；二是没想到物流配送效率和专业化水平这么高；三是没想到文传物流公司赢得第三方经营收入会这么快。

关于物流业务发展，如何用好这块资源，要不要与外部进行合作及怎样进行合作，内部一直存在分歧。这里可以明确，物流业务是文轩一定要坚持做好的战略性业务。文轩电商业务发展迅猛，物流业务也必须做相应的扩张。下一步怎么走？一要着眼于为公司自身业务发展提供物流保障和服务。电商业务的发展，背后依靠的是物流配送能力。文轩网要发展成全国最好的图书电商之一，必须不断提升物流配送能力。二是大力做好第三方物流服务，聚集社会资源，向物流专业化经营方向发展。只有把我们的物流配送推向社会，参与激烈的市场竞争，才能真正提高我们的物流配送能力。

七、教育服务：要做深做透市场，确保区域市场强势地位

教育服务业务是文轩的核心支撑，特别重要。教育服务市场的竞争十分激烈，也特别难做。但是，这几年教育服务事业部的业绩很好，增长较快，可见教育服务事业部是一支能打硬仗的队伍。关于教育服务业务的发展，有三点希望：

一是要确保区域市场经营的强势地位。我们要加强工作力度，提高服务质量，充分利用各种资源，不断提升文轩在教育服务领域的主力军地位。作为教育服务提供商，要随时研究用户需求，广泛运用各种资源，切实为用户提供更高质量的服务。

二是要在业务的深度和宽度上做文章。首先业务要聚焦。基于与集团公司战略的分工与协同，文轩要聚焦到出版发行主业的发展上。从这个意义上说，教育服务业务对文轩的发展就更为重要，必须把服务做深，把市场做透。其次业务要拓宽。教育服务事业部要在传统业务基础上开辟新的业务领域。要对教育信息化、教育装备、职业教育等新领域进行全面梳理，结合国家教育发展目标和要求，确定发展主攻方向。最后，既要做好现在，也要规划好未来。人无远虑，必有近忧。教育服务业务是文轩最核心的业

务之一，事关文轩发展的未来。要从服务和产品上做好发展规划，要强化专业化经营，在选定的市场做精做深。

八、教育出版：要树立"大教育"出版观

川教社的地位重要而特殊。说重要，是因为教育出版是文轩的核心业务，是文轩教育服务业务的重要支撑；说特殊，是因为川教社目前主要是为文轩教育服务业务提供服务。

教材教辅出版工作，任务重、责任大。教育社第一位的责任，就是把好导向关、质量关。一旦教材教辅出现导向问题、质量问题就是社会问题，关乎文轩形象。因此，要高度重视，严把质量关。在强调出版质量的同时，出版社要建立一套有效的激励约束机制，要做到多劳多得，干好干坏不一样。内部机制建设方面，文轩相关职能机构要协同配合。

关于川教社的功能定位，其一是为文轩教育服务业务提供服务的加工功能。教育社有很多指令性产品出版任务，主要是教材教辅出版中的编辑加工工作，这是川教社必须完成的基本业务。其二是要强化和完善川教社的出版功能。川教社作为一家出版社，任何时候都不能忘记自己的出版职责。川教社的出版领域在教育。川教社要树立"大教育"出版观：一方面是要将出版方向聚焦到从幼儿教育到职业教育的"大教育"领域；另一方面要推出包括教材教辅、学术著作、大众读物在内的多种出版样式，丰富教育图书品种，切实满足读者对教育的多种阅读需要。文轩对川教社的社会效益考核可以差异化，并注重特殊性。

做好三篇文章，推动文轩产业全面发展[*]

我就任文轩董事长四个多月来，进行了广泛调研。调研的方式，一是到公司各单位、各部门实地考察，二是找相关同志来沟通交流，三是和省内外同行沟通交流。通过调研，我形成了一些思路和想法。

首先，我们要思考几个问题：第一，文轩在"十二五"期间的发展可圈可点，实现了持续增长，但我们却被挤出了全国文化企业30强之列，其他集团为什么能发展得更好更快？第二，文轩在"十三五"期间又该如何发展？在全国的大格局中，文轩要进入什么样的状态，达到什么样的目标？

我认为，文轩未来的发展要着力做好三篇文章。

第一篇文章：坚持战略引领，明确发展方向

大企业发展要靠战略引领。企业之间的差距，主要就在发展战略上。企业战略的形成，要建立在充分认识自身优势、劣势和外部竞争形势的基础上，建立在内部获得广泛共识的基础上。

关于战略，我有一个初步思考，就是精耕主业，转型发展，

---

* 本文为2016年5月20日就文轩未来发展问题与公司高管沟通的讲话摘要。

依托互联网和资本市场,打造一个新文轩,力争通过"十三五"发展,销售达到100亿元,利润超过10亿元,较现在的规模几乎翻了一番。为实现这一总体目标,要制定和实施好公司各板块的子战略。

1. 教育服务板块。要竭尽全力做好传统教育业务各项工作,保持我们在教育出版发行领域的强势地位。应该看到,我们在教育板块还有提升的空间。江西省的人口数量和学生数量远少于四川,而江西的教育出版业务量却远超过文轩的水平。此外,教育装备、教育信息化业务也是我们要重点发展和打造的。

2. 电商板块。电商板块通过多年努力,实现了规模发展,已成为文轩的亮点,但也面临着激烈的竞争,可谓前有标兵,后有追兵。下一步要把文轩电商业务提到战略高度,投入更多资源,下大力气往上走,达到国内前三的位置,否则很容易被后面的追兵超越。从目前的情况看,电商板块的规划做得很好,未来对公司销售的提升会有很大贡献。

3. 门店业务。我在公司零售门店调研的时候,提出了"履行责任,提升品牌,贡献规模,不拖后腿"的总要求,这也是零售门店业务发展的基本思路。发展门店业务,既是文轩承担的社会责任,也是文轩回馈社会的重要途径。随着城市化进程的不断加快,对优秀内容和文化场所的需求也会随之增加。因此文轩在门店业务上一定要跟上这样的进程,并占据行业制高点。现在越来越多的各具特色的民营书店对我们形成了一定的冲击,直接影响了文轩的品牌地位。

4. 线上、线下融合发展战略。这是由前面两个战略延伸出的一个子战略。

5. 出版传媒板块。这是文轩未来发展的一个重要战略板块，文轩未来更多的"故事"还要靠出版传媒板块来讲。目前我们的出版传媒板块还很弱，不要说与全国出版强省比较，甚至与中西部地区的出版集团比都有不小差距：在出版产值上，中文传媒是23亿元，文轩是9亿元（都含教材教辅图书）；在一般图书发行量上，中文传媒年发行量超过10万册的图书有94种，而我们只有2种。出版传媒板块的发展需要在两个方面发力：一方面发外力，要出台一些政策，鼓励出好书；一方面发内力，就是大力推动出版单位的改革。

6. 资本经营板块。资本经营对于文轩未来的发展至关重要。特别在回A后，我们要充分利用"A＋H"两个资本市场，这也是文轩迎头赶上的良好机会。资本经营既要做好财务投资并带来收益，也要开展战略投资，通过投资助推主业发展，这是资本经营的主要目标。

7. "互联网＋"战略。要把互联网作为文轩实现腾飞的一个翅膀，切实做好"互联网＋"战略。要着力做好打通内部信息通道、建立大数据应用平台、推动媒体融合和新媒体建设这三件事情。

8. 物流板块。物流业务是我们的强项，如何向第三方物流拓展，还需要研究论证。中文传媒物流收入达到9亿元，利润5000万元，这值得我们分析研究。

9. 人才战略。这是所有战略得以顺利实施的根本，特别是培养选拔能够带兵打仗的具备综合素质的人才。常言道，"事非经过不知难"。人才培养需要着眼于干成很多事的人，需要多岗位的历练，要明确选人、用人导向，要有人才交流的机制。

第二篇文章：打通内部关节，保持系统畅通

文轩发展到今天，原来的一些做法已经不适应新的发展形势，需要进行相应的调整，打通内部关节，保持高效畅通运转。

一是打通出版、发行的关节。出版社整合进入文轩，经过五年多磨合仍然没有完成既定的目标。在运行机制上，甚至是情感上，出版发行都没有实现真正的融合。下一步要通过我们的管控、分工调整及出台相关政策等来推动出版与发行的融合。

二是打通线上、线下的关节。线上是文轩的新兴优势，线下是我们的传统优势，但线上、线下业务目前是分离的、隔阂的，必须推动二者的融合发展才符合行业趋势。

三是打通购和销的关节。目前公司内部的购、销环节是隔阂的，需要进行调整。经济体制改革的一个目标就是多渠道、少环节，我们推动购和销的融合才符合发展规律。

四是打通传统媒体和新兴媒体的关节。目前我们的传统媒体业务和新兴媒体业务是各说各的、各干各的，没有形成融合发展的理念和思路。下一步要着力解决这一问题，推动二者的融合发展。

五是打通实体经营和资本经营的关节。目前公司实体经营和资本经营是两张皮，互不相关，实体经营者没有资本经营的思维，资本经营者也没有站在实体经营者的角度去思考问题。以后一定要做到"你中有我，我中有你"，不用资本方式来思考问题，讲出来的"故事"就没人听。

六是打通形象展示与主动宣传之间的关节。目前公司整体的宣传意识比较落后，宣传力度比较小，效果不好。形象展示与对

外宣传是树立企业品牌形象的重要工作。相关部门和单位都要主动作为，积极主动宣传展示企业形象。回 A 之后，我们更要加强企业形象宣传。要用多种更加有效的方式，加强文轩品牌和企业文化的宣传工作。

第三篇文章：建立灵活有效的激励约束机制，解决好能力和动力问题

　　建立一套行之有效的运行机制和激励约束机制，是企业解决能力问题和动力问题的关键。建立内部有效运行机制的核心，就是要做到"干好干坏不一样"。建立激励与约束机制，解决好能力与动力问题，要从高管开始。要把高管的收益与其分管业务的发展效果联系起来，根据业绩状况，通过综合考评来决定高管的收益。高管的问题解决了，中干、一般员工的问题也就好办了。要在公司内部营造多学习、多读书、多思考的氛围。特别希望我们的高管都成为自己分管领域的专家，都有自己的看家本领和理念主张，最好每年都能够发表一些研究文章，还能到各地宣讲自己的主张和做法，宣传展示文轩的良好形象。

聚焦"一带一路"，
让四川出版、中国文化"走出去"*

——四川新闻网记者专访

四川新闻网编者按：6月7日至8日，"中国图书对外推广计划"工作会议在成都举行。会议深入贯彻落实党的十八大和十八届三中、四中、五中全会精神，深入贯彻习近平总书记系列重要讲话精神，按照中央对外工作总体要求，认真贯彻落实对外宣传工作部署，总结了中国图书对外推广计划十年成绩，研究部署了"十三五"期间中国图书"走出去"工作。

新华文轩出版传媒股份有限公司是四川文化"走出去"的代表之一，作为本次会议的承办单位，新华文轩出版传媒股份有限公司董事长何志勇在会上做了题为《聚焦"一带一路"，创新拓展模式，大力推动出版及文化"走出去"》的主题发言，对以新华文轩为代表的四川文化走入"一带一路"国家的经验进行了总结。

会后，何志勇做客川网会客厅接受了四川新闻网记者的专访，对新华文轩开展"走出去"工作的主要思路

---

* 本文为2016年6月8日四川新闻网记者董焦、沈杏怡对作者的专访稿。

进行了介绍。他表示,长期以来,新华文轩致力于创新海外拓展模式,探索内容与渠道协同、线上与线下协同、出版发行与特色文化产业协同的发展模式,形成规模经营和特色经营的总体格局。

一、"走出去"有底气:四川好书越来越多三大支点坚实有力

"四川出版'走出去'基本与四川发展水平一致,四川好书越来越多,'走出去'的内容也越来越丰富。"何志勇总结道,四川出版的"走出去"既有实物输出,又有大量的版权输出,而四川良好的图书出版基础则为这一行动提供了重要支撑。

"近年来,我们着力加强重点图书出版选题规划,提升国际传播的内容针对性,文轩旗下各出版机构在'唱响中国声音,讲好中国故事'方面逐步形成了自身的特色和影响力。"何志勇表示,从纪实到科幻,从政治到生活,一批如《历史转折中的邓小平》《邓小平画传》《琅琊榜》《中国伊斯兰百科全书》等图书项目输出到全球各地,形成了良好的国际影响。

"'一带一路'沿线国家是我们的工作重点,在实现版权输出的同时,我们更注重加强文化交流与合作。"据何志勇介绍,新华文轩自 2011 年以来实现的图书版权输出品种中,有 70% 以上输出到了"一带一路"沿线国家,地域上则主要集中在南亚、东南亚和阿拉伯国家等三个板块。"这和我们的规划思路是相一致的,就是要聚焦'一带一路',搭建业务支点,通过支点逐步向周边扩散,

逐步扩大文化影响力。"何志勇说。

何志勇提到的支点主要有三个，而新华文轩的"走出去"也以此为基点，即：以印度为支点，辐射南亚地区，建立合资出版机构；以土耳其为支点，巩固与阿拉伯国家及欧洲国家的出版交流和版权贸易；以泰国为支点，通过深化在出版、文化和汉语教育等领域的合作，扩大中华文化在东南亚地区的影响力。

在这一背景下，近年来四川图书版权输出的成果愈加丰硕，其中邓小平系列图书和《瞻对》等作品的输出产生了很好的影响。同时，通过在泰国筹划实施"数字化国际汉语教育服务平台"应用项目，文轩在对外汉语教育等方面的成果也在不断显现。

二、"走出去"有队伍：充实对外版贸人员成立公司专业运营

2010 年，新华文轩出版传媒股份有限公司整合了省内多家出版单位，实现了出版发行产业链一体化经营，其海外拓展业务发展规划随即确立。谈及新华文轩"走出去"的历程，何志勇回顾道："我们充实了各出版社从事版贸工作的机构和人员，成立了专门开展海外业务的文轩国际文化传播有限公司及从事对外文化交流的四川新华文化传播有限责任公司。"

据何志勇介绍，为贯彻落实中央"一带一路"倡议和"文化走出去"战略决策与四川省委、省政府"万企出国门"战略部署，四川新华文化传播有限责任公司通过"中国彩灯节"活动搭建全方位、多层次、宽领域的四川对外文化经贸交流平台，凝聚政府、

企业、社会组织和个人的力量,从灯展、图书交流、体育交流、家装设计交流多方面传递交换文化经贸合作信息,全方位传播优秀中华文化,宣传四川改革发展成就,促进四川与活动举办地的文化经贸交流,为四川文化经贸走向世界提供持续稳定的通道。2015 年,文轩创办了全资"文轩国际文化传播有限公司",整合文轩及国内文化优势资源,通过在"一带一路"沿线重点国家设立海外分支机构开展海外业务经营,着力建设文轩"一带一路"文化服务与贸易平台。

三、"走出去"有步骤:搭载传统文化项目　　线上线下协同凸显规模效应

作为文化输出的执行主体之一,新华文轩"走出去"的机制如何建立健全,一直是何志勇等四川出版人思索的重点。

"四川做版权贸易时间较长,新华文轩作为四川文化的生力军,不能满足于仅是输出版权,而是要将版权'走出去'上升至文化'走出去'。"何志勇如是总结文轩的"走出去"工作思路。

何志勇介绍说,新华文轩在渠道建设上创新思路,初步形成了"线上 + 线下"的综合传播体系。"特别是图书电商平台文轩网每年都实现快速增长。我们也一直考虑将图书电子商务引入'走出去'工作中,搭建线上线下相结合的版权输出、实物输出和文化推广的新平台。"为此,新华文轩打造了"新西兰文轩网",实现域名本地化、服务器本地化、支付本地化、送货本地化,彻底解决了海外读者在购买中文图书时选择少、运输慢、时间久的

问题，让海外华人和学习中文的外国朋友更便捷地了解和购买中国的最新图书。

"此外，我们还以特色传统文化项目为载体，推动中华文化走出去，促进文化、经贸等的全面交流。"据何志勇介绍，新华文轩以四川传统文化为基础所打造的"中国彩灯节"特色文化项目，去年在意大利米兰世博会期间首次亮相，"两个月展出时间，现场接待了20万名观众，受到当地政府和群众的热烈欢迎，这也是我们的一种新的尝试"。

除"中国彩灯节"外，新华文轩还打造了"国际汉语教育数字化平台建设"等文化项目，搭建了全方位、多层次、宽领域的四川对外文化经贸交流平台。"通过平台化运营，提升'走出去'工作的效率和规模，逐步实现我们规划的线上和线下协同、国际和国内协同的发展模式，推动形成规模经营和特色经营的总体格局。"何志勇表示，新华文轩"走出去"的工作机制还处于探索阶段，下一步将在"走出去"战略的指引下进一步完善。

而他也对未来的前景有了新的预期。他表示，新华文轩新的"走出去"战略将会更实在、更落地，有点有面。

"下一步我们会加强与印度的合作。"何志勇表示，印度是"一带一路"上一个重要国家，也是中国的邻国，文轩将加强与印度的文化经贸交流，搭建中印文化经贸交流平台，推动"走出去"工作再上新台阶。

振兴四川出版的思考与建议 [*]

四川出版曾经创造过辉煌，走在全国前列，但近年来，四川出版落后了。我们要正视当前四川出版落后的现实，认真分析衰落的原因，转变观念，推进出版改革与发展，尽快走上一条四川出版的振兴之路。

一、四川出版已严重衰落

（一）全国排名低

1. 从全国出版排名来看，四川出版处于中下水平。一是整体排名靠后。根据《2014 年新闻出版产业分析报告》统计，2014 年，在全国出版集团总体经济规模综合排名中，四川出版集团（主体为新华文轩出版）在全国 33 家出版集团中排名第 24，而居于人口小省的江西出版集团（主体为中文传媒出版）则排名第 4。二是各社排名靠后。2014 年文轩图书出版社总体经济规模在全国 555 家出版社中排名 100 名以内的仅有 1 家，绝大部分出版社在 300 名

* 本文摘自 2016 年 8 月 2 日向省委宣传部和省新闻出版广电局提交的报告及在振兴四川出版座谈会上的发言。

以后，甚至有 5 家排在 400 多名，而中文传媒所属 8 家图书出版社中有 7 家在 200 名以内，其中有 3 家排在 100 名以内。另外，文轩图书出版社在全国同类社排名中，进入全国前 10 名的仅有四川教育出版社，其他出版社排名均在前 10 名之外。

2. 从市场占有率来看，文轩出版市场占有率排名靠后。一是文轩出版整体市场占有率低。据开卷数据，新华文轩旗下 10 家出版单位 2015 年码洋占有率仅为 0.52%，全国排名第 26，总动销品种 12437 种。而江西中文传媒 8 家出版单位 2015 年码洋占有率为 2.05%，全国排名第 10，总动销品种 18654 种。二是文轩各社图书市场占有率低。据开卷数据，文轩 2015 年码洋占有率在 0.1% 以上的社仅有 1 家，而中文传媒有 4 家，其中二十一世纪出版社码洋占有率为 1.23%，远远高于四川少儿出版社的 0.18%。

（二）出版能力弱

1. 出版规模小。2015 年，新华文轩全年出版图书 4475 种，其中新品约 2450 种。而中文传媒、中南传媒等 2015 年出版图书均在 8000~11000 种，其中新书均超过 4000 种。

2. 精品力作少。特别是原创性的成套、成系列图书少。例如，在国家"十三五"重点图书出版规划中，文轩只有 15 种入选，而中南传媒有 80 多种入选，中文传媒也有 40 多种入选，都是我们入选数目的数倍。又如，我们获得国家级三大出版奖（中宣部精神文明建设"五个一工程"奖、中国出版政府奖、中华优秀出版物奖）的数量相对于中南传媒等出版集团要少，尤其是在获得正式奖的品种上差距更大。新华文轩近三年共有 9 个项目获得国家级三大图书奖，获奖数量居全国出版集团中下水平，而同处地方的中南传媒近三年共有 16 个项目获得国家级三大图书奖，获奖数量居全国出版集团前列，且中南传媒旗下各个出版社实力都较强，几乎都有获得国家级三大奖的图书。此外，在国家出版基金资助项目方面，新华文轩获得资助的项目数量少，而且获得资助的资金总额低，新华文轩入选 2016 年度国家出版基金资助的项目共获得 433 万元资助，而凤凰传媒入选的 2016 年国家出版基金资助项目共获得资助金额数千万元。

3. 畅销书少。据开卷数据，文轩 2015 年销售 10 万册以上的图书只有 2 种，销售 5 万册以上的图书只有 13 种。据中文传媒相关负责人介绍，中文传媒 2016 年上半年销售 10 万册以上的图书品种达到 45 种，销售 5 万册以上的图书品种达到 120 种。

4. 领军人才少。出版作为创意产业，人才是关键。但四川这么多年由于不重视出版人才队伍建设，已经出现人才空心化的趋向。一是领军人才少，全国知名的、获得全国性荣誉的人才更少。作为出版大省，中宣部"四个一批"人才目前在岗的四川仅有 1 人。二是高职称编辑人才少，副高以上职称的编辑只占出版单位职工的 18%，能够与作者平等对话的组稿策划编辑更少。三是有编辑出版资质的人员数量少，文轩 9 家出版社一共才 200 多人，有的出版社有发稿权的编辑甚至只有十来个人。

（三）经营状况差

1. 经营规模较小。文轩出版 2015 年营业收入为 13.7 亿元，而中文传媒出版营业收入达 23.75 亿元。就单个社而言，文轩所属九家图书出版社总体经济规模都很小。例如，文轩所属出版社销售码洋最高的四川少年儿童出版社 2015 年的销售码洋只有 1.42 亿元，而中文传媒所属的二十一世纪出版社 2015 年销售码洋高达 8 亿多元。

2. 流动资金紧张。不少出版社现金流紧张，多个社已经出现资金周转不灵的问题，先后提出向文轩借资。因资金紧张，许多社不得不放弃运作大的出版项目。

3. 经济效益差。由于文轩旗下除了教育社之外，其余八家图书出版社都没有教材教辅，面向市场的大众图书也做得不好，八家社经济实力都很弱，连续多年亏损经营，每年提出的都是减亏目标。而 2015 年中文传媒的八家图书出版社利润合计超过 1 亿元，每家社利润都在 1000 万元以上，其中二十一世纪出版社 2015 年的利润达 8000 万元。

通过上述情况可以看出，四川出版已经严重衰落。这种状况与四川的经济地位不相适应，与四川的文化资源不相适应，与四川的文化消费市场也不相适应。

二、四川出版衰落的原因分析

（一）顶层设计不到位

四川出版改革的起步比较早，1993 年四川就在全国率先成立了出版集团，但是由于没有建立起现代企业制度，且政企不分，造成内耗严重，发展受阻。2003 年，四川省新华书店集团整体转制为四川新华发行集团，同年新的四川出版集团成立。分别处于出版上下游环节的两大集团为争夺教育出版资源展开了恶性竞争，严重的内耗致使四川大量的出版资源流失。这种激烈争斗的局面，使四川很难有一个大家共同为之奋斗的出版业中长期发展规划。而在这一时期，国内其他省份纷纷按照现代企业制度组建出版集团，着力体制机制改革，打通出版发行产业链，走上了出版发展的快车道。

（二）出版理念不到位

一是重导向轻发展。由于四川出版一度事故不断，出版界普遍有一种观点，认为出版的产值利润在四川经济大局中微不足道，作为宣传文化阵地，把导向管好就行了。管理部门长期只关心导向而不关心发展。其实，效益不好的出版社往往最容易出导向问题。出版社发展好了，出版导向才更容易管好。二是重体制轻机制。四川出版的体制改革抓得比较早，但不重视出版社内部的机制建设问题。恰恰是出版社内部机制才是直接影响编辑人员积极性进而影响出好书的要因。三是重级别轻专业。在出版选人用人上，事业体制遗留下来的级别观念比较重，很少从专业角度选人用人，这种做法导致的后果就是不尊重人才。四是重评奖轻市场。这里不是说重视评奖不对，而是轻视市场不对。好书既要专业评价，也要市场评价。四川出版不仅需要获奖图书，更需要市场反响大的优秀图书。文化影响力更多地是靠市场反响大的图书来实现的。五是重省内轻省外。图书面对的是全国市场，但是在出版资源的组织上，我们的眼光与作为主要局限在省内，这就造成了以四川局部的出版资源应对全国出版市场的不对称局面。六是重编辑轻策划。现在出版社伏案的文字编辑较多，普遍缺乏能与作者平等对话的组稿策划编辑，许多社长不得不把大量精力用在做策划编辑的具体工作上。组稿策划编辑的缺位导致了社长职责的错位。

（三）出版管理不到位

20 世纪 90 年代，四川出版由于监管不严，各层级的出版管理不到位，几乎每年都发生过重大出版事故，多家出版社先后受到处罚，四川出版在全国的影响极为不好，成为国家出版管理部门监管的重点省份。这严重打击了四川出版人的士气。这个经历也使得后来的出版人谨慎有余，创新不足，发展无力。基于此，党政管理部门对出版社的要求，大都是不能出导向事故，而少有发展上的诉求和目标。出版社也多以不出事为工作目标，创造力受到极大抑制。出版作为创意产业，一旦失去创新的灵魂，就没有发展的未来。

（四）完善机制不到位

四川出版集团成立后，出版社保留事业体制，改革进程缓慢。后来为了与新华文轩进行整合，出版社进行的"事转企"改革比较仓促。出版社体制变了，但内部机制没有变，干部管理、用工制度、收入分配、市场导向、品牌打造等方面存在的很多问题长期没有得到解决。许多十年前就在讨论的问题，直到今天仍然停留在研究阶段。机制改革不到位使出版社缺乏动力、少有活力。

（五）资源投入不到位

2010 年出版社进入文轩后，文轩对教材教辅业务进行了整合，将教材教辅业务从出版单位拿出来实行集中经营、专业化运作，提高了教材教辅经营业务的效率与效益，但是，由于没有相应的后续措施跟进，建立起公司对出版社的反哺机制，除教育社以外的其他出版社失去了最大的利润来源，导致出版社账面亏损严重，流动资金减少、优质选题流失、发展底气不足，出版社不敢进行发展投入。当我们还在争论如何解决出版社亏损、如何建立出版管控模式这些内部问题之时，别的出版集团大都在跑马圈地，运用业务、资本手段抢占出版资源。没有一流的资源就生产不出一流的产品。在这样的竞争格局中，我们一步步衰落下来。

三、振兴四川出版具有重大现实意义

（一）振兴四川出版是建设文化强省的必然要求

当前四川出版的发展现状与四川经济大省、人口大省、文化大省的地位还有较大距离，发展空间很大。四川出版振兴了，能够推出更多更好的作品，能够出精品、出人才，把"出版川军"的旗号更好地立起来，把四川作品的影响力更好地打出来，把四川形象更好地传出去，这样，文化强省建设才会有坚实基础。

（二）振兴四川出版是发展四川文化产业的首要任务

四川文化产业落后的不仅仅是出版产业，还有其他领域，为什么首先要讲振兴四川出版？一来这是由出版业的性质决定的。

文化产业的核心是内容产业，内容产业的核心是以文字来表达的内容产业，而在以文字表达的内容产业之中，报刊是浅阅读范畴，图书属于深阅读范畴，所以核心是图书出版。一个省图书出版搞得好，其他文化产业才有条件搞好，有了图书这个最核心的部分，推动其他文化产业就有了基础。二来这是出版产业的地位决定的。在整个文化产业中，出版产业的集中度最高，规模也最大。因此，出版产业的这个重要地位，决定了振兴出版是发展我省文化产业的首要任务，从这个意义上讲振兴四川出版就是振兴四川文化产业。

（三）振兴四川出版是重塑文轩整体形象的关键工程

回归 A 股的文轩应该是个具有全新形象的文轩。新的文轩，新的形象，不仅要有渠道优势，更重要的是还要有内容优势、产品优势，应该是个全产业链的"新文轩"。目前文轩尽管在产业布局上是全产业链的，但实际上是一只脚强健，另一只脚无力，所以我们说要补齐短板。从这个意义上讲，振兴出版不是文轩的局部工作，而是全局性的、具有战略意义的重大工程。

四、振兴四川出版的举措建议

振兴四川出版是从上至下的系统工程，涉及宏观、中观和微观三个层次。这三个层次的主体职责是其他层次的责任主体所不能替代的，因此，只有各个层次切实承担起各自的责任，充分发挥各个层面的作用，共同发力，才能形成四川全新的出版格局。

（一）宏观层面，出版管理部门要做好振兴四川出版的顶层设计

1. 营造四川出版发展的良好氛围，出台相关支持政策

省委领导提出振兴四川出版，是我省出版发展史上的重要里程碑。多年来，出版管理部门多是从宣传和意识形态导向的角度来关注出版，对出版业的发展不大关心。这次省委领导提出振兴四川出版，四川出版人备受鼓舞，信心大增。建议有关部门在此基础上继续营造四川出版发展的良好氛围，并出台相关政策，着力解决"轻发展、轻机制、轻专业、轻市场、轻省外、轻策划"等问题，切实支持出版社发展。

2. 理顺出版管理体制，推动实行出版专业化管理

目前文轩所属出版社面临很多部门的管理，导致出版决策链条过长、政出多门、效率低下。现在出版社的社长们觉得关心出版社的部门和领导太多了，都不知道该听谁的。出版社的干部任免也要经过多重手续，市场化的选人用人机制没有建立起来。振兴四川出版首先要尊重市场规律，对出版实行专业化管理，管大不管小，管目标不管具体事务，把出版社作为真正的市场主体对待，下放必要的经营自主权，让出版社专心致志谋发展，聚精会神出好书。

3. 加大对出版业的资源投入和财政扶持力度

不仅在中国，在全球范围内出版业都是受到政府扶持的行业。与全国其他省份相比，特别是与出版强省相比，四川对出版的扶持力度相对较弱。对此我建议：一要提高财政专项资金支持出版的比例，出台具有强激励作用的出版奖励政策。二要支持四川出

版基金的建设，切实发挥出版基金对四川出版发展的推动作用。三要适当放宽出版社的工资总额限制，不仅在发展目标上是高要求，而且在收入待遇上也是高标准，让出版社成为薪酬待遇的高地。我们应力求做到骨干留得住，人才引得来，职工有奔头，干事有动力。坚决防止因为待遇上不去而使出版社成为别人的人才培养基地。四是规划并推动实施一批重大出版项目，推动数字出版转型、全民阅读、出版"走出去"等重大出版工程，通过重大项目带动整个行业的发展。五是推动省内出版产业与相关文化资源的整合，打造四川出版产业的升级版。

4. 举办具有四川特色的全国性图书展会，扩大四川出版的影响力

四川早在 1992 年举办的全国性"四川书市"图书展销会，在全国形成了重大影响，但此后"四川书市"未能延续。近年来，北京、上海、深圳等每年都定期举办全国性图书展销会等大型文化活动，对当地"全民阅读"和出版业都产生了积极的影响。鉴于目前中西部地区还没有类似的图书展销会，我们建议在全民阅读活动不断深入开展的时刻，四川应该率先举办"四川书市"，通过书市搭建起出版者、作者与读者之间的交流平台，并开展丰富多彩的文化活动，如作家见面会、新书发布会、四川好书颁奖会等，打造具有四川特色的文化嘉年华。举办"四川书市"，不仅可以打造推动全民阅读活动的重要平台，也是提升四川出版影响力、推动四川出版发展的重要抓手。

（二）中观层面，新华文轩要出台一系列措施支持出版单位的发展

1. 建立赛跑机制，优化管理模式

文轩是振兴四川出版的重要责任主体。文轩要通过机制创新，建立起一套赛跑机制，切实增强出版社活力，推动出版社出好书、谋发展。首先，对出版社实施目标管理，强化两类发展指标：一是纵向指标，自己跟自己比，看增长幅度有多大；二是横向指标，自己与全国同行比，看排位进步有多大。未来主要依据这两类指标开展对出版社的绩效奖励、资源投入、干部晋升等工作。其次，完善出版考核体系，不仅重视经济效益考核，对年销售上 5 万册、10 万册的图书纳入公司考核体系，同时重视社会效益考核，对社会效益实行额外加分制，以此鼓励出版社多出"双效益"俱佳的好书。再次，完善出版管理模式，将公司经营重心下移、前移，对出版社放权搞活，充分发挥出版社市场主体的作用。

2. 切实建立文轩公司对出版社的反哺机制，加大对出版社的资源投入

一是建立文轩出版基金。文轩公司拿出 4000 万~6000 万元作为主体，吸纳四川新华发行集团和四川出版集团股东的力量，同时争取一定的财政资金和社会资本的支持与参与。通过开放式基金规范运作方式，投资出版相关业态，支持国家和省级重大出版项目、出版融合发展项目及出版"走出去"项目，奖励"双效益"俱佳的好书和有重大贡献的出版领军人才等。二是改变过去平均用力的思路，将资源投入向发展较好、进步明显、排名靠前的出版社倾斜，增加出版社的注册资本和流动资金，支持有条件的出

版社率先做大做强。三是在出版社经济效益考核指标体系之外，单独制定社会效益考核指标体系，采取社会效益加分的方式给予出版社额外奖励。四是开展"四川好书""文轩好书""文轩卓越出版人"评奖工作，对入选好书和优秀人才给予有分量的奖励，以此引导出版社把主要精力放在出好书上。五是单列文轩各渠道川版书销售的考核指标，鼓励文轩网和实体书店发好川版书、卖好川版书。六是以公司之力搭建数字化出版平台，为出版社数字化转型提供平台支撑。

3. 整合省内外资源，切实改变以四川出版资源应对全国出版市场的不对称局面

四川出版的振兴，根本要靠内涵式发展，依靠所属出版社自身的发展壮大，实现整体水平的提高，同时也需要外延式的发展，通过合作、衍生、并购等方式，谋求四川出版规模的扩张。为此，文轩将着力支持出版社去争取全国出版资源，进而赢得全国出版市场。一是支持出版社通过市场化的方式与有实力的民营策划公司合作，在管得住的前提下，进行选题、营销、设计、印制等方面的合作。二是鼓励条件成熟的出版社在省内外建立出版分社，同时考虑将文轩旗下一至两家出版社总部转移到北京、上海等地，以此争取出版资源。三是充分利用文轩"A + H"资本市场的优势，围绕出版主业，收购与自身发展理念相契合的优秀出版策划团队，围绕出版产业链的延伸收购相关 IP 资源，收购境内外优质出版资源等，以此实现文轩出版的外延式发展，壮大出版实力。

（三）微观层面，出版社要主动面向市场，不断提升出版能力

1. 围绕出版能力的不断提升，加强人才队伍建设

出版作为创意产业，人才是发展的根本。要充分发挥社长的核心作用，在出版社内部着力打造三支队伍：能够组织策划优质书稿的策划编辑队伍、能够切实把好质量关的编辑校对队伍、能够做好产品销售的宣传营销队伍。切实制定人才培养行动计划，把人才队伍建设与出好书的实践紧密结合起来，让出版社职工在出好书中得到成长，让优秀人才在出好书中脱颖而出。要通过确立考核指标的方式，让社长高度重视出版社人才队伍建设工作。

2. 围绕出好书、出人才、出品牌，推进体制机制创新

振兴四川出版的标志在于出好书。出版社要围绕出好书推进出版体制机制创新。一要继续深化出版社的三项制度改革，建立有效的奖惩机制，切实解决收入能高能低、干部能上能下的问题，鼓励出好书、卖好书，唤醒出版社的发展意识，增强内部活力。二要围绕产品线规划，建立科学合理的组织构架。鼓励各社按产品线建立编辑策划中心，将经营自主权适度下放到编辑策划中心，理顺社班子与编辑策划中心的关系，培养一批出版社内的领军人才。三要强化各出版社的出版特色和市场定位，坚持走差异化、特色化发展道路，打造自己的核心优势产品线。通过不断推出富有出版社自身特色的图书集群，铸造出版社品牌。

3. 围绕自身出版特色优势，积极探索利用大数据、云平台及数字出版的转型发展之路

出版社要顺应出版融合发展的趋势，推动内容、渠道、平台、

经营、管理等方面的融合创新发展和数字化转型。各出版社要开展自身数字出版转型规划，主动与文轩供应链协同平台、文轩网、数字出版等大数据平台对接，积极探索从产品经营升级为版权经营，研究内容的多元化呈现方式和多渠道发行方式，推进出版物衍生品的开发；积极探索从市场需求出发开发数字产品与数字应用，丰富自身的出版业态和产品形态，大力推进数字化转型发展。

建立赛跑机制，切实推进出版振兴*

今天出版管理部把各大众图书出版社 1~10 月的生产经营数据向大家做了通报。通过数据我们看到，各出版社今年表现的差距已显现出来，我们的目的正是要通过数据看好坏、评高低。

目前，振兴出版已经进入实施关键阶段。振兴出版对我们来讲不是一句口号，而是要实实在在地把出版社做强。怎么做呢？我认为就是要建立和完善出版社的经营机制，建立赛跑机制，实施"非均衡发展"，营造一个有竞争、有比较的氛围。鼓励做得好的出版社走得更快、更好；做得差的出版社，如果短期不能改善，我们就要针对性地动些手术。

为推进赛跑机制，我们最近建立了一个制度，就是从今年 12 月开始，文轩每个月要召开出版社生产经营分析会，并且每个季度要出版一本《振兴出版快报》，目的是让社长们了解自己在这个比赛场上所处的位置，并在这个基础上讨论如何采取相关措施解决问题。

今天是出版经营分析会，我们重点说出版社的经营工作。下

* 本文为 2016 年 12 月 2 日在新华文轩出版经营工作会上的讲话摘要，原文刊载于《文轩人》2016 年第 12 期。

个月的出版例会，我们会侧重讲出版社的编辑工作。对振兴出版接下来的经营工作，我有一些想法和大家交流。

一、振兴出版的根本在于多出好书，出好书的效果要靠数据来反映

振兴出版，要靠出好书来体现。出好书的效果如何，则要通过数据来反映。我们很多社长喜欢埋头做书，却不重视数据，更不习惯通过数据分析发现出版经营中的问题，结果往往是做得很辛苦，但效果不好。以后我们每月都要给大家通报前一个月的数据，让数据公开透明，使大家在比较中看差距，在分析中找问题。这里我们要特别重视几个问题：

一是要重视经营数据，随时掌握本社的赛跑状况。

从今年 1~10 月的指标来看，少儿社情况非常好，呈现出爆发式增长，这与我们振兴出版的战略举措高度吻合，值得我们大家研究和学习。要说明的是，少儿社今年发展得好，并不是因为少儿社所处的市场环境好，因为它去年前年的市场环境也好。少儿社在去年的基础上，很多指标实现了大幅度增长。我们一直强调，出版社发展得好不好，是自己与自己比较来说的。

相比而言，辞书社的专业分工就受到很大的限制，市场面很窄，但是从数据来看，他们的发展也非常好。辞书社今年的净发货码洋比去年同期增长了 86%，在这么窄的细分市场里做出这样的增长业绩非常不容易，令人感动，值得学习。

赛跑机制要求出版社做两个比较。一个是跟自己纵向比，少

儿社和辞书社跟自己比确实有很大的进步，但这还不能说明全部问题，还要看自己与全国同类出版社比是进步了还是落后了。所以，还有一个比较，就是跟行业同类出版社横向比，看我们的发展速度是否能跟上别人甚至超过别人。赛跑机制的要义不在于你是否在跑，而在于跑的速度和成绩如何。有可能你在朝前跑的同时，别人跑得比你还快。这说明，你的相对速度也是比较慢的。总的来说，各个出版社干得好不好，我们不做主观评价，而是用数据说话。在数据的比较中，大家你追我赶，形成一个竞相出好书的良性局面。

今年前 10 个月，我们很多出版社的发展令人欣慰，比如华夏盛轩、文艺社和美术社。华夏盛轩在高位上还有一个大幅的增长，难能可贵。文艺社今年的表现也非常突出。

其实，出版社的发展态势通过 3~5 个月的数据就能看出来。现在已经是 12 月初了，1~10 月的数据大体上反映了今年的情况。我们有个别出版社，和去年同期比不仅没有进步还在下滑，这是应该深刻检讨和反思的。

为什么我们要实施"非均衡发展"战略，就是因为文轩所属 9 家出版社的发展不可能齐头并进、齐步走。各个出版社的社长能力、团队建设、作者资源、营销能力都有差异，这些决定了各个出版社的发展一定会有差异。这个差异只有在数据的比较中才能看得出来。冠军是赛出来的，不是评出来的。我们通过公开经营数据，让数据说话，就可以很好地摆脱过去考核"你好我好大家好"的传统老路子，防止滥竽充数。这样才能做到让真正跑得好的出版社得到更多的支持和激励。

二是要重视回款，关注综合指标。

我知道大家对经营指标的认识是有分歧的，实际情况也是如此。单个经营指标往往是有缺陷的、不完整的，比如品种数。如果只看这个指标，有可能我们做的品种越多，效果越差；但如果不看这个指标，不做大规模，那我们就没有发展的基础和后劲。每个指标都有所指向，既要看重，又不能绝对化。做得好的出版社，往往是若干指标都排在前列。所以，我们不能单纯强化某一个指标，发货码洋、销售收入、应收款、库存等很多指标，我们都要关注和重视，以此来分析我们的经营质量。让各种指标都向好的根本做法，就是抓住出版社的根本，就是多出好书。有一大批好书出来，数据自然就好看了。

在这里，我特别希望大家重视回款指标。回款是一个具有综合意义的指标。下一步，公司要把它纳入考核体系，作为一个重要的考核指标。社长解决好了回款问题，才有现金流，经营质量才好得起来。社长抓好回款指标，就牵住了出版社经营管理的"牛鼻子"。

接下来，我们每个月都要把这些数据向大家公布，做到公开透明。希望大家认真分析数据反映的问题，想办法不断改善这些经营指标。

三是要重视重点书的营销，以点带面推进发展。

图书的质和量是相辅相承的。我们每家出版社每年出的几百上千种图书中，可以在全国叫得响的好书是少数。在这种情况下，除了努力提升图书质量外，还要特别重视我们的重点书和难得的好书。我们要抓住这些重点书、好书，做深入细致的营销工作，用少量的好书来提升出版社的品牌影响力，提升出版社整体图书的销售能力。我们要特别重视发力的点，出版社一年出那么多品种，如果都平均使力，没有人会记住你出过什么书。一定要抓住若干种好书，把宣传和营销做深做透，读者就会通过好书记住这个出版社。在这方面，少儿社做得很好，比如"米小圈"系列图书在市场中得到了很好的检验。少儿社抓住这套好书，做了深入细致的营销工作，不仅"米小圈"系列书实现超量的销售，而且通过这套书带动了出版社整体的销售。

这方面，我们其他出版社也是可以有所作为的。每家社都要明确自己的重点品种，对它们进行重点宣传和推广，以点带面。

二、在公司层面采取切实措施推动出版社的发展，对脱颖而出的出版社给予重点支持

前面说的几个问题，更多是出版社要做的工作。从新华文轩来说，作为振兴出版的第一责任者，必须有所作为，切实肩负起自己的职责，促使出版社尽快做实做强。

一是新华文轩各渠道要全力支持文轩本版书的销售。

不管各出版社是通过中盘发行还是自办发行，新华文轩的各个渠道，包括零售、电商、商超，都要高度重视文轩本版书的销售。同时，我们要通过考核指标的设置来落实文轩各渠道对出版的协同。

在今年1~10月的出版业绩增长中，由文轩渠道产生的增长幅度和比重是最大的。这说明，文轩渠道对出版的支持，其效果已

经开始显现。但是，我们也要看到，今年文轩各渠道对出版的支持，还主要是靠政治觉悟和工作自觉。这一方面反映了文轩上下充分认识到振兴出版是当前新华文轩的重大政治任务，全公司都已经行动起来，形成了"振兴出版，大家有责；振兴出版，从我做起"的良好氛围；另一方面，这也说明我们还没有做出必要的制度安排，对公司各个方面在振兴出版任务中的职能、职责、目标、管控、考核等方面做出明确规定。因此，下一步，我们不仅要从观念和情感上做好渠道对出版的支持，还要从制度安排上把这一项工作落实，因为振兴四川出版是新华文轩一个全局性的工作。可以说，文轩的出版工作从来没有得到像今天这样的重视和支持。在这样一个大格局下，各家出版社要重新审视自己的工作状况，抓住机遇，乘势而上。

二是建立和完善激励机制，真正做到干好干坏不一样。

我们要通过解决激励机制的问题留住人才、用好人才。我经常说，靠感情、靠事业、靠待遇，都难以留住人才。真正要留住人才还得靠机制。这个机制的核心就是干好干坏不一样。如果干好干坏都一个样，人才怎么留得住呢？又怎么可能干得好呢？

我们要制定一个针对各家出版社统一的考核标准，以上一年各自的实际完成数，加上一定的增速来作为当年的考核目标。大家都在自己上一年的基础上，在目标任务的基础上来比增长、比发展，干得好就奖励，干得不好就处罚。只有这样我们才能做得一年比一年好。如果某出版社某一年实现了爆发式增长，那就要严格按标准兑现我们的承诺和奖励。

对公司经营管理团队的考核，也要做到干好干坏不一样。不是坐在高管位置上就该拿高薪。高管的考核成绩，相当大一部分要取决于其各自分管的业务板块做得好不好。我们要从高管开始，把"干好干坏不一样"的机制层层传导下去，不仅解决出版社班子成员考核和激励的问题，还要让我们的员工，尤其是编辑的收入与经营结果挂钩。这是改革之初就提出的问题，但我们却一直没有很好解决。我们所说的赛跑机制，背后就是要解决这个问题。赛跑就是比赛，比赛成绩好就有奖励，成绩差就要淘汰，这是最简单的常识！

三是对发展势头好的出版社给予资金支持。

我们要向一些发展势头好的出版社注资，这本身也是对干得好的出版社的一种激励。是否注资？注资多少？这要看出版社的发展状况如何，既要看发展势头，又要看发展潜力。如果当下的发展态势很好，未来的发展空间又很大，但缺少资金，我们就会给予其支持。

目前向文艺社注资 4000 万元的程序已走完，而向一家出版社注资 4000 万元是文轩前所未有的情况。此举的原因就是文艺社今年的优良表现反映了他们有一个好的发展态势和发展空间，他们的团队又有更高的追求目标，有激情有干劲，所以文艺社能够得到这样的支持。

每家出版社的发展方式不同，但我们支持的思路是一样的。第一是看发展态势，第二是看发展空间。发展态势就是看它已经发展得怎么样了，如果现在的状况不仅没有进步还在下滑，那么这个时候要解决的首要问题就不是注资了。注资不是扶贫，而是谋求更好更大的发展。如果呈现好的发展态势，还要进一步做大，资金周转不过来，我们就应该支持。我们就是要通过这样的举措来支持出版社多出好书，支持一些出版社做大做强，谋求跨越式发展。

四是组建文轩出版基金支持出版项目。

文轩出版基金跟一般的基金有很大的不同，它是新华文轩的一个出版发展平台和抓手。文轩出版基金对出版的支持是双向的，一方面是自下而上，另一方面是自上而下。自下而上是指各个社如有好的项目需要给予支持，基金就会给予支持。自上而下是指基金作为文轩出版和选题的平台，将来会抓一些重大项目和重点选题，这些重大项目和重点选题可能会带着资金跟出版社合作。所以，我们要请做出版的人来管理这个基金，而不是找做基金的人来管理这个基金。我们要用这样的方式来搭建新的出版平台，给各个出版社在选题和项目上予以切实的支持。文轩出版基金正在紧锣密鼓地筹备，明年初就会建立并开展相关工作。

五是要把出版社换届工作与振兴出版的实际效果结合起来。

2017 年是现任各社领导班子任期届满之年，也是"十三五"规划实施的中期阶段，振兴出版工作能够看到成效的关键之年。在振兴出版这个大潮当中，我们对出版相关机构的干部调整一定要与出版工作的成效、各出版社的发展联系起来。所以，2017 年是各出版社发展的关键之年。对各位社长来说，在总结经验教训的基础上，怎样谋划明年的出版经营就至关重要。振兴出版是一场长跑，而且中途还不能停下来。我们明年怎么跑？特别是掉在后面的出版社明年怎么跑？这个问题要深入思考和研究。

三、要围绕振兴出版做好战略规划，实施"非均衡发展"战略，推动出版"走出去"工作

一是要明确振兴出版的标志，把着力点放在多出好书上。

振兴出版最重要的标志，就是要有大批在全国有重大社会效益的好书。好书的背后是优秀出版社。所以，振兴出版还有一个重要标志，就是要有若干家在全国同行中位居前列的出版社。

建立赛跑机制的一项重要工作，就是要对发展得好的出版社给予更多支持，让它们在全国同行中脱颖而出。如果3~5年内四川有若干家与全国同行相比都很强的出版社，那可以说四川出版就振兴了。还有就是要多出好书，如果我们一年有100种以上发行超过10万册的图书，四川出版差不多也可以说振兴了。《米小圈上学记》累计发行了700万册，这就是我们心目中的好书。不同的市场不能都按这个数字来要求，有些细分市场能销售5万册以上也称得上是好书。

振兴出版是一个相对概念。因为我们置身于全国出版的大环境之中，所以我们既要看四川的发展状况，也要看其他省的发展情况。如果我们在跑，但竞争对手跑得比我们还快，我们的位次就可能不仅没有赶超，反而落后了。那么在这种情况下，我们就很难说我们的出版振兴了。所以我们一定要通过不断赛跑的方式，奋勇向前追赶。

二是要整合资源组建子集团，搭建北京出版大平台。

在资源整合方面我们会有一些突破性的举措。今天给大家通报一下，目前我们正在做一项工作，就是将天地出版社、华夏盛

轩公司、中盘事业部进行整合，组建新华文轩天地出版子集团。这个子集团的总部、决策中心、运营中心设在北京，天地社将来在成都的部分主要是编辑中心。这样就让四川出版有载体冲出四川，到北京整合相关资源，谋求更大的发展。整合后的天地出版社要按照集团化的思路来谋求发展，要规划设计若干条产品线，依据产品线建立若干编辑出版中心，在北京聚集更多的作者资源。我们希望通过出版子集团的建设，迅速做大规模，同时拉升整个川版图书的市场影响力，也希望通过这种超常规的发展方式，天地出版子集团能够占到我们川版图书的半壁河山。

出版市场是一个全国性市场，如果没有一个全国性的出版格局，仅仅盯着四川局部的出版资源，那么四川出版在全国市场上的竞争力一定是弱小的，四川出版也一定是做不起来的。我一直认为，四川出版落后的症结，就在于用四川局部的出版资源去应对全国的出版市场，造成了极其不对称的局面。面对这种出版格局，我们如何振兴？放眼全球的出版格局，大部分出版机构都设在首都，比如日本的出版社基本在东京。如果我们老盯四川的出版资源，格局小了，事业一定大不了。四川出版既要立足四川，还要走出四川。纵观四川出版历年来出版的优秀图书和获奖图书，省内作者的比重其实很低，大部分是省外或者是北京的作者。振兴四川出版，我们必须在首都北京搭建一个出版大平台，以此抢占全国的出版资源，形成全国性的出版大格局，这样才能形成出版资源与出版市场相对称的局面。

除文轩公司在北京搭建出版大平台以外，其他出版社也要把眼界放宽、格局放大。立足四川，在研究自身优势的基础上，在全国范围内建立合作关系，也可以通过建立分社的方式去争夺全国的出版资源，形成全国性的出版格局。

三是要有规划、有重点地推动"走出去"工作。

前面说的是四川出版走出四川是一种"走出去"，而真正的"走出去"是走向世界。这对我们是更高的要求。

我们出版社肩负着"文化走出去"的使命。中央和省上有关部门都非常关注"走出去"工作。今年6月，中宣部主导的"中国图书对外推广计划"工作小组第十二次工作会议在成都召开。这是首次在四川召开国家级的"走出去"工作会议。选择在四川召开会议的一个重要原因是我们在"走出去"方面取得了一定的成绩。2015年，我们的版权输出品种数在全国集团中排名第11位，比我们图书市场占有率的排名高得多。今年的情况还要好些，文轩共输出图书版权134种，比2015年同比增长58%。振兴出版应该体现在方方面面，除了我们经营数据的提升，"走出去"的成绩提升也是一个重要指标，因此我们必须做好出版"走出去"工作，这是振兴出版的一个重要方面。

今年9月，我参加了俄罗斯书展，由此发现我们"走出去"工作存在的问题。最主要的问题，就是文轩在"走出去"工作上缺乏战略规划和突破口；在具体做法上，则是浅尝辄止，蜻蜓点水，和十多年前的做法没有太大的差别。今年的俄罗斯书展，我们好几家出版社都派去了搞版权贸易的人员，应该说他们都很用心敬业，老是在展场上跑来跑去。但是，我问他们这次参加俄罗斯书展在版权贸易上的效果，基本上没有实质性的收获。我发现，我们参加俄罗斯书展，没有哪一家出版社是把版权贸易工作的重点放在俄罗斯的，也没有一个版贸人员是俄语或俄国文化方面的专家。以此类推，可能我们参加美国书展，也没有熟悉美国出版市场的人。今年年初我们很多人参加了印度书展，赴印参展的人中也没有懂印度出版市场的人。这就表明我们的"走出去"工作是浮于表面的，这不是发展产业的做法。

我们要调整"走出去"的思路，重新梳理战略。出版社不要去追求大而全，更不要期望占领全球市场，或引进全世界的好书。这种口号基本上是"老虎吃天——无从下口"。各个出版社应该认真分析一下自己的优劣势，把着力的重点集中到一个或几个国家。比如俄罗斯的文化底蕴很深厚，我们某家出版社有优势，就做一个分工，这个社就重点考虑拓展俄罗斯市场。这就需要引进懂俄语，或在俄国留过学的人，推动我们社的重点产品，甚至整个川版书通过建立专业平台实现"走出去"。同时，在研究俄罗斯出版市场的基础上，将俄罗斯有影响力的图书主动"引进来"。就是说，我们要在某一个或某几个国家精耕细作，其他国家如果没有相应的能力就暂时放弃。同时追逐两只兔子，结果可能是一只都得不到。比如美术社已经与印度建立了一些联系，它就可以考虑拓展印度市场。印度文化底蕴也很深厚，如果我们能在印度把版权引进和版权输出工作做深做透，不仅使"走出去"有成效，还能形成美术社的品牌效应。如果我们每家出版社都有自己的重点版贸对象国，发展到一定程度，就可以建立文轩内部的版权贸易联盟，各社相互借力、互动发展。

我们推动振兴出版，一定要靠精细化的运作和管理。做产业，最怕的就是浮光掠影，靠运气做事。希望各家出版社对"走出去"

战略做一个认真梳理，制定切实的"走出去"战略，集中力量在一个或几个国家做工作，几年下来必有成效。这项工作应该是我们出版"走出去"实现突破的前提。

组建新天地社：
文轩振兴出版的重大举措[*]

今天召开的天地社职工大会，应该在天地社历史上具有里程碑意义。从今天开始，天地社就告别了过去的天地社，成为一个全新的天地出版社了。

当前四川出版界，最重要的工作就是振兴四川出版。作为振兴四川出版的第一责任人，新华文轩制定了一套完整的方案，并将推出一系列重要举措。今天宣布的天地社与华夏盛轩、中盘事业部的整合，就是振兴出版的重要举措之一，这是天地社发展史上的重要节点。此次重大改革，是在新华文轩实施"非均衡发展"战略下，推进内部资源整合，支持有条件的出版社做优做强，打造面向全国的专业化出版子集团，构建新华文轩面向全国的出版发展新平台，切实改变四川出版资源分散，出版社实力弱、规模小等问题。通过这次整合，我们要让四川的出版社走出四川，在全国范围内抢占优质出版资源，解决长期以来四川出版以四川局部出版资源应对全国出版市场的不对称局面。四川出版只有走出去才有前途，才能振兴。天地社要通过此次整合，成为四川出版

---

* 本文为2017年1月5日在天地出版社职工大会上的讲话摘要，原文刊载于《振兴出版快报》总第2期。

走出去的排头兵，站上抢占内容资源的制高点，为振兴四川出版探索出一条新路。

天地社未来的发展，要切实做好以下几方面的工作：

第一，新天地社要放眼全国市场，朝集团化方向发展。

新天地社作为四川出版的排头兵，将决策中心和运营中心都设在北京，就是要拓宽抓选题的视野，放眼全国出版资源。未来，新天地社要往集团化方向发展，根据自身特点和优势建立若干个分社、出版中心，走出一条独特、高效的集团化发展路子。

第二，新天地社要成为四川主题出版的主力军。

新天地社下一步的重要任务，是要规划众多出版产品线，特别是要利用首都的出版资源抓好主题出版，要将新天地社发展成为除了人民社之外的文轩主题出版的另一支主力军。

第三，新天地社要建立全新的运行机制和管理机制。

新天地社在形态、内核、风貌上都要有新的变化，要建立高效的运行机制和管理机制。通过业绩评价，实现干部能上能下、人员能进能出、收入能高能低。新天地社除了在发展上要成为振兴四川出版的主力军、排头兵之外，在内部改革上也要起模范作用，引领甚至倒逼其他出版社进行内部机制改革。

第四，新天地社的干部员工要积极投身到振兴四川出版的改革大潮。

天地社的变革，为全社干部员工打开了一道全新的大门。希望每位干部员工树立大局意识，积极投身改革，将个人的事业发展、出版社的兴旺与振兴四川出版的大业紧密结合起来，努力创造天地社的新辉煌。

新华文轩：
在全产业链格局下发挥文化影响力[*]

——百道网记者专访

  百道网编者按：一直以来，新华文轩在教育服务、电子商务、供应链管理，以及实体书店等业务板块的发展都处于优势地位。尽管如此，在百道网对新华文轩出版传媒股份有限公司董事长何志勇进行年终专访时，他却表示，对比国内排在前列的出版传媒集团的发展势头，新华文轩的先发优势已不明显，"十三五"期间，振兴出版将是最重要的关键词之一。

  新华文轩历时多年的回A之路终于在2016年跑到终点。2016年8月8日，新华文轩出版传媒股份有限公司（A股股票简称"新华文轩"）首次公开发行A股上市仪式在上海证券交易所举行，新华文轩成为我国首家A＋H两地上市的出版发行企业。对于新华文轩来说，横跨双资本市场除了将进一步夯实各业务板块在线上线下的发展，资本的力量还将在"十三五"中助推出版振兴。

  "近年来，出版传媒产业正经历着由经济环境、信

---

 * 本文为百道网记者令嘉在2017年1月5日对作者的专访稿。

息技术及消费革命引发的行业深刻变革，产业链正在被重构。新的竞争者不断涌入，传统出版传媒企业不断推进市场化进程和产业转型升级，重塑新的竞争优势。"何志勇董事长表示，新华文轩的综合实力、发展速度与国内领先同行相比还有较大差距，出版综合实力和影响力还较为落后，新兴产业的规模和盈利情况还未达到预期。这些都是新华文轩在未来发展中亟待解决的问题。他告诉百道网，回归 A 股后，新华文轩将积极巩固发展出版传媒主营业务，稳妥拓展其他文化产业和资本经营业务，实现实业经营和资本经营协调发展。

一、新华文轩振兴出版

文轩出版作为四川省出版业的主体，承担着传承巴蜀优秀文化、建设文化强省的重要使命。新华文轩将 2016 年定为全面启动振兴出版工作的元年。在分析文轩出版的发展现状时，何志勇坦率地说："2010 年四川出版整体进入新华文轩后，有一些进步，但整体状况并不乐观；四川出版创造过辉煌，这些年却落后了。究其原因，新华文轩虽然是出版的出身，却是发行的基因，一直沿袭发行企业的架构体系。在出版发行的全产业链条中，发行做的是规定动作，出版则以自选动作为主，出版板块一直没有很好地融入文轩，文轩对出版的重视度和资源投入都不够。"

出版是新华文轩的短板，因此，新华文轩要补出版短板，改变文轩单一的发行企业形象。"十三五"期间，新华文轩的目标是向着具有国际影响力的综合文化服务集团的发展方向迈进。2016 年已经成为历史，当回过头评价这一年新华文轩"振兴四川出版"的工作时，何志勇颇感欣慰，因为"取得了实际成效。随着一系列举措的实施，出版社发展的积极性得以调动，振兴出版的信心不断增强，文轩出版呈现出积极向好的发展态势，取得了较为显著的发展成果，经营业绩不断提升"。

不妨用数据来说话。根据 2016 年 1~9 月的数据，文轩出版图书入库码洋为 14.54 亿元，同比增长 23%，净发货码洋为 13.75 亿元，同比增长 17%。市场排名位居全国第 23 位，比 2015 年上升 3 位。各社在全国 576 家出版社总排名中都有所上升，四川少儿出版社在全国排名第 93 位，上升 60 位；天地出版社排名第 155 位，上升 141 位；四川文艺出版社排名第 196 位，上升 61 位。

何志勇把"振兴四川出版"从抽象的概念落实到具象的描述上："核心是出好书。"过去的一年，新华文轩在主题出版、文学出版、少儿出版、传统文化出版和巴蜀地方文化出版等板块都推出了一大批好书。在主题出版方面，复杂多样的地形特征和得天独厚的地理位置使四川孕育了丰富的红色文化，新华文轩旗下的出版社充分利用本地历史文化的积淀，将以长征为标志的红色文化作为主题出版的特色和重点，《入党》《红船》《李鸣生航天七部曲》《红军长征过草地（雪山）行军路线详考》等一批弘扬主旋律的主题出版物应运而生。

在深入挖掘中华优秀传统文化和巴蜀地方文化的过程中，新华文轩在 2016 年储备了一大批重点出版项目，《辑补旧五代史》《巴蜀文化通史》《羌族石刻文献集成》《雪域精工——藏族手工艺全集》等 30 多个项目入选国家"十三五"重点出版项目、2016 年度国家出版基金资助项目、2016 年度国家古籍整理出版资助项目等国家级项目。

文轩出版在 2016 年大众图书市场的表现也可圈可点。以文学板块为例，新华文轩不仅策划出版了《白鹿原纪事》《欢乐颂》《中国文学史》《杨绛传》等一批有市场影响力的精品图书，在好书的市场营销和推广上也充满创新之举，带动了文轩出版在文学品牌市场地位的提升，《虹影重写海上花三部曲》《龙头凤尾》《妹方》《阿来的诗》《夜莺》等书成为年终各大好书榜或畅销榜上的常驻书目。很多早年与四川出版结缘的作家，如陈忠实、王蒙、阿来、虹影等重新集结到新华文轩的出版品牌旗下，马家辉、张广天等著名学者的小说作品也被吸引过来。在少儿板块，多年来被喻为川版第一畅销书的《米小圈》继续在 2016 年以 IP 的方式进行延伸读物的开发，使该品类图书销售总量超过千万册；《DK 儿童百科全书》成为京东少儿百科类目的榜首书目，是数量庞大的 DK 产品中的翘楚。

二、振兴出版的五子棋

"文轩出版要加快发展步伐，就要制定较高的发展目标，并且要争取五年目标三年完成。"何志勇对此目标的设定心中有数、胸有成竹，这是因为文轩在背后设计了一系列配套的动力机制——"赛马"机制和资源支持体系。围绕振兴出版的目标，新华文轩在五个方面着力——"从战略上重视，从观念上变革，从体制上松绑，从资源上倾斜，从发展方式上协调"，这就好像下五子棋，纵横之间，连成一线，贯通一气。

从 2016 年上半年开始，何志勇带领文轩领导班子深入旗下出版单位进行摸底、了解情况，并赴江西、浙江等省调研学习兄弟单位的先进经验。他们认识到，文轩出版长期以来形成的"重导向轻发展，重体制轻机制，重级别轻专业，重评奖轻市场，重省内轻省外，重编辑轻策划"等观念，成为拖累出版社走向市场的顽石。因此，除了在战略上重视出版之外，也要在观念上变革，在体制上松绑。文轩调整管控模式，对出版社放权搞活，将经营自主权下放给各出版社，按照赛马模式对出版社实施目标管理，围绕"出好书"完善出版考核体系，对出版社强化横向和纵向两类考核指标，并以此作为出版社绩效奖励、资源投入、干部晋升的依据。同时，文轩赋予出版社更大的用人自主权。

文轩利用回归 A 股的资本优势，在资源上给予出版支持，加大对出版的投入，增强出版发展后劲。何志勇表示，新华文轩正陆续对发展战略清晰、发展势头良好、现金流不足的出版社进行注资。他以四川文艺出版社为例，该社 2015 年还处于亏损状态，2016 年不但扭亏而且盈利。集团决定对四川文艺出版社增资，目前增资已经完成。

"通过注资等出版反哺机制，为出版社解决当下发展中的资金问题。我期望出版社既要有压力，也要有动力，要用出好书来谋求长远的发展。"

发挥新华文轩的渠道优势支持出版发展，也是资源倾斜的重要手段。通过在实体书店和电商平台开设文轩出版店中店，实行捆绑考核等措施，今年 1~10 月，文轩的中盘、零售、文轩网三大渠道的文轩本版图书销售分别同比增长 32%、45% 和 49%。

何志勇认为，川人不爱出川，四川出版的局限之一是重省内轻省外。他说："我国出版市场是全国性的统一市场，而国内出版资源绝大部分集中在首都北京。但是，长期以来，四川出版存在着用四川局部的出版资源去应对全国出版市场的问题。"为了解决这一问题，文轩采取内部资源整合的方式，对出版业务进行重新布局。天地出版社将采用子集团的模式在北京搭建出版平台，以此争夺全国出版资源。除此之外，四川少儿出版社、四川文艺出版社都有可能以子集团发展的模式进行内涵式发展。

与此同时，回归 A 股后，新华文轩将利用资本市场，以资本运作的方式谋求文轩出版外延式的发展，以此获取更丰富的出版资源，增强文轩出版的影响力。

2017 年是实现"十三五"目标的关键年，这意味着文轩出版将要在更大的压力和动力下高速发展。振兴出版工作必然要上一个新台阶。"继续推进资源配置优化重构，继续提升出版社经营能力，推出一批具有四川特色和全国影响力的精品力作。"

三、全盘布局的文化影响力

新华文轩利用"A + H"的上市平台优势加大资本运作的力度，围绕公司战略，运用资本经营的手段优化资源配置，逐步完善产业布局，这为新华文轩的产业发展提供了新动力。

新华文轩不仅在出版上要重拳出击，在其竞争优势业务板块，如文轩教育、文轩物流、文轩网、实体书店上也将加大投入，打通线上线下，巩固区域市场，拓展全国市场。文轩还将以重点产品、特色项目为突破口，推动文化"走出去"。出版单位开展版权贸易要聚焦重点区域，精耕细作，不断提升"走出去"的质量。以四川少儿出版社为例，截至 2016 年 11 月底，版权输出已完成双签 48 种，其中，《奇迹之旅·万里长城的奥义》被评为第十五届版权输出优秀图书。此外，还通过建设"一带一路"文化贸易服务平台，大力实施海外汉语教育平台、海外 O2O 综合图书平台、海外灯展等特色产业项目，在全产业链格局下发挥新华文轩的文化影响力。

四、文轩教育的新突破

教育板块是新华文轩最有竞争力的业务板块。回归 A 股之后，新华文轩将持续开发线上线下相结合的教育服务业务，巩固四川省内教育市场的绝对优势，形成在全国中小学教育服务市场的领先发展优势。

因不断推动市场化转型和经营创新，2016 年也是实现教育信息化发展新突破的一年。在连续 38 年实现"课前到书，人手一册"的基础上，教育服务业务范围不断扩大，从单纯的纸质教材教辅业务扩大到教学用书、教育信息化、教育装备业务，成功实现了从产品提供商向服务提供商的转变，不断优化市场化运营机制，基本实现了对中小学校教学资源、教学设备的全环节、全过程服务。

从 2009 年到 2016 年，以文轩智慧教室和文轩教学应用系统为核心的产品已覆盖四川省内 2000 余所学校、4 万余间教室，市场份额占比为 46%，惠及 150 多万师生及家长，确立了新华文轩在四川省内教育信息化行业的主导地位。

2017 年，文轩教育将发挥教育服务板块供应链一体化的整体优势，巩固传统业务，大力拓展教育信息化、教育装备等新兴业务，构建线上平台和线下渠道深度融合的教育服务体系。

五、文轩电商与供应链建设

2016 年，新华文轩在电子商务方面实现销售新突破，影响力继续大幅提升。在 2016 年"双 11"购物节，文轩网销售单日突破 1.5 亿码洋，连续六年蝉联全国电商平台图书销售冠军。这个业绩进一步坚定了新华文轩在数字业务领域推进战略转型升级的信心和决心。

新华文轩将进一步拓展和巩固互联网销售渠道，加强商品经营能力和渠道网店经营能力建设，进一步做大做强文轩网。何志勇表示，文轩将加大对电商业务的投入，持续完善电商供应链体系建设，更好地提升用户的网络购物体验，保持销售快速增长势头，力争进入全国图书电商业务第一梯队。

文轩新建华北物流中心，与华东物流中心、西部物流中心一起，形成全国性的物流主干网络。华北物流中心的建成有效提升了电子商务和自有出版的物流配送支持能力，电商图书次日送达率在 80% 以上，自有图书 24 小时出库率达到 90% 以上。

文轩物流在开展内部服务的同时，积极拓展第三方物流市场，通过开展对外战略合作进行新的产业布局，打造物流＋互联网、物流＋金融的供应链一体化服务平台。

六、文轩实体书店的转型发展

何志勇谈到，新华文轩在传统书店门店上要加大力度，以大数据和新媒体为手段，从经营产品向经营用户转型。文轩将打造覆盖全川的垂直纵深网络体系，推进零售门店的业态创新和经营模式转型升级；通过控股子公司文轩商业连锁，开拓中国商超零售市场。

分步实施全省门店改造工程，优化网络布局，打造覆盖全川的垂直纵深网络服务体系；发挥文轩品牌优势，抓住国家有关政策机遇，创新门店经营模式，充分利用社会资源办书店；推进实施"一店一策"，围绕市场需求开发实体门店新业态，提升多业态综合运营管理能力；加强零售门店的信息化建设，打造智慧书城，推进线上线下融合发展。他说，文轩要朝着"大型高端书城顶天立地，中小书店铺天盖地"的目标迈进。在推进实体书店网络建设的具体做法上，他总结为"三靠"——"靠政府、靠市场、靠资本"。他说："我们要打造的是影响力，我欢迎大家都来参与文轩实体书店建设。"

用"工匠精神"做好每一本书[*]

——《四川日报》记者专访

"脚踏文字大地，耕耘出版沃土。数十载精耕细作，换来如今的开花结果。"这是"2016中国文化产业年度人物"揭晓时，主办方对新华文轩董事长何志勇作的颁奖词。1月22日，从北京领奖归来的何志勇接受记者专访时表示，这个奖是颁给新华文轩整个集体的。

何志勇说，2017年将是新华文轩厚积薄发的一年，"我们的最终目标，是要把新华文轩建设成一个具有国际影响力的综合性文化服务集团"。

入选"2016中国文化产业年度人物"的最大特点，是文化企业家用"工匠精神"，精益求精地打磨文化产品，踏踏实实地做强文化企业。何志勇非常谦逊："'工匠精神'是每个文轩人都有的，我们所说的'内容为王'，就是要把每一本书做好，对每一本书都要进行打磨，这里面就有'工匠精神'。去年我们做的一本《米小圈上学记》，发行上千万册，突破性爆发，这背后有编辑们的精心打磨。何谓'工匠精神'？就是这样实实在在地做事。"

---

* 本文为《四川日报》记者肖姗姗对作者的专访稿，原文刊载于《四川日报》2017年1月25日第10版。

2016 年，新华文轩迈入一个新的发展时期——"回 A"。这让新华文轩成为我国首个"A ＋ H"的上市公司，新华文轩在资本市场有了更广阔的空间；全面推进"振兴出版"工作，并取得实际成效，新华文轩旗下的出版社，绝大部分扭亏为盈；融合发展，线上线下有产品经营的融合发展，也有渠道经营的融合发展，数字出版实现盈利。此外，还在教育领域推动了融合发展，呈现出多点开花。

谈及 2017 年，何志勇说，这将是新华文轩实现"十三五"目标的关键之年，"我们要以'提速增效、跨越发展'为中心，推动文轩发展驶入快车道"。

在 2016 年，新华文轩多元拓展，谋篇布局，确定的目标将在新的一年开始发力。"在 2017 年，'振兴出版'工作要上一个新台阶，继续提升出版社经营能力，推出一批具有四川特色和全国影响力的精品力作。"

"与此同时，实体书店要持续打造'大书城顶天立地，中小书店铺天盖地'的网络体系，产业的数字化转型上要做大规模和提升影响力等。最重要的是，在资本经营上，2017 年要有突破：一方面，要激活内部的资源要素，实现内涵式发展；另一方面，还要依靠资本经营的手段，争取外延式发展。两种发展方式同时进行，让文轩有一个快速的跨越。"

站在 2017 年的新起点，何志勇运筹帷幄。他说："在过去的一年，我们整合资源、夯实基础；2017 年，新华文轩将有一个华丽的蜕变。"而谈及最终目标时，何志勇说："争取五年目标三年实现，努力把新华文轩打造成具有国际影响力的综合性文化服务集团。"

精耕主业，转型发展，
努力打造国内一流的文化综合服务集团[*]

  《文轩人》编者按：2016 年是新华文轩发展历程中不平凡的一年，我们一起见证了公司成功回归 A 股的荣耀时刻，也携手并肩为"十三五"的谋篇布局和振兴四川出版而努力。在出版传媒领域具有 20 余年实战和管理经验的何志勇于 2015 年年底就任文轩董事长以来，深入思考新华文轩的未来发展之路，锐意推进改革，努力振兴四川出版，继续推进传统渠道的升级转型。在他的带领下，2016 年新华文轩圆满完成各项工作任务，经营效益稳步提升，产业发展可圈可点。站在 2017 年发展的新起点，何志勇董事长对新华文轩 2016 年的发展有怎样的概括？对主业发展有什么样的认识？对新华文轩 2017 年的发展又有怎样的规划和要求？带着这些问题，《文轩人》杂志对何志勇董事长进行了一次专访。

  《文轩人》：何董事长，感谢您百忙之中抽时间接受我们的采访，和广大《文轩人》读者分享您这一年的心得和感悟。请问

---

* 本文为《文轩人》2017 年第 1 期年终专访稿。

您如何看待公司 2016 年的发展？您认为 2016 年公司发展有哪些
亮点？

何志勇：2016 年对新华文轩来说是非常重要的一年，甚至对
整个中国都是很重要的一年，因为这是"十三五"开局之年，各
行各业都在制定"十三五"规划。这一年对新华文轩和我个人也
很特别。2016 年，新华文轩历时九年的回 A 征程终于画上圆满的
句号，我们站上了"实现使命、创造价值、成就梦想"的新起点。
2016 年，是我担任新华文轩董事长的第一个年头，上任以后，我
到公司各个业务机构进行战略专题调研，形成了对企业发展的一
些想法，提出了"精耕出版传媒主业，依托互联网和资本市场转
型发展，打造具有国际影响力的综合文化服务集团"的战略思路，
并启动公司"十三五"战略规划的制定工作。

2016 年，新华文轩迈入了一个新的发展时期，全体文轩人在
公司董事会、经营管理团队的带领下，以市场为导向，不断开拓
创新，迎接发展之路上的一个个挑战，实现业务发展的多项突破，
成果可圈可点，总结起来，我认为有以下几个亮点：

2016 年是新华文轩全面推进"振兴出版"工作并取得实际成
效的一年。通过为出版社注资、成立出版基金、推进出版资源整合、
加大渠道支持出版的力度、规划实施重大出版工程、优化出版社
考核指标、评选"文轩好书"等一系列举措，出版社发展的积极
性不断提高，振兴出版的信心不断增强，文轩出版呈现出积极向
好的发展态势，除了推出了系列好书以外，出版的各项经营指标
也显著提升，入库码洋和净发货码洋同比有较大幅度的增长，文
轩出版的全国市场占有率上升到第 19 位，比 2015 年提升了 7 个

位次。各社在全国 576 家出版社的总排名中也大都有所上升，少儿社、文艺社、辞书社、华夏盛轩的表现非常突出。

2016 年是新华文轩主业升级转型持续发力并取得突破的一年。2016 年，中央、省上分别出台支持实体书店发展的相关政策，为实体书店的发展带来了前所未有的政策机遇。新华文轩实体门店也紧抓机遇，以开放的姿态，发挥自身优势，依靠当地党委政府的支持，探索多种合作模式，积极构建垂直纵深阅读服务网络；以项目为抓手，积极推进实体门店的拓展，推进实施了天府书城改造项目、文轩九方书城项目、广元儿童书店项目、新乐山书城项目等，助推实体书店升级发展，使新华文轩的品牌影响力不断扩大。

2016 年，新华文轩继续推动渠道业务的数字化升级，加快电子商务业务的发展。文轩网着力培育商品组织、销售供应、物流配送、信息支持四大配套能力建设，300 多家连锁网店、70 万种商品供应规模、全国性物流服务网络构建了一个现代图书电商服务体系，为读者带来更加方便快捷的电商购物体验。销售规模持续增长，电商业务实现销售新突破，影响力继续大幅提升。2016 年"双 11"购物节表现突出，单日销售突破 1.5 亿码洋，连续六年蝉联全国电商平台图书销售冠军，全年销售接近 20 亿码洋。

2016 年，新华文轩教育服务业务不断推动市场化转型和经营创新，实现教育信息化和教育装备发展新突破。2016 年，教育服务板块业务范围不断扩张，从单纯的纸质教材教辅业务扩大到教学用书、教育信息化、教育装备业务，成功实现了从产品提供商向服务提供商的定位转变，并不断优化市场化运营机制，基本实现了对中小学校教学资源、教学设备的全环节、全过程服务覆盖，也确立了新华文轩在四川省内教育信息化行业的主导地位。

2016 年，公司积极推进媒体融合发展战略，报刊传媒业务加快数字化转型发展力度。《出版商务周报》由传统的纸媒升级为融合型新媒体，读者报社全媒体服务平台、四川画报社"视界"数字影像资源聚合传播平台、四川数字出版公司四川高校 WIFI 平台"青春网"等新媒体项目相继上线，形成了新媒体矩阵。

2016 年是文轩出版传媒产业链各环节协同发展，共同创造新价值的一年。2016 年文轩物流加大网络建设力度，支持渠道业务高速发展。新建华北物流中心，与华东、西部物流中心一起，形成全国性的物流主干网络，有效提升电子商务和自有出版的物流配送支持能力，电商图书次日送达率达 80% 以上，自有图书 24 小时出库率达到 90% 以上。文轩物流在开展内部服务的同时，积极拓展第三方物流市场，通过与深圳南山集团开展战略合作进行新的产业布局，打造物流 + 互联网、物流 + 金融的供应链一体化服务平台。印制环节提升整体生产运营能力，完成"课前到书"印制任务，积极打造文轩印材品牌，销售业绩取得较大增长。

2016 年也是新华文轩资本经营再添新翼的一年。2011 年，新华文轩启动了回 A 进程，通过长期的筹备努力，终于在 2016 年迎来了最后的冲刺。经过文轩内外、公司上下的共同努力，2016 年 8 月 8 日，新华文轩终于成功在上海证券交易所上市，成为我国首家"A + H"双资本市场上市的出版传媒企业。借助"A + H"投融资平台，公司资本运作在推动主业发展的同时也取得了良好的投资回报。

　　2016 年是新华文轩社会效益显著提升的一年。2016 年，新华文轩持续推进全民阅读活动，履行文化企业的社会责任。文轩借助出版发行主业优势及垂直纵深阅读服务网络优势，走进学校、家庭、社区、农村、企业、机关、军营，量身打造"走进川藏线送书到兵站"活动、"太阳星"村小圆梦公益活动、青少年爱国主义读书教育活动、"重走长征路　送书到老区"文化帮扶公益活动等品牌阅读活动。12 月 22 日，新华文轩因在全民阅读工作中的突出贡献，再次荣获四川省全民阅读工作先进单位称号。

　　2016 年是新华文轩文化影响力不断提升，"走出去"工作有较大突破的一年。2016 年，在精耕出版发行主业的同时，新华文轩旗下的影视、艺术、音乐等相关文化产业子公司通过打造品牌项目与产品，不断提升新华文轩的文化影响力。文轩音乐公司致力于搭建西南地区最大的校园原创音乐平台，举办四场"发光计划"高校原创音乐路演活动；文轩美术馆举办了"三界五行——2016国际版画展""第十二届华赛新闻摄影全球获奖作品展"等高品质艺术展览十余场，努力建设中国西部知名的文化艺术交流展示平台。

　　2016 年 6 月，新华文轩精心组织、成功承办"中国图书对外推广计划"工作小组第十二次工作会议，得到了中宣部、国家新闻出版广电总局的充分肯定和同行的广泛好评。2016 年文轩共输出图书版权 134 种，比 2015 年同比增长 58%。此外，新华文轩还积极开展文化"走出去"工作。文轩网落地新西兰，实现了域名本地化、服务器本地化、支付本地化、送货本地化，是我国图书电商第一次真正走出国门。新华文轩实施"数字国际汉语教育服务平台"项目，研发汉语互动教学软件"易汉语"，在泰国上百所学校使用，成为第一个被国家汉办认证的数字教育产品。

《文轩人》：今年是振兴出版的起始之年，振兴出版可以说是公司的头等大事，请您给我们谈谈为什么要振兴四川出版？公司主要有哪些举措？

何志勇：我个人是做出版出身的，对出版产业的发展有一些理解。应该说，这几年出版社在进入新华文轩以后取得了一些成绩，但整体状况还是不太好，与四川经济社会发展的需求，与人民群众的期待相比，还存在很大差距。从数据看，文轩出版的规模实力和市场占有率排名都比较靠后，经营状况较差，缺乏有影响力的图书。四川出版的这种局面是多年以来的各种原因造成的，归纳起来有顶层设计不到位、观念转变不到位、出版管理不到位、出版社内部机制改革不到位、对出版发展的资源投入不到位等原因。

我们为什么要振兴出版呢？对新华文轩来说，振兴四川出版是重塑新华文轩整体形象的关键工程。回归 A 股的新华文轩应该是个全新形象的文轩，全新形象不仅要有渠道优势，更重要的是要有内容优势、产品优势，应该是个全产业链综合实力均衡的"新文轩"。目前的新华文轩尽管在产业布局上是全产业链的，但实际上是一只脚强健，另一只脚无力，这就是我们说的要补齐出版短板。从这个意义上讲，振兴出版不是新华文轩的局部工作，而是带有全局性的重大工程。对全省文化产业的发展来说，振兴四川出版也是发展四川文化产业的首要任务，是四川建设文化强省的必然要求。

2016 年 6 月，四川省委常委、宣传部部长甘霖同志对全省新闻出版战线提出了"振兴四川出版"的要求，并对新华文轩提出了振兴出版、努力向全国出版第一方阵迈进的发展目标。应该说，我们提出的"补出版短板，把新华文轩建成一个综合性文化服务集团"这个目标与省委、省政府的指示精神是一致的。

2016 年，我们在振兴出版这件事上下了很大功夫：

第一是建立出版反哺机制。比如陆续对发展思路清晰、发展势头良好、现金流不足的出版社进行注资。我们有的出版社经济基础比较脆弱，想做事但做事条件不具备，所以我们通过增加注册资本和建立文轩出版基金等方式来增强出版社的实力；另外，通过制度设计让渠道全力支撑出版的发展。不管各出版社是通过中盘发行还是自办发行，新华文轩各个渠道，包括零售、电商、商超都要高度重视文轩本版书的销售，公司也会做出必要的制度安排，对各个方向在振兴出版任务中的职能职责、目标考核等方面做出明确规定。

第二是实施"赛马"机制。我们在新华文轩旗下众多的出版机构中实施"赛马"机制，就是大家来比发展的速度和质量，一方面自己和自己比，现在与上年、上个月比有没有进步；另一方面是自己与全国同行比，在全国的同行中名次是不是有所提高。在这个比赛中，我们对跑得好的单位会给予更多的关注和支持。通过营造这样的氛围，我们给出版社增加了发展的压力和动力。目前来看，此举效果较好，今年文轩出版的各种指标数据都有较大幅度的增长。

　　第三是推进资源整合。针对出版资源分散、出版社实力弱规模小的问题，我们改变平均用力的投入思路，支持有条件的出版社做优做强，形成振兴出版的中坚力量。公司最近已经将天地出版社、华夏盛轩公司与中盘事业部进行整合，支持和鼓励新天地出版社向子集团方向发展。未来新天地社的总部、决策中心、运营中心都将设在北京，以此去争取全国的出版资源。这种超常规的发展方式使新天地出版社成为振兴四川出版的生力军、排头兵。我一直认为，四川出版面临的一个很大问题，就是用四川局部的出版资源去应对全国出版市场，造成了极其不对称的局面。新天地社成立北京出版中心，立足北京，放眼全国，积极参与全国出版竞争，就是要构建全新的出版格局。除此而外，我们也支持其他出版社开阔出版眼界，放大出版格局，根据各自的优势在各地建立分社，立足四川，走出四川，拓展全国出版市场。

　　第四是谋求外延式发展。除了通过上述举措推动出版社做大做强，积极谋求文轩出版的内涵式发展之外，我们还要借助资本市场的力量推动文轩出版的外延式发展。下一步，我们将发挥新华文轩作为双上市公司的资本平台优势，通过资本市场积极开展资本运作，并购优质出版资源特别是优秀的选题策划资源来迅速做大规模，提升市场占有率和出版影响力。

　　《文轩人》：在新华文轩的"十三五"发展中，除了振兴出版，振兴实体书店也是一项重要的任务，您认为在实体书店整体利好的当下，新华文轩的实体书店将会如何推进发展？

　　何志勇：内容和渠道都是我们的主业，新华文轩的大众图书渠道包括传统渠道——实体书店和新兴渠道——电子商务。这些年，在书店建设上我们应该是欠了一些账。我们在四川的网点数量多，近年也在经营模式和业态创新上有一些探索，形成了大型文化MALL、中心书城、县级门店、轩客会主题书店、读读书吧社区店、大学校园店、儿童书店等门店类型。但总体上，我认为文轩实体书店的数量和质量建设都还需要加强。我们要通过引进资源、开展对外合作等方式加大投入，一方面要努力增加实体书店的数量和面积，另一方面还要积极改善传统卖场的体验感和品牌形象。今年，我们提了一个目标：大型高端书城要做到"顶天立地"，中小书店要做到"铺天盖地"。顶天立地是指书城除了规模大，在业态上也要走中高端路线，成为市民的文化消费、文化休闲场所。

我认为，未来文轩实体书店的发展要推进两个创新。

第一是推进实体书店发展模式创新。我们要改变原来那种大包大揽、什么都自己做的方式。开门办书店，要利用各级党委、政府重视实体书店、发展文化产业这样一个大环境，通过加强对外合作，聚集相关社会资源，共同推动实体书店建设。具体来说是"三靠"：第一是靠政府，第二是靠市场，第三是靠资本。通过资源整合，实施"一店一策"，将实体书店与当地文化市场紧密结合。

第二是推进实体书店业态创新。这些年实体书店发展不好，不是没有市场需求，主要还是业态落伍了。所以我们要走融合发展之路，加快利用互联网、移动互联网等技术，不断推动业态创新，不仅要推动线上线下融合发展，还要实现传统书店智能化发展，建立体验式文化消费中心；同时要加强新华文轩供应链整体能力的建设，在商品组织、物流配送、信息系统方面支撑实体书店的升级转型，不断满足文化消费新需求。

《文轩人》：2016 年，文轩网的销售又取得了很大的突破，行业影响力不断提升，您怎么看待文轩网近年来的快速发展？

何志勇：文轩网的快速发展首先得益于文轩有一支能打硬仗、永不放弃的优秀团队。这支队伍在互联网大潮中大胆探索，具有强烈的进取精神和务实的经营作风，从而推动文轩网的发展登上一个又一个新台阶。文轩网的快速发展也得益于文轩供应链的整体实力。网络书店的发展表面上是比销售能力，实际上是拼企业的供应链整体实力。今年，文轩做了一个很大的动作，就是将采购中心拆分，将大众图书完全交给文轩网集中采购，让新华文轩以一个全新的姿态和形象与全国供应商合作，达到效率进一步提升、成本进一步降低、结构进一步合理的新境界。同时，我们今年还从客户需求出发，通过新建华北仓，建设覆盖全国的三大物流配送基地，持续完善物流配送服务。文轩网的快速发展还得益于经营不断创新。文轩网首创了多渠道网络连锁店模式，并持续完善改进，应对消费习惯的变革，不断加强移动端的运营，不断满足消费需求。

当然，文轩网的快速发展也与公司对它的支持分不开。一是在战略定位上，新华文轩对整个行业的变化进行前瞻性研判，把握电商快速发展的趋势，早在 2008 年就开始发展电商业务，并将其作为公司渠道升级转型的重要抓手，给予各种资源支持。二是在业绩考核上，将电商业务作为战略培育板块，明确其迅速做大规模的战略目标，注重对其销售收入和增长率的考核。

《文轩人》：您认为未来新华文轩的传统渠道和新兴渠道应如何定位？公司将如何推动线上线下融合发展？

何志勇：首先，实体书店和文轩网是新华文轩基于大众阅读服务市场构建的两个定位不同的渠道。未来，实体书店通过网点完善和业态创新，积极培育新兴业务，为消费者提供便利的阅读及相关文化体验服务，发展为文化消费体验场所；而文轩网则通过持续完善供应链体系建设和提升消费体验，不断做大销售规模，进入全国图书电商第一梯队，成为新华文轩面向全国的图书销售主渠道。

其次，纵观整个零售行业的发展，线上线下融合已成趋势，未来新华文轩也将推进线上线下融合发展。一是通过信息化建设，将智慧门店系统、PC 网店系统和 ERP 业务信息化系统进行一体化贯通，逐步实现 O2O 线上线下协同融合，打造综合性的文化消费服务平台，做实做强综合性文化消费服务业务板块；二是以互联网技术、大数据技术、物联网技术和云计算信息技术为基础，以会员体系建设为纽带，加强电商业务与线下门店在用户共享、营销推广等方面的协同合作，促进线上线下资源充分整合，实现销售规模的快速壮大和市场影响力的快速提升，打造国内一流的文化消费服务品牌。

《文轩人》：您如何看待文轩教育服务板块 2016 年的发展？

公司对教育服务板块的发展有什么设想？

何志勇：教育服务业务是新华文轩的核心主业，是文轩产业远航的"压舱石"。近年来，面对政策和市场环境的变化，教育服务板块主动迎接挑战，在变化中求创新，在创新中谋发展，业务领域逐步拓宽，销售结构不断优化，经营业绩持续上升，其市场化转型令人欣慰。2016年教育服务板块深入推进从"产品供应商"向"教育服务提供商"的战略转型，进行业务架构调整，形成了教学用书、教育信息化、教育装备三大业务单元；面对学生人数减少、循环教材政策影响教材销售下降等不利情况，通过扩大教辅、教育信息化和教育装备销售等市场化业务，使教育服务业务板块总体销售保持增长，在当前的市场环境下是难能可贵的，为公司经营目标的实现做出了重要贡献。

关于教育服务板块的发展，我们要坚定地走线上线下相结合的教育综合服务提供商的发展道路，推进四川教育出版社与教育服务事业部的教育出版发行产业链深度协同，打造完整的教育服务产业链。

教育出版在做好平台业务的同时，要明确出版方向，力争在某一个或几个领域做到全国前列，同时要重视立体化教育资源及配套资源的建设。渠道方面，我们要继续确保区域市场的主导地位，着力搭建基础教育服务市场的区域生态系统，实现学前教育、中小学教育、职业教育等产品和服务全覆盖。教育信息化等新业务在做好省内市场的同时，要加快走出四川，面向全国发展；要选择教育信息化发展主攻方向，加大技术研发投入；要充分利用公司的品牌、资本等相关优势打造新业务核心竞争力，扩大销售规模，实现可持续发展。

《**文轩人**》：您对新华文轩 2017 年的发展有什么期待？公司将主要推进哪些工作？

何志勇：2017 年是新华文轩实现"十三五"目标的关键之年，我们要以"提速增效、跨越发展"为中心，推动文轩发展驶入快车道，争取五年目标三年实现，努力打造国内一流的文化消费综合服务集团。为此，文轩将着力推进以下工作：

一是振兴出版工作要上一个新台阶，继续推进资源配置优化重构，继续提升出版社的经营能力，继续推出一批具有四川特色和全国影响力的精品力作，使出版社的经营业绩显著提升。

二是推进振兴实体书店工作，持续打造"大书城顶天立地，中小书店铺天盖地"的网络体系。发挥文轩品牌优势，整合外部相关资源，创新门店经营模式；加强实体书店的信息化建设，打造智慧书城，创新业务经营，提升多业态综合运营管理能力。

三是在产业的数字化转型上做大规模和提升影响力。加强电商供应链体系建设，提升用户网络购物体验，保持销售快速增长势头，力争进入图书电商第一梯队；发挥教育服务板块供应链一体化的整体优势，巩固传统业务，大力拓展教育信息化、教育装备等新兴业务，打造新业务核心竞争能力；在报刊经营上探索传统媒体和新兴媒体融合发展之路。

四是推动新业务的探索和布局，在全产业链经营上实现突破。推进第三方物流业务发展，通过对外合作探索"物流＋互联网""物流＋金融"的供应链服务平台建设；抓住国家"十三五"时期教

育产业的发展机遇，打造西部地区知名的职业教育基地，采取多
种形式拓展幼儿教育市场；拓展物资贸易业务，打造印刷物资品牌，
实现物资销售突破。

五是结合新华文轩的优势与特点，有规划、有重点地推动"走
出去"工作，力争"走出去"取得更好的实效。版贸业务要聚焦
重点市场精耕细作，有效嫁接整合世界出版资源；通过大力实施
对外汉语教育平台、海外O2O综合图书电商平台、中国彩灯展等
特色产业项目建设"一带一路"文化贸易服务平台，推动中国文
化"走出去"。

六是利用"A＋H"的上市平台优势加大资本运作的力度，
围绕公司战略，运用资本经营的手段优化公司资源配置，逐步完
善公司产业布局，加快推进公司产业发展。

中盘要发挥振兴四川出版的独特作用 [*]

文轩召开中盘经营工作会议，是多年来的第一次，这说明在振兴出版的大潮中，中盘扮演着不可或缺的角色。中盘现在的地位不一样了，文轩重视中盘了，也可以说公司把中盘的事想明白了。

一、专注本版书发行是中盘发展模式的正确调整

文轩中盘事业部的发展经历了一个曲折的历程，走了不少弯路，文轩因此付出了巨大代价。这几年，中盘每年都亏损几千万，2014年亏损3400万元，2015年亏损4000万元，累计亏损超过1个亿。这种状况让很多中盘人抬不起头来。一般来说，的确有这个问题，"败军之将，焉能言勇"。但是，实事求是地说，中盘打败仗，确实不是我们在座人的问题。中盘的问题是定位的问题、路径的问题，而不是努力不努力的问题。战略错了，路子错了，就全盘皆错。用大家熟知的话说，你到别人的地盘上去卖别人的图书，人家不仅在地盘上挤对你，好书还不会拿给你卖。惨淡经营，业绩上不去，形象还不好。这样的状况使中盘人在内

* 本文为2017年2月7日在新华文轩中盘事业部经营工作会上的讲话摘要，原文刊载于《文轩人》2017年第3期。

部外部都抬不起头来。不仅如此，大家多年来背井离乡，远在千里之外，的确是家庭和事业的双付出，真是不容易。

但是也要看到，过去的探索也为今天找到新路和明确中盘的定位做了很好的铺垫。

从 2015 年开始，中盘做了重大调整，开始走上一条全新的、切实支持文轩本版图书发行的路子。从这两年的实践看，业绩一年比一年好。中盘的发展成果，反映在两个方面：一是通过中盘的努力，川版图书的影响力得到提升，在省外很多书店均能看到川版图书的身影，这既说明我们的出版社在出好书，也说明我们的营销能力提升了，图书发行的触角能够深入到最基层的书店，这在一定程度上说也有中盘的作用。这当中，华夏盛轩收获较多。因为华夏盛轩的市场化产品多，市场化程度高，有了好的渠道，受益就自然会多一些。中盘渠道的不断发展，也促使出版社更加关注市场，注重推出符合市场需求的好书。去年川版书的开卷数据有很大的起色，其中也包含了中盘的努力。二是中盘这支队伍的精气神起来了，通过这两年的努力，在振兴出版的大潮中，中盘人感觉到自己独特的作用，也更加有信心了，不像过去那样，抬不起头、提不起劲。有了这股精气神，就不怕事业发展不好，所以，我对中盘的未来充满信心。

二、进一步明确定位，形成渠道优势，发挥中盘的独特作用

2017 年 1 月，文轩在北京图书订货会上宣布了一项重大改革，

即以天地出版社为核心，对北京华夏盛轩图书有限公司和天地出版社进行战略重组，把华夏盛轩吸收合并进天地出版社，并把文轩中盘事业部注入天地出版社，将天地出版社的决策中心、运营中心、发行中心整体迁到北京。这样，通过给天地出版社注入上游选题策划资源与下游渠道资源，打造供应链整体优势，形成新华文轩面向全国的出版发展新平台。此次改革中的一个重点，就是将中盘事业部加入到新天地出版社的整合大潮中。这是中盘继2015年之后的又一次重大改革。正是在这个大背景下，我们希望中盘整装再出发。从今天开始，中盘要甩开历史包袱向前看，要在文轩未来的事业发展中发挥独特而重要的作用。

（一）发挥中盘在振兴四川出版中的独特作用

去年以来文轩有一个全局性、压倒性的工作，即振兴出版。振兴出版的责任主体在出版社，但仅有出版社的努力也是不够的。换句话说，振兴出版，不仅需要有产品优势，还要有渠道优势。产品优势，要靠出版社来打造；渠道优势，需要中盘事业部来打造。2016年我们在振兴四川出版上做了大量工作，这些工作着力点都在出版社，主要是弥补我们长期存在的出版这块短板。随着出版社出好书的成效显现，我们振兴四川出版的工作面就要扩大，不仅要解决好产品的问题，还要解决好渠道的问题。产品与渠道，二者缺一不可。一方面要通过增强出版社的活力来打造产品优势，另一方面也要靠中盘来建立我们的渠道优势。有了这两个优势，四川出版才能真正振兴。这个道理大家都能够理解。我们常说，对出版业务来说，编辑、营销是两只翅膀，缺哪一只都飞不起来。

中盘在振兴出版中的作用，还有一个道理：振兴出版的根本在出好书，好书的一个重要标准是市场认可。读者不接受的、存放在仓库的图书，我们一定不能说它是好书。好书需要读者认可，需要市场证明。市场认可和读者认可就是中盘的作用。中盘的作用就是把出版社的好书推向市场，同时把市场信息反馈给出版社。可以说，中盘的能力影响着出版社两个效益的好坏，进而影响着振兴出版的进程。提升文轩本版书的营销能力，是我们推动中盘进一步改革的目的。从这个意义上说，今天的会议不仅是中盘事业部的会议，也是关系振兴出版全局，关系文轩发展全局的一次会议。

（二）发挥中盘在出版发行全产业链中的独特作用

新华文轩率先在全国提出全产业链建设。过去我们以为，有了出版业上中下游产业环节，全产业链就形成了。就文轩来说，过去很多人有一种认识，即文轩有渠道优势，唯缺出版社，出版社一旦进入文轩，全产业链就形成了，出版社的产品就自然而然通向市场了。这种认识其实是个误区。这里需要厘清：出版社与书店在业务上是交互的，图书流向是相向的。一方面，文轩作为发行商，作为书店，功能是把全国各地出版社的图书发到四川，是多点流向一点；另一方面，文轩的出版社，则需要把自己出版的图书发到全国各地的各种书店，是一点流向多点。这就是说，出版社进入文轩之后，要把出版社的图书发到全国各地，这个问题，文轩原来的渠道是解决不了的。原来说的编印发合在一起就是全产业链，其实是一个伪命题。那么，怎么把文轩各出版社的图书发向全国各地的各种书店呢？就需要中盘这样一个专业性的、专门为出版社服务的渠道。有了中盘这个纽带桥梁，文轩出版产品的渠道才是通畅的，文轩全产业链才是完整的。从这个意义上说，中盘在文轩具有独特作用。

再从文轩出版社的现实情况来看，文轩出版的营销能力总体上说比较弱小。同样的图书，别人可以发 5000 册，我们可能只能发到 3000 册。这样的状况，不仅使得我们的效益低下，而且我们在选题争夺上的竞争力，在作者面前的叫价能力都很不够，结果则是我们出版的整体能力不行。这是川版书市场占有率排在全国第 26 位的原因之一。要解决这个问题，一方面要增强出版社的营销能力，另一方面还要发挥公司层面的力量，组建专业性的发行公司，专门为文轩本版图书做营销。这就是文轩中盘的存在价值。

流通领域的改革，要多渠道、少环节。改革文轩中盘，将中盘这支力量用于增加本版图书的发行渠道，这个路子是正确的。但中盘今后能否发挥作用在于中盘的服务能力。中盘必须清醒认识到，自身对出版社来说是面对市场多出来的一个环节。中盘的服务如果做得好，出版社就离不开你；做得不好，你就是多余的。因此，一定要明确，中盘与出版社是一种合作关系。我们不想用行政命令的方式固化出版社与中盘的关系，而是让出版社自己选择是否与中盘合作，只有这样才能在双赢中推动文轩出版不断向前。

（三）发挥中盘在天地出版社集团化发展中的独特作用

集团化是天地社未来的发展方向。整合中盘这个资源进入天地社，其实是要发挥两方面的作用：一方面，要通过中盘这个为出版社服务的专业营销机构来支撑和扩大天地社的发行工作，扩大新天地社的市场占有率，让天地社率先从四川出版中脱颖而出，成为全国出版行业的领军出版社、明星出版社，以此来带动文轩出版的整体发展。另一方面，我们也要通过资源整合，使中盘搭上新天地社的改革快车，通过改革，建立起中盘新的体制机制，进一步增强内部活力，从而在更大范围和更高层次上为文轩出版服务，为新天地社服务，为振兴四川出版服务。

三、提高能力，增强活力，壮大实力，实现新的突破

未来中盘事业部需要在几个方面下功夫：

（一）提高能力

过去中盘定位长期徘徊不定，影响了中盘作用的发挥。现在明确了定位，就要专注发展，提升能力。定位的稳定，靠的是能力。能力不行，出版社就不找你了。中盘就是靠能力、靠业绩生存。你的能力强，大家都找你；能力不行，大家都躲你。

中盘是吃营销这碗饭的，营销能力不行，你就没有存在的价值。提升营销能力，包括提升宣传能力、发货能力、回款能力，具体来说就是要提升文轩本版书的上架率，做好各地的营销活动，用我们 20% 的好书撬动 80% 的一般书。对任何出版社来说，好书都是少数，我们要用少量的好书来带动其他图书的发行，用好书做品牌、打影响，把营销做深做精。我们要学习中信出版社用重

点图书的营销带动很多一般化图书的发行的做法。再一个是回款的能力。截至去年年底，中盘的应收账款达到 1.9 亿元。三年以上账期的款项超过 5000 万元。这都需要做深入细致的工作，这里面就有能力提升的问题。

这里特别需要明确，中盘还要处理好文轩多家出版社与一家新天地社的关系。中盘既是新天地社的中盘，更是文轩的中盘，也是多家出版社的中盘。从这个角度上说，中盘的职责是发好文轩的本版图书。反过来说，中盘手中聚集的文轩本版书资源越多，中盘开展工作越是有力量。所以，我希望，中盘要特别注意发好其他出版社的图书，否则就容易丧失手中的资源。

（二）增强活力

公司对新天地社有一个要求，即要加快改革步伐，尽快建立起新的体制机制。中盘事业部要搭上新天地社的改革快车，创新体制机制。振兴出版如果没有好的体制机制作保障，就很难有超越同行的快速发展。一是要深化内部三项制度改革，做到多劳多得，干部能上能下。干好干坏都一样的问题不解决，就不能调动干部职工的积极性和创造力，中盘事业就不可能有大的发展。二是要在中盘事业部的各个片区推行"赛马"机制，与自己比增长，与兄弟片区比增幅、比名次。三是在比赛中选拔人才，激励人才。将军是打出来的，冠军是赛出来的。我们要在这种比赛中选拔人才，让做得好的人升到更高的职位上，发挥更大的作用，同时也要让赛得好的人和团队得到更多的激励和实惠。

（三）壮大实力

中盘事业部要在发展中不断聚集资源、聚集人才。"店大欺客，客大欺店"是永恒的商业现象。当年财大出版社发行部，开始走到哪里都没人理睬，后来走到哪里都很受欢迎。因为别人卖你的书能够赚钱，当然就把你当回事。在中盘事业的发展中，我们要出人才，还要出明星。中盘事业发展了，过去你去求别人让你来做营销，现在别人可能就会反过来求你帮助他发展。中盘过去靠输血过日子，今后要靠造血谋发展。

加强理论研究 发出振兴四川出版强音[*]

振兴四川出版，是当前四川出版界的重大政治任务，也是四川出版界全局性、压倒性的工作。振兴四川出版工作，2016年已经初见成效，2017年要争取大见成效。目前，振兴四川出版，我们还在路上，有很多问题需要我们去解决，其中一个问题就是要加强对行业前瞻性的研究。

振兴四川出版，有三个方面的工作我们要重视。

一是在"出好书"上，要全力以赴，抓好人才队伍和体制机制建设，尽快形成四川出版的产品优势。这是振兴四川出版的根本。尽管在出好书的效果上，目前我们离振兴四川出版的要求还有很大差距，但令人欣慰的是大家行动起来了，有责任感、紧迫感，开始形成一种生机蓬勃的局面，出好书的效果也越来越明显。

二是在"卖好书"上，要打通产业链，提升营销能力，尽快形成四川出版的渠道优势。这是振兴四川出版的必要环节。好书需要读者认可、市场认可，那种不与读者见面，不被读者认可的图书称不上是好书。因此，振兴四川出版一定要在川版书与全国

---

* 本文摘自2017年2月8日四川新华发行集团出版融合发展重点实验室筹备组在广安考察座谈时的讲话内容。

读者之间建立起畅通的渠道。最近，我们召开了文轩中盘经营工作会，就提升川版书的营销能力，形成川版书的渠道优势做了安排部署。我们相信，2017 年川版书的市场占有率会在去年的基础上有进一步提高。振兴四川出版的渠道问题，我们有安排、有部署，我们也充满信心。

振兴四川出版，除了以上两个大家都看得到的方面之外，还有第三个大家比较忽视的方面，即对行业的研究。

振兴四川出版，需要对行业做出前瞻性的研判，并在业界发出四川振兴出版的高亢声音。四川出版在全国影响力不够，不仅体现在前两个方面的优势不明显上，也体现在四川出版在全国业界声音小，缺少有分量、有影响的理论研究，发表的出版研究论文论著数量不多上。出版实践与出版研究是相辅相成的。实践水平低，研究就上不去；研究水平不行，实践也强不起来。在振兴四川出版的大潮中，目前我们对前两个方面的问题比较重视了，对后一个问题却不以为然。这个问题要引起我们的足够重视。

最近，以新华发行集团和文轩名义分别向国家新闻出版广电总局申报的两个实验室（出版融合发展重点实验室、新闻出版业科技与标准跨领域综合重点实验室）获得批准，为我们对业界进行前瞻性研究提供了难得的契机。我们在振兴四川出版的大潮中，要通过实验室建设大力倡导出版理论的创新研究和出版实践的经验总结，既完成总局要求的实验室建设任务，又不断提升我们的研究规划水平，切实支持四川出版的跨越发展。

围绕振兴出版中心工作，出版融合发展重点实验室建设需要做好以下几个方面的工作：

一是建立与重点实验室建设相适应的人才管理机制。我们要通过探索建立重点实验室"特约研究员""特聘研究员"认定和聘任体系，把集团和共建单位的专家学者聚集在实验室的旗下，并以此在集团内部培养一批研究型人才；在集团以外，特别是在四川大学和电子科技大学两家共建单位中，联系一批优秀的专家、学者，凝聚一批实战能力和研究能力兼备的专业人才队伍，为两个实验室的建设提供支撑力量，为振兴四川出版提供智力保障。

二是加强针对性学习调研。我们要根据实验室特定研究事项，通过实验室平台组织专题研究，有针对性地开展项目考察调研，加强业界合作交流，开阔眼界、启发思路。

三是要用实验室平台开展集智攻关。主要任务是针对产业发展难点问题和关键问题进行研究立项，通过实验室平台组建项目课题组，在学术委员会的指导下开展咨询研究工作，提供产业发展瓶颈问题解决方案。

四是促进四川出版在全国发声。集团和文轩要抓住国家新闻出版广电总局建设出版融合发展重点实验室、新闻出版业科技与标准跨领域综合重点实验室的难得契机，发挥好重点实验室的综合效益，营造多思考、多研究的浓郁氛围，多出研究成果，出有影响力的大成果。同时，要对在核心期刊发表论文论著的作者进行奖励，引导、鼓励、支持集团干部员工尤其是实验室有关人员多发表相关著述，提升四川出版的影响力。

五是要用实验室平台推动重大项目实施。重点实验室既要开展行业和产业项目研究，也要推动一些实实在在的出版融合发展项目的实施，把研究与实战结合起来。

六是要打造出版家队伍。在提升各出版单位经营管理者业务管理能力的同时，我们要着力提升其出版研究能力，培养和打造一支既精通业务又能进行前瞻性研究的出版家队伍。

总结 2016，干好 2017[*]

刚刚过去的 2016 年是文轩出版发展史上具有里程碑意义的一年。在这一年里，四川省委常委、宣传部部长甘霖同志向全省出版战线发出了"振兴四川出版"的号召，全体文轩出版人振奋精神、真抓实干，大众出版业务首次扭亏为盈，振兴出版实现开门红。2017 年是"振兴四川出版"的关键一年，今天召开出版工作会，目的就是要进一步统一思想，厘清思路，梳理和研究解决出版工作面临的突出问题，明确工作任务，加快推动文轩出版的发展。

一、2016 年文轩出版取得的主要成绩

（一）坚持正确的出版导向，为振兴出版营造了良好的舆论氛围

出版导向正确是出版发展的前提。2016 年，文轩出版严把导向关，公司严格审批选题，从源头把关；出版社认真执行相关出版管理制度和规定，不断提高出版质量。全年没有出现出版导向方面的问题，令人欣慰。2016 年是振兴出版工作的元年，为了统

---

[*] 本文为 2017 年 2 月 28 日在文轩出版工作会议上的讲话摘要。

一思想、提高认识、树立信心，公司利用内外部各个宣传渠道，通过组织策划振兴出版系列报道、编印《振兴出版快报》等有效宣传方式，为振兴出版营造了良好的舆论氛围，让广大干部员工都意识到振兴出版是新华文轩全局性和压倒性的工作，积极投身到振兴出版的大潮中。

（二）振兴出版的路径日渐清晰，成效初步显现

2016年，我们积极响应省委的号召，认真研究部署振兴出版工作。我们组织开展了公司内外多场调研会、研讨会，制订了振兴出版的工作方案，逐步厘清了我们发展出版的思路。通过振兴出版相关举措的顺利推行，文轩出版整体呈现出积极向好的发展态势。从2016年的经营数据可以看到，文轩出版规模和销售业绩均取得快速增长，为近五年来增长最快年度，出版规模接近10亿元；文轩旗下4家出版单位净发货突破亿元大关，实现了跨越式发展。这充分说明，在一个良好的发展氛围下，通过切实有效的手段，出版是能在一个较短时期内实现快速发展的。我们提出的五年目标三年实现并非只是一个口号。

（三）文轩出版"赛马"格局初步形成，出版人积极性得以调动

2016年，我们开始建立出版"赛马"机制，自己跟自己做纵向比较，看有没有进步，同时与全国同行做横向比较，看行业排名有没有上升。每月召开振兴出版工作推进会，通过经营数据分析，总结成绩，找出问题，对下一步经营工作提出要求和建议。

坚持拿数据说话，严格执行目标考核和奖惩。在"赛马"机制下，每个出版社都拥有同等的机会，初步形成了奋勇争先的氛围，增强了大家的责任感、紧迫感，去年跑在前面的社还受到了各类表彰，充分调动了文轩出版人的积极性与创造力。

（四）"出好书"方面有所进步，文轩出版影响力不断提升

2016 年文轩共出版大众图书 4155 种，其中新书 2988 种，新书同比增长 58%。推出了以《入党》《红船》《米小圈上学记》等为代表的一批"文轩好书"。文轩出版影响力也不断提升。《入党》《社会主义核心价值观：理论、方法与实践》被中宣部、国家新闻出版广电总局列入重点主题出版物。《琅琊榜》等一批图书获得了国家级奖项。《四川藏区史》等近 50 个项目入选国家重点项目，较 2015 年增长超过 25%；特别令人鼓舞的是，12 种重点图书成功入选 2017 年度国家出版基金拟资助项目名单，创造了文轩出版入选数量的历史最高纪录，居全国出版传媒上市公司第一位。

（五）大众出版业务总体扭亏为盈，实现历史性跨越

生产销售增长迅猛。根据财报数据，文轩旗下八家出版社（不含教育社）2016 年生产码洋共 10.27 亿元，同比增长 66%；净发货码洋共 9.50 亿元，同比增长 47%。其中少儿社净发货码洋为 2.89 亿元，华夏盛轩为 1.47 亿元，天地社为 1.11 亿元，文艺社为 9994 万元，另外，人民社、美术社净发货码洋都直逼亿元大关。

营业收入和利润大幅增长。根据财报数据，文轩出版旗下八家出版社（不含教育社）2016 年营业收入为 3.01 亿元，与上年同

期相比增长 82%；文轩旗下八家出版社（不含教育社）的利润由负变正，总体实现扭亏为盈，从 2015 年亏损 2880 万元到 2016 年盈利 561 万元，实际利润增长了 3441 万元。文轩大众出版扭亏为盈，这是一个历史性的跨越。

市场排名持续上升。文轩出版 2016 年市场监控码洋为 2.98 亿元，市场占有率为 0.84%，总体排名第 19 位，较 2015 年上升 7 个位次，是全国 35 家出版集团中排名上升最快的集团。各社市场排名都有所提升：少儿社上升 66 位，位于第 85 位；天地社和文艺社分别上升 143 位和 58 位，排名进入前 200 位。

畅销图书不断增多。文轩出版 2016 年净发货 5 万册以上的图书有 31 种，比上年增加 8 种。尤其是 30 万册以上的图书 2016 年有 12 种，而 2015 年只有 1 种。净发货 30 万册以上的图书均是少儿社《米小圈上学记》系列，该系列图书占据全年净发总榜前 20 位。《米小圈上学记》系列图书 2016 年净发货约 620 万册，净发货码洋达 1.03 亿元，成为文轩出版打造的原创优秀畅销图书的杰出代表。

版权输出有较大进步。文轩出版 2016 年共签订版权输出合同 136 项，其中输出非华语国家 111 项，输出华语地区 25 项。版权输出品种在 2015 年大幅增长的基础上再大增 60%。输出语种新增加俄语、印地语、马来语等 5 个语种，输出地区也有了较大拓展。

二、2016 年文轩出版存在的主要问题

（一）出版社发展参差不齐，个别社进步不明显

只有文轩出版九张牌都打出好牌才可能说实现了出版振兴。

从 2016 年的经营数据来看，文轩旗下 10 家出版单位绝大部分在出版规模、营业收入和行业排名等方面与 2015 年相比都有较大进步，呈现出良好的发展势头。但也有个别社进步不明显，甚至出现全国排名下降的情况，发展势头还没有跟上振兴出版的大潮，这是不应该出现的状况，希望该社认真总结经验教训，找到问题的关键和应对措施，争取在 2017 年迎头赶上，实现突破。

（二）有分量的"文轩好书"还不多，影响力还不足

虽然 2016 年文轩出版推出了一些好书，但好书的规模和影响力还不够，与国内一流出版集团相比还有很大差距。在中国版协评选的 2016 年度中国 30 本好书中，文轩榜上无名。2016 年，文轩出版的、读者耳熟能详的只有"米小圈"系列等少量畅销书，在全国市场上文轩出版整体还缺乏亮点与著名品牌。此外，"文轩好书"评选的导向性、针对性还不强，还需要完善评选指标和评选机制，让"文轩好书"真正成为"文轩出品"的榜样，推动文轩出版走上高品质出版的道路。

（三）文轩出版外延式发展着力还不够，资本运作还没有迈出实质性步伐

振兴文轩出版既要依靠内涵式发展，也要实施外延式发展。2016 年，我们在推动内涵式发展方面有实质性举措，出版资源整合取得进展，天地社、华夏盛轩、中盘事业部实现战略重组，正在着力打造新华文轩面向全国的出版发展新平台；为四川文艺出版社增资 4000 万元也已经完成。但我们在外延式发展方面着力还

不够，文轩出版的资本运作还没有实质性动作，与国内领先的出版传媒集团相比，资本运作方面还有巨大的差距。作为国内出版传媒业唯一的"A＋H"双上市公司，我们要充分认识到上市不是目的，只是发展产业的手段。

（四）"走出去"工作缺乏整体规划，聚焦发展不足

2016年，文轩出版的版权输出品种有较大幅度的增长，但整体来看，文轩在"走出去"工作上还缺乏整体战略规划，总体思路、发展模式、实施路径还不清晰，多个方向各自为战，缺乏统一的市场布局与业务布局，还没有找到突破口。在具体做法上，各出版社还局限于靠单品促版贸，基本上是浅尝辄止、蜻蜓点水，大多还没有形成清晰的"走出去"工作思路，与十多年前的工作方法相比没有明显的进步。

（五）出版社机制改革还不到位，经营管理能力亟待加强

从各家出版社的发展势头看，有部分社"三项制度"改革仍然未推进到位，阻碍了出版活力的迸发，制约了广大员工积极性与创造力的发挥。在经营管理方面，出版社在选题策划方面普遍存在聚焦不够、需求把握不准、创新性和前瞻性较差等问题。营销方面也存在目标读者定位不清晰、活动方式老套等问题。另外，有些社生产经营管理不到位，没有制定相应的流程管理规范；库存、在途、应收款等管理缺乏制度性措施；有些社的印制成本、人力成本等方面还有一定的可控制空间。

三、2017 年文轩出版的发展目标

2017 年是振兴出版的第二年，文轩出版的发展要上一个全新台阶，出版经营业绩实现中高速增长，出版影响力实现较大幅度提升，争取振兴出版五年目标三年实现。具体的发展目标有以下四个方面：

（1）出好书目标。推出一批在全国有重大影响、双效益俱佳的优秀图书，力争入选国家"十三五"重点出版规划项目等各类国家级重点项目的数量较去年有较大幅度增长。

（2）经营目标（财报数据）。2017 年，文轩出版力争突破营业收入 5 亿元，比去年的 3.01 亿元增长 50% 以上；力争实现净利润 3000 万元，在实现比去年有大幅度增长的同时，力争各社全部实现盈利。

（3）市场排名目标。2017 年，文轩出版开卷监控市场码洋占有率力争提升 40% 以上，即由去年的 0.84% 提升至 1.20%，全国排名在 2016 年大幅提升的基础上再上升 2~4 位。

（4）出版社发展目标。各出版社要在 2016 年扭亏为盈的基础上实现利润的较大增长；码洋占有率和出版社排名要实现大幅提升。

四、2017 年文轩出版发展思路与主要举措

（一）加强出版导向管理，实现社会效益与经济效益相统一

出版工作是党的社会主义文化事业的重要组成部分，文轩出版人要增强政治意识、大局意识、核心意识和看齐意识，把握

正确的出版导向，坚守出版底线。今年是一个特殊的年份，党的十九大即将召开，中央和省上对确保正确的政治导向多次打招呼、提要求，文轩要建立出版导向的问责机制，对出现导向问题的出版社实行一票否决制。各位社长和总编辑作为第一责任人，要切实担负起坚守阵地的责任，完善社内流程管理制度，加强编辑、校对队伍建设，严格按照"三审三校"制度、选题报批制度等流程规则办事。各社要坚决防止为了一点蝇头小利而铤而走险，坚决防止在内容导向和编校质量上的麻痹松懈。

振兴出版不等于只追求经济效益，我们在任何时候都要把社会效益放在首位，通过出好书、卖好书努力实现社会效益和经济效益相统一。

（二）加大"赛马"机制的推进力度，进一步激发文轩出版的活力与创造力

从去年各社的经营结果可以看出，文轩出版推进"赛马"机制有了一个初步效果。今年我们还要加大推进力度，跑在前面的社要继续保持发展势头，去年发展不好的出版社要加快发展速度，尽快赶上大部队。

2017 年是现任各社领导班子任期届满之年，我们要根据出版社的发展状况与经营业绩对出版社经营班子进行考评，将考评结果与干部调整相结合，排名靠前的社长续聘，排名靠后的社长职位实行竞聘，要通过"赛马"来锻造一支出版领军人才队伍。2017 年，我们要进一步发挥考核和评奖的导向作用，鼓励和引导出版社多出好书。改革"文轩好书"的评选办法，对获得国家级

大奖和销售上 10 万册的好书和先进人才予以重奖，充分发挥"文轩好书"的引领作用和优秀人才的先锋模范作用。

公司总部要研究如何运用股权、期权、绩效奖金等多种手段调动出版核心团队成员的积极性和创造力。要按照市场规则构建薪酬结构，特别要加大绩效奖金在薪酬总额中的比例，坚决打破"大锅饭"的分配体制，要让有能力、有贡献的出版人得到相应的经济激励。

各社要深入推进"三项制度"改革，将部分职权下放到编室或者分社，切实将目标分解到各部门甚至每个员工的头上，真正让员工有压力、有动力，激发广大员工干事创业的激情。与此同时，各出版社要加快提升经营管理水平，学习、借鉴国内先进单位的管理经验，在库存、在途、应收款、成本控制等精细化管理方面下功夫。

（三）做好弘扬中华优秀传统文化出版工作，加快振兴古籍出版

2017 年，文轩出版要认真贯彻落实《关于实施中华优秀传统文化传承发展工程的意见》和四川省委常委、宣传部部长甘霖同志关于振兴四川古籍出版的指示精神，做好相关出版工作。公司要组织做好弘扬中华优秀传统文化、迎接党的十九大等主题出版工作，文轩主题出版工作主要由人民社、天地社承担，要注重单本书的质量和效益，不盲目追求品种和数量。各出版社要发挥比较优势，不做或少做各社专业以外的事情，我们不限制、也不支持其他出版社开展主题出版工作。

为加快推动振兴古籍出版，巴蜀书社要切实承担起振兴四川古籍出版主力军的角色，抓紧落实《新华文轩振兴古籍出版实施

方案》，推进相关措施的实施，着力打造巴蜀书社的七大重点板块，推出更多在全国有影响力的精品古籍图书。巴蜀书社、零售连锁事业部等相关单位要加快研究制定国学书店的实施方案，将其打造成集出版展示、产品销售、文化交流等为一体的优秀传统文化融合发展平台。

（四）加大产品开发力度，适度扩大出版规模，处理好出版规模与出版质量的关系

振兴出版最终要靠书来说话，没有一定的出版品种规模，就没有一定的经营规模，就没有出版的影响力。文轩出版现在的规模与十年前差不多，还需要大家出更多的优质产品，适度扩大出版体量。各出版社要按照五年目标三年完成的要求，完善出版规划，制定好本社出好书及全国排名的发展目标，做好产品线规划，明确发展重点板块和产品；根据自身的出版优势，进行市场深耕，打造具有标志性的重点产品线。各社要处理好发展规模与出版质量，发展速度与出版效益的关系，努力实现又快又好发展。

（五）加大渠道建设力度，发挥文轩产业链整体优势支持出版发展

振兴出版需要出版与渠道两个轮子同步转。文轩中盘作为川版书面向全国的发行渠道，是文轩出版的独特优势。前不久，公司决定将文轩中盘与新天地社进行整合。中盘与天地社进行整合后，中盘不但要做好天地社的发行工作，也要做好其他社的发行工作，只要出版社有需求，中盘就要全力以赴服好务。从中盘

2017 年 1 月的经营数据来看，新天地社等 7 家出版社的发货与实销码洋呈现几何级增长，巴蜀书社 1 月实销码洋同比增长 295%，科技社增长 227%，美术社增长 160%，文艺社增长 144%，新天地社增长 33%，中盘调整的成效已初步显现。

今年，我们还要在中盘、实体书店、电商、商超等渠道加大川版书的营销力度，通过线上线下相结合、省内省外相结合、批发零售相结合，构建川版图书立体化营销网络，在川版书与全国读者之间建立起畅通的渠道，真正实现川版图书走向全国。各社也要围绕自己的产品特色加强营销能力建设，在充分利用公司渠道的同时还要开发适合本社产品特点的专有渠道，特别要善于利用互联网、移动互联网等新兴渠道，构建无孔不入的营销网络。

（六）学习运用资本经营，争夺优质出版资源，支持产业快速发展

当今的出版竞争，很大程度上是出版资源的竞争。一流的出版社掌握一流的出版资源，汇聚一流的出版人才，占据着出版市场的中高端，形成巨大的出版优势。近年来，文轩出版从面上来看资源储备数量不够、质量不高、层次不深，对出版的持续发展形成巨大制约，2017 年我们要加快改变这个局面。要充分发挥"A + H"双上市公司的优势，开展资本并购活动，为出版发展聚集策划、营销、技术等相关优质资源，以此快速扩大规模、壮大实力，进一步提升文轩出版的品牌影响力。各出版社要在明确出版定位、规划重点产品线的基础上，积极寻求相关外部资源，采取在高校或其他省、市设立分支机构等方式抢占与自身专业相关的优质出

版资源，通过外延式发展快速做大做强。

（七）狠抓项目建设，从公司层面加大对重点项目的支持力度

2017年是我省的项目工作年，省委办公厅、省政府办公厅联合印发了《2017年四川省"项目年"工作方案》，就全省项目工作进行安排部署。文轩要根据中央有关会议精神和省委、省政府的工作要求，狠抓项目建设。

在去年天地社整合的基础上继续推进文轩相关出版资源整合项目，通过整合文轩内外部出版资源搭建出版发展新平台，作为振兴出版的重要抓手。

以项目合作等方式加快推进名人工作室建设。最近，新华文轩与何建明同志达成初步协议，在北京成立何建明工作室，作为新华文轩的控股子公司，着力打造一批全国一流文学精品，并适时进行资本运作。未来，文轩还要建立一大批这样的工作室，通过名人的影响力与号召力，带动出版资源的聚集。

2017年文轩拟实施主题出版、古籍出版、文艺原创精品、学术精品、畅销书五大重点出版工程。各出版社要根据自身专业优势规划、实施一批有带动性的重大出版项目。在国家"十三五"重点出版规划首批入选项目中，新华文轩已经远远落后于全国其他出版传媒集团，因而各社要抓好国家"十三五"增补项目的申报工作，力争有更多的项目入选。

在公司层面采取切实举措对重点项目进行专项支持。只要出版单位有好的项目和优秀的选题，在其自身实力不足的情况下可

以向公司提出申请，公司将根据项目实际需求采取项目补助、出版基金资助、出版社注资等多种方式予以支持，绝不能因为资金不足而造成优质出版选题的流失。

（八）制定文轩"走出去"专项规划，提升文轩出版的国际影响力

推动中华文化向世界传播，是我们出版人的重要责任。文轩出版代表着四川出版，要采取切实举措推进出版"走出去"。2017 年，公司要对出版和其他相关业务"走出去"战略进行认真梳理，进一步明确目标，制定切实可行的"走出去"规划，集中力量在一个或几个国家做深入扎实的工作，实现从"走出去"到"走进去"。我们要推动有条件的产品、项目、资本、品牌走出去，逐步构建文轩国际化发展的新格局。

2017 年，各社版贸输出品种数量要在 2016 年的基础上持续增长，增长幅度不低于 10%。近年没有输出版权的出版社，要采取有效措施，努力实现突破；各社要制定明确的年度工作目标，确定本社主攻板块，对准特定国家，实行长期深耕细作，逐步形成国际化出版品牌。

2017 年，公司要精心策划组织参加北京图书订货会、深圳文博会、全国书博会、香港书展、北京国际图书博览会等大型展会工作，加强行业交流与合作，提升文轩出版的国内国际影响力。

（九）稳步推进出版数字化转型，加强出版理论研究

2017 年，我们要继续推动出版数字化转型工作，力争在若干

方向取得突破。文轩出版数字化转型与发行数字化转型应同步规划、分步实施；要依托现有相关资源搭建统一的数字化技术平台和数字产品传播平台，各出版社要根据自身出版特色，探索多元化的数字产品开发模式和盈利模式，不求规模速度，注重市场实效。最近，以四川新华发行集团和文轩名义分别向国家新闻出版广电总局申报的两个实验室获得批准，为我们推动出版融合发展提供了难得的契机。我们既要针对产业发展难点问题和关键问题进行立项研究，提供产业发展瓶颈问题解决方案，也要利用实验室平台推动重大项目实施，让出版融合发展取得实实在在的效果。

四川出版在全国影响力不够，不仅体现在"出好书"和"卖好书"两个优势不明显上，也体现在四川出版研究不够上。四川出版在全国业界声音小，缺少有分量、有影响的理论研究，发表的出版研究论文论著数量不多。为此，我们要注重出版理论研究工作，在业界发出四川的声音。2017年，公司要鼓励干部员工在做好本职工作的同时加强理论研究，力争多出研究成果，出有影响力的大成果。要继续对在核心期刊发表论文论著的作者进行奖励，提升四川出版的影响力。公司要积极筹备文轩出版大讲堂，邀请行业知名专家学者和企业领袖走进文轩，研判行业走势，分享经验，探讨合作。

（十）加快优秀人才的选拔和培养，打造一支高素质的出版人才队伍

振兴四川出版，不仅要出好书、卖好书，还要出人才。去年，我们与四川大学签订了战略合作协议，以校企合作的方式培养、

培训出版专业人才，建设博士后工作站。我们今年还将与电子科技大学等省内重点高等院校签订战略合作协议，引进和培养专业技术人才，联合开展出版科研工作。同时，公司还要有计划地引进名牌大学的优秀毕业生作为文轩出版的人才储备。各出版社要在全国范围内寻找与自身专业相匹配的名牌院校资源，通过先实习再录用等多种方式吸收一批优秀毕业生作为文轩出版的后备力量。

公司要加快人才培养的步伐，今年要选拔、培养一批有志于出版的年轻人走上重要岗位，为振兴四川出版提供源源不断的人才支持。我们要培养一批具有全国性影响力的出版顶尖人才队伍，各级经营管理者在提升业务经营管理能力的同时，要着力提升出版理论水平，努力成长为理论水平与实践经验相结合的高素质复合型出版人才。

实业＋资本，重振"川军"雄风[*]

——《出版人》记者专访

2016 年"双 11"的傍晚 6 点，蓉城的天色已渐深沉。刚刚走出会议室的新华文轩出版传媒股份有限公司董事长何志勇又乘车赶往十多千米外的文轩网办公地，看望"奋战"中的文轩网员工。偌大的办公楼内灯火通明，上百位员工精神振奋，热火朝天的工作场景让记者感受到了传统出版企业中并不常见的热情与拼劲儿。

文轩网的表现没有让何志勇失望。当日，文轩网销售码洋突破 1.5 亿元，不仅再次刷新了整个图书市场由文轩网创下的单日销售纪录，还连续六年位列"双 11"图书销售行业第一名，在一众图书电商企业中遥遥领先。

文轩网的辉煌只是过去一年新华文轩整体亮眼表现的一个缩影。在过去的 2016 年，新华文轩成功登陆 A 股，实体渠道升级转型，出版经营效益稳步提升。开卷数据显示，2016 年文轩出版码洋全国市场占有率为 0.84%，在全国出版传媒集团中总体排名第 19 位，较前年同期上升 7 名，是全国 35 家出版集团中排名上升最快的集团。诸多亮眼表现也帮助何志勇当选"2016 书业年度评选·年度

---

* 本文为《出版人》杂志记者邢明旭对作者的专访稿，原文刊载于《出版人》2017 年第 2 期。

出版人"。在业内人士看来，他的获奖实至名归。

"过去一年对新华文轩非常重要。我们历经千辛万苦，成功地登陆上海 A 股主板市场，成为国内第一家'A＋H'的双上市企业。"在第十一届书业年度评选颁奖典礼上，摘得"年度出版人"大奖的何志勇如是说道："上市让新华文轩站在新的起点、新的平台。2017 年文轩将为产业发展插上互联网和资本经营的一双翅膀，积极巩固发展出版传媒主营业务，稳步拓展其他文化产业和资本经营业务，努力建设具有国际影响力的综合性文化服务集团。"

"从西南财经大学出版社到四川省新闻出版局，再到如今执掌新华文轩，何志勇不当教授而选择一辈子做出版，是追求出版精神的文化人。在他的带领下，新华文轩进一步深化改革，整合四川出版优势，将重振四川出版雄风。"在颁奖典礼现场，全国人大教科文卫主任委员、原国家新闻出版总署署长柳斌杰的这番话或许是对何志勇最好的评价。在他的率领下，新华文轩将在"十三五"期间迎来新的突破。

一、振兴出版　改革先行

2016 年对新华文轩来说的确是意义重大的一年。

"'十三五'规划正式开局，四川省委提出'振兴四川出版'战略要求，新华文轩回归 A 股成为国内首家双上市文化企业，三大重要事件和节点让新华文轩站在了全新的起点上。"何志勇对记者阐释了当前四川出版面临的挑战和机遇。

何志勇指出，在"十二五"期间，对比国内排在前列的出版传媒集团的发展势头，新华文轩的先发优势已不明显，企业的综合实力、发展速度与国内领先同行相比已经拉开差距，新兴产业的规模和盈利情况也还未达到预期。这些都是新华文轩在"十三五"发展中亟待解决的问题。"回归 A 股后，新华文轩将积极发展出版传媒主营业务，稳妥拓展其他文化产业和资本经营业务，实现实业经营和资本经营协调发展。"何志勇说。

据了解，为了实现这一目标，上至四川省级宣传部门出台措施、办法大力支持，新华文轩出版传媒股份有限公司推行改革方案、赛跑机制，下至所属出版机构进行内部改革努力赶超，出版"川军"振兴四川出版的积极性空前高涨。

"文轩出版要加快发展步伐，就要制定较高的发展目标，并且要争取'五年目标三年完成'。"何志勇指出，为实现这一目标，新华文轩设计了系列配套措施，包括赛跑机制和资源支持体系。

新华文轩按照赛跑机制对出版社实施目标管理，围绕"出好书"完善出版考核体系，对出版社强化横向和纵向两类考核指标，并以此作为出版社绩效奖励、资源投入、干部晋升的依据，同时赋予出版社更大的用人自主权。

集团利用回归 A 股的资本优势，在资源上给予出版支持，加大对出版的投入，增强出版发展后劲。何志勇表示，新华文轩正陆续对发展战略清晰、发展势头良好、现金流不足的出版社进行注资。他以四川文艺出版社为例。该社 2015 年处于亏损状态，2016 年不但扭亏而且盈利。集团决定对四川文艺出版社增资 4000万元，目前增资已经完成。

二、整合资源　跨越赶超

"近年来，限制四川出版发展的原因之一便是重省内、轻省外。"何志勇指出，"我国出版市场是全国性的市场，出版资源绝大部分集中在首都北京。但长期以来，四川出版存在着用局部出版资源去应对全国出版市场的问题。"针对这一掣肘问题，新华文轩采取内部资源整合的方式，对出版业务进行重新布局。

2017 年 1 月，新华文轩旗下天地出版社北京出版中心成立，新华文轩在京桥头堡就此建成，未来该中心将参与争夺全国优质出版资源。除此之外，四川少儿出版社、四川文艺出版社都有可能以子集团发展的模式进行内涵式发展。

过去的 2016 年，在各项方案和机制的助推下，新华文轩旗下各出版单位的市场竞争力已显著增强。除四川人民社外，各社的开卷市场排名都有不同幅度的提高，其中四川少儿社上升 66 位，排名进入前 100，位于第 85 位；天地出版社和四川文艺社分别上升 143 位和 58 位，排名进入前 200。

振兴出版，核心是出好书。过去的一年，新华文轩在主题出版、文学出版、少儿出版、传统文化出版和巴蜀地方文化出版等板块都推出了一大批好书。这些好书中既有《入党》《红船》《李鸣生航天七部曲》《唱响四川——百姓喜爱的歌曲（CD）》等践行社会主义核心价值观、实现中华民族伟大复兴中国梦的精品主旋律图书，又有《中国海疆史研究》《十三经恒解（笺解本）》等权威学术图书，也有累计销售突破 4000 万码洋，市场前景涨势喜人的《米小圈上学记（三年级版）》等优秀畅销书。

三、线上线下　融合发展

在国务院发文推动传统实体零售业创新转型的背景下，在技术变革和市场竞争的双重推动下，新华文轩实体渠道的转型发展将在 2017 年焕发出新的活力。

"2017 年，我们的重点工作将集中在实体书店网络体系的建设，打造'大书城顶天立地，中小书店铺天盖地'的实体书店垂直纵深阅读服务网络体系，在市场占有率、品牌影响力、服务质量和能力、全民阅读活动推广、时政读物发行等多个方面成为主力军、主战场、主阵地。"在推进实体书店网络建设的具体做法上，何志勇将新华文轩的战略总结为"三靠"："靠政府、靠市场、靠资本"。

而在新华文轩的传统优势项目——电子商务的发展方面，何志勇指出，2017 年，新华文轩将在产业的数字化转型上做大规模和提升影响力，持续完善电商供应链体系建设，更好地提升用户网络购物体验，保持销售快速增长势头，进入图书电商业务第一梯队。

在数字教育领域，经过多年的探索，新华文轩已初步构建起线上平台和线下渠道深度融合的教育服务体系，独立研发的智慧一体机、"优课"数字教室、文轩智慧星电子书包、文轩教育云服务平台等教育信息化产品，已被全国 28 个省市自治区的 4.3 万余所学校、1000 多万师生使用。文轩数字图书馆系统已进入四川、江西、河南、安徽等地的 1000 多所学校。"2017 年，公司将加大对数字教育的投入，耕耘教育信息化业务，利用资本和科技的手段，创新'教育＋互联网＋资本'的经营模式。"何志勇说。

为营造书香社会贡献力量*

——《光明日报》记者专访

何志勇，新华文轩出版传媒股份有限公司董事长，多年从事出版工作，曾先后担任西南财经大学出版社常务副社长、四川省新闻出版局副局长、四川出版集团总编辑等职务。

从 2000 年率先转企改制到 2007 年在香港股改上市，再到 2016 年回归 A 股，新华文轩是国内新闻出版领域唯一的"A + H"上市公司，也成为我国图书发行领域改革的一面旗帜。它的领航人何志勇是一位出版经验丰富的实践家，《中国文学史》《琅琊榜》《三体中的物理学》《欢乐颂》等一批有深远市场影响力的图书就出自他所领导的文轩旗下出版社。

自 1994 年任西南财经大学出版社副社长以来，何志勇在出版行业工作已有二十多年。长期的辛勤耕耘，无数出自他手的优秀出版物，印证着他一路不断进取的脚步，也凝结着他对编辑出版工作数十年如一日的热爱。

"2016 年我们回归 A 股，除了考虑提升在国内市场的影响力以外，还要进一步实现国有资产的保值增值，也要通过双资本市

---

* 本文为《光明日报》记者鲁元珍对作者的专访稿，原文刊载于《光明日报》2017 年 4 月 29 日第 8 版。

场进一步实现产业发展。"在"2016中国文化产业年度人物"揭晓典礼上，何志勇表示，一次次迎来的重要转折为他们带来了改革的动力。

秉持着一股"敢为天下先"的精神，何志勇始终走在出版领域改革创新的前沿。早在四川党建期刊集团工作时，他就通过建立现代企业制度和实施非时政类报刊转企改制，理顺了集团的体制机制，成功开创了集约化经营、集团化发展的路子。"近年来，出版传媒产业面临冲击，在互联网和数字技术的推动下，传统的产业链条正在被重构，消费需求和习惯不断改变，行业外竞争者不断涌入。为此，企业必须具备创新精神，不断推动传统产业升级转型，才能在新一轮的发展中形成新的产业生态和竞争优势。"在何志勇看来，对于传统的文化企业，转型升级是必由之路。

承载着一代又一代读者内心寄托的新华书店，从成立之初就是一股传播文化、推广阅读的重要力量，这也是出版人不懈努力的深刻动力源泉。"尽管实体书店行业环境已发生深刻变化，但我们始终坚守阵地，努力为营造书香社会贡献力量。"何志勇说。

在促进传统书店发展的基础上，新华文轩开始开拓多种新业态，教育服务、电子商务、商超零售逐渐发展起来，并且向影视、音乐、美术、教育等领域拓展文化产业链。围绕具体市场需求，他们实施门店改造和"一店一策"，目前门店类型包括大型文化MALL、中心书城、轩客会主题特色店、读读书吧社区店、校园店等形式。公司还探索信息化建设，运用大数据和新媒体，通过推进线上线下融合发展打造智慧书城。

"在行业融合发展的趋势下，产业的边界变得模糊，出版发行业与科技及其他相关文化产业结合更加紧密。这就要求我们在战略布局时要具备宽广的视野，在精耕主业的同时发现并整合相关优质产业资源，构建顺应时代趋势的大产业格局。"何志勇说。

何志勇深知，文化企业尤其是出版类企业，始终发挥着文化信息传播的重要功能，这就需要企业肩负起相应的社会责任。近年来，围绕"邓小平诞辰110周年""抗日战争胜利70周年"等主题，他们推出《历史转折中的邓小平》《雪域长歌》《南京1937》等一批弘扬社会主旋律、"双效合一"的出版物。在推动文化"走出去"，加强对外文化交流方面，新华文轩也做出了持续的努力——"数字国际汉语教育服务平台"项目研发的汉语互动教学软件在泰国有上百所学校使用；建设由"线上文轩网＋线下华文书店"构成的跨境图书发行渠道，目前"新西兰文轩网"已经成功运营；与意大利蒙扎市签署战略合作协议，在图书出版、教育、文化服务、艺术设计等领域展开深入合作……

振兴出版 2017 年上半年业绩报告[*]

2017 年上半年，新华文轩采取切实举措，振兴出版工作取得了显著成效。

一是生产规模不断扩大。2016 年，文轩出版（不含教材教辅）全年入库码洋为 10.27 亿元，比 2015 年增长 66%。2016 年，文轩大众出版共出版新书 2988 种，与上年同比增长 58%，其中，新书码洋为 7.20 亿元，与上年同比增长 100%。2017 年 1~6 月，文轩大众出版入库码洋为 8.09 亿元，较 2016 年同期增长 72%，其中新书入库码洋为 3.57 亿元，较 2016 年同期增长 24.6%。

二是图书销售大幅增长。2016 年，文轩大众出版销售码洋为 8.32 亿元，较 2015 年的 5.44 亿元增长了 52.94%。其中，文轩各渠道（含文轩零售、文轩网和文轩中盘）销售码洋为 3.09 亿元，较 2015 年的 2.48 亿元增长了 24.59%。2017 年 1~6 月，文轩大众出版总销售码洋为 6.62 亿元，较 2016 年同期增长 82.27%。其中，文轩各渠道销售码洋为 1.89 亿元，同比增长 23.24%。

三是出版利润大幅上升。文轩旗下除教育社之外的 8 家出版社（不含教材教辅）2016 年实现营业收入 3.01 亿元，与上年同比

---

* 本文摘自 2017 年 7 月 28 日在新华文轩振兴出版半年经营分析会上的讲话。

增长 82%；利润总额 561 万元，较 2015 年亏损的 2880 万元，实际利润增长 3441 万元。2017 年 1~6 月，文轩出版实现营业收入 2.2 亿元，同比增长 64.04%；利润总额 211 万元，比去年同期增长 384 万元。

四是在全国市场的排名大幅上升。2016 年，文轩出版监控码洋约为 2.98 亿元，码洋市场占有率为 0.84%，总体市场排名第 19 位，较 2015 年上升了 7 个名次。出版效率为 1.09，比 2015 年的 0.7 有大幅提升。2017 年 1~6 月，码洋市场占有率再次大幅提升，达到 1.18%，同比增长 59.46%，总体市场排名第 18 位，同比上升 4 个位次，是全国 35 家出版集团中排名上升最快的集团。出版效率为 1.49，在去年首次突破 1 之后继续提高，比去年同期增长 52%。

五是畅销图书持续增多。文轩出版销售 20 万册以上的图书 2015 年为 0 种，2016 年全年为 12 种，2017 年上半年达到 12 种；销售 10 万册以上的图书 2015 年为 2 种，2016 年全年为 12 种，2017 年上半年达到 20 种。文轩出版好书匮乏、市场影响力弱小的状况得到初步改变。

六是国家级项目不断增多。2016 年，文轩出版入选国家出版基金资助项目 7 种，"十三五"重点项目 16 种，其他重点项目 12 种，共计 35 种。2017 年文轩出版入选国家级项目捷报频传：巴蜀书社《辑补旧五代史》等 3 个项目入选"2017 年度国家古籍整理出版专项经费资助项目"，这也是巴蜀书社历史上获该资助项目个数最多的一次；2017 年国家出版基金入选项目揭晓，文轩下属 8 家出版社共有 12 个项目入选，创造了文轩入选该项目年度数量之最。

七是获国家级大奖数量创历史新高。日前，总局公示了第四届中国出版政府奖456个入选获奖名单，新华文轩《人体解剖与素描》等共8个项目入选，创造了文轩出版入选中国出版政府奖数目的历史最高纪录，入选总数比第三届入选数量大增60%，入选图书数比第三届增长100%。

八是出版"走出去"成果丰硕。2016年，新华文轩签订版权输出合同136项，其中输出非华语国家111项。版权输出品种比2015年增长60%。今年，文轩出版积极参加相关国际书展，进一步拓宽版权输出渠道。2017年上半年，文轩已成功向印度、巴基斯坦、阿拉伯国家和地区等输出版权90余种，预计全年版权输出量将大幅超过2016年。

九是各出版社2017年上半年经营工作亮点纷呈：

两家出版社销售码洋破亿元。川少社销售码洋同比增长迅猛，2017年上半年入库码洋为32051万元，较去年同期增长76.4%，销售码洋为29997万元，较去年同期增长了1.19倍，为文轩8家大众出版社之首。川少社上半年在整体零售市场（实体店＋网店）的码洋占有率为0.55，同比上升0.26；在少儿零售市场的占有率为2.09，同比上升0.83。天地出版社销售码洋为14081万元，同比增幅为38.3%。

在入库码洋方面，巴蜀社、科技社及辞书社与去年同期相比增幅明显，尤其以巴蜀社为最。2017年上半年巴蜀社入库码洋为5255万元，比去年同期增加了3398万元，增长幅度为183%。

四川辞书出版社、天地出版社及四川科技出版社三家出版社利润目标完成情况大大超出预期，半年完成全年利润目标。其中四川辞书社最为突出。四川辞书社 1~6 月利润总额为 273 万元，上半年利润较去年同期增长了 20 倍。

文艺社重印率达 60%。按出版一般规律，大多数初版书收入支出持平或略盈，重印书则盈利。重印率越高，盈利越大。文艺社 2017 上半年实际入库图书 330 种，其中新品 131 种，老品 199 种，这与文艺社"坚持出版现当代文学原创精品，加大老品营销力度"的经营思路不无关系。

在市场排名方面，川少社在 8 家出版社（不含教育社）中排名最高。2017 年上半年，川少社市场占有率排名第 51 位，同比上升 47 位，逼近前 50。川科社在全国出版社排名中实现大幅提升，市场占有率同比提升了 150%，总体市场排名提升了 103 个位次，排名上升幅度最大，多年来首次进入前 300 名，位列 223 名。

振兴四川出版一年来形成的五大成果 [*]

2017 年已过半年，也是振兴四川出版工作启动一周年。在这样的重要时间节点回头看看振兴四川出版的成效，审视一下我们走的路子是否正确，对推动下一步工作十分重要。总结一年来的工作，文轩在振兴四川出版工作上形成了影响四川出版未来格局、关系振兴四川出版成效的五大成果。

一是形成了"振兴四川出版"的共识。在 7 月 24 日至 26 日召开的新华文轩半年经营分析会上，各业务板块都提到了如何配合、支持振兴四川出版工作。这说明"振兴四川出版"在文轩内部各方面形成了共识。不仅如此，省委宣传部、省新闻出版广电局等各级领导高度重视，都在关心、关注、思考振兴四川出版工作，为振兴四川出版出谋划策，振兴四川出版已经成为四川宣传文化系统、四川出版界、四川新华发行集团和新华文轩的共识，形成了"领导重视、各方响应、协调配合、成效显著"的良好局面。甘霖部长对"振兴四川出版"的思路、举措、状态非常关心，多次到出版社实地调研指导工作，与一线编辑亲切交谈，从编辑的状态了解出版社的情况，密切关注振兴四川出版取得的成效，并

* 本文为 2017 年 7 月 28 日在新华文轩振兴出版半年经营分析会上的讲话摘要。

多次在文轩《振兴出版快报》上做出批示。省十一次党代会把"振兴四川出版"列入省文化发展战略，振兴四川出版成为省委省政府高度重视的一项战略性举措，是全省、全系统、全集团、全文轩的共同事业。在国家新闻出版广电总局发布的《2016年新闻出版产业分析报告》中，新华文轩营业收入和利润进入中国内地上市出版传媒公司前10名。这反映出随着振兴四川出版工作的推进，新华文轩内部悄然发生着深刻的变化，出版业务的地位不断提升，文轩已经从单一的渠道经营商变成了行业公认的内容提供商和渠道经营商。出版产业有着较强的带动性。文化产业的崛起，取决于内容产业，需要内容产业的支撑，而内容产业的发展又取决于以文字表达的内容产业。出版产业在文化产业中居于核心地位。在振兴四川出版的大潮之下，出版业迎来了前所未有的发展机遇。道路已经打通，舞台已经搭好，现在就看我们出版人怎么跑、怎么表演了。可以说，今天的四川出版人正在创造新的历史。

　　二是形成了"振兴四川出版"的思路。四川是出版大省，共有16家出版社，这与四川文化资源丰富、文化底蕴深厚紧密相关。作为一个出版、文化、经济大省，四川却没有成为出版强省。如何由"衰"变"兴"、由"大"变"强"，需要理性思考。要汲取过去的经验教训，抛弃原来一提到出版发展就想到在体制上做文章，就要组建大集团的惯性思维。振兴四川出版不是靠贴标签、戴帽子就能够实现的，小舢板绑在一起成不了航空母舰。振兴四川出版要立足于现有的体制、格局、人才谋划思路和战略，围绕"出好书"、做强出版社这个中心，一步一个脚印，不断提升出版社的生存能力、发展能力、创新活力。经过一年多的实践，新华文轩振兴四川出版的思路越来越清晰，并经过反复实践，不断优化和完善，形成了"三步走"的战略思路：

第一步是提升自身能力。四川出版最根本的问题就是发展能力不足，有些出版社在生存的边缘挣扎，所以必须首先解决生存能力、活力问题。一是实施反哺机制，采取注资、评选好书、设立基金等措施，为出版社配置发展需要的各项资源，从根本上解决出版社能力问题。二是实行"赛马"机制，让出版社之间保持适度竞争，在竞争中锤炼发展的能力，在发展中明确需要匹配的资源，有的放矢，精准推动出版社发展，释放出版社活力。

第二步是整合内外资源。文轩9家出版社的积淀、能力、团队不一样，发展速度也不一样。通过实行"非均衡发展"战略，把有限的资源投入到发展好的出版社，推动率先发展的出版社有更好更快的发展。这些出版社发展到一定程度，具备了相当的行业影响力，成立子集团就是水到渠成的事了。这与戴"集团"的帽子、贴"集团"的标签迥然不同。按照目前的发展情况，现在我们就可以说，明年文轩将率先在北京成立天地出版子集团，在成都成立四川少儿出版子集团，以此让领先发展的出版社引领、带动整个四川出版，让四川出版格局发生一场深刻的变革。在整合内部资源的同时还要整合外部出版资源。四川出版有一个非常致命的问题，就是眼光老是盯在四川，用局部的资源去应对全国市场的竞争。抢不到全国资源，最终可能连四川的出版资源都守不住。将天地出版社的总部设在政治中心、文化中心北京，并成立名人工作室，就是要通过搭建全新平台来整合外部出版资源。同时鼓励出版社像四川少儿出版社一样，在北京、深圳等地设立分支机构，采取有效措施，去抢夺全国出版资源。只要一手提升能力，一手抢占资源，两手都硬起来，就能够推动出版社不断出好书，最终形成用全国的出版资源应对全国的出版市场的良性对称局面。

第三步是打通市场关节。振兴四川出版，必须是产品生产与市场营销这两个轮子同时转。没有好产品，走不动；营销不打通，走不远。通过前两步的工作，文轩好书源源不断地推出，此时，就要发挥文轩作为发行商、渠道商的经营优势和品牌优势，在全国打通若干关节，疏通渠道，搭建多渠道、多方式、宽领域的营销平台。一是文轩内部的渠道要全力支持川版图书销售；二是要学会利用新媒体渠道开展图书营销活动，天地出版社利用"罗辑思维"等社群网络渠道销售图书就是很好的例子；三是与全国省市主要发行商建立战略合作关系，在有条件的书城建立川版图书"店中店"。通过搭建多种营销宣传平台，为文轩本版图书提供更加广阔的市场空间，不断扩大川版书的社会影响。

尽管"三步走"的战略思路还需要在实践中不断去丰富完善，但基本的走向清楚了，所有出版人就能做到心里有数。

三是形成了"振兴四川出版"的"赛马"格局。在能力培养上，市场经济与计划经济的观念迥然不同。计划经济下，上级单位把下级单位当作自己的孩子一般呵护有加，这种圈养式的培育不可能形成竞争能力。市场经济讲求野生放养，在激烈的竞争中提升自身能力。我们建立"赛马"机制，实行"非均衡发展"战略，就是用市场经济的思维历练出版社的发展能力。在文轩内部，出版社之间比发展速度，看谁跑得好、跑得快；在全国业界，与全国同行比排位，看谁的位次晋升快、更靠前。"振兴"是一个相对概念。振兴四川出版，就是要让四川的出版社在全国出版业名列前茅，绝不是"关起门来当老大"。没有超强的市场竞争能力是不可能赢得业界至尊地位的。经过一年多的实践，"赛马"机制成效显著，"赛马"格局基本形成，绝大多数出版社都在你追我赶的赛跑中有了长足进步，一部分出版社脱颖而出。"赛马"机制对四川出版的影响，有不少出乎我们预料的情况：一个是川少社。少儿图书市场竞争特别激烈，全国580多家出版社中有540多家涉及少儿出版。川少社过去有教材教辅业务支撑，圈养得很肥硕，但通过"赛马"机制的实施，在常青社长的带领下，川少社成绩显著，令全国同行瞩目。第二个是四川辞书出版社。辞书出版专业很窄，局限性很大，应对市场竞争不易发挥力量，但是杨斌社长带领干部员工在"赛马"过程中展示出了意想不到的能力。今年上半年实现利润273万元，比去年同期增长20倍。第三个是四川人民出版社。四川人民出版社长期以来是四川出版的领头羊，有品牌、资源和人才三大优势。大家对人民社的期望非常高。但是，在"赛马"过程中，人民社一直处于垫底的状态。这个情况也是大家没想到的。通过"赛马"，我们看到了各出版社真实的能力水平和发展潜力。

四是形成了"振兴四川出版"积极向上的发展势头。去年全年和今年上半年的开门红，都显示出振兴四川出版工作积极向上的良好势头，这极大增添了文轩振兴四川出版的信心。今年上半年，四川少儿出版社、天地出版社销售码洋过亿。巴蜀书社、四川科技出版社、四川辞书出版社图书入库码洋、生产码洋实现巨幅增长。

四川辞书出版社、天地出版社、四川科技出版社半年完成全年的目标任务。文轩出版总体排名不断上升。开卷数据显示，去年以来文轩已成为全国30多家出版传媒集团中进步最快的单位。振兴四川出版，我们一定会遇到很多困难，但是我们坚信这个积极向上的势头在近期不会改变。

五是形成了"振兴四川出版"的人才队伍。任何产业发展都要靠人才，出版创意产业更要靠人才。去年甘霖部长提出振兴四川出版时，大家最忧心的是人才，最没有信心的也是人才。有人甚至建议要到外面去挖人来振兴出版。但我们深知，只有现有人才队伍才是我们的依靠。振兴四川出版，只有用好现有人才，通过"赛马"机制让现有的人才在自己的岗位平台上展示出才华和能力。去年和今年上半年令人瞩目的发展业绩，已经证明四川出版人才济济，人才就在我们身边。人才与标签、名头无关。人才要靠业绩来支撑，靠成果来说话，靠数据来美容。少儿社常青社长学历不高，不是名牌大学毕业；刚刚离我们而去的吴鸿社长更是没上过大学。但是，他们在振兴四川出版中的优秀业绩，表明了他们是真正的人才。优秀的业绩已经证明，文轩这支人才队伍是我们振兴四川出版最宝贵的财富。我们要进一步发挥"赛马"机制的作用，用好人才，培养好人才，引进好人才，不断壮大人才队伍，夯实振兴四川出版的基础。

从内容、渠道到文化：文轩"走出去"的大格局[*]

——《国际出版周报》记者专访

对于新华文轩出版传媒股份有限公司而言，2016 年是转折与重振的一年。这一年，文轩出版在国内市场迎来了爆发式增长，不仅整体扭亏为盈，还实现了销售收入与利润的大幅度增长。在经过体制上的频繁调整和教育出版资源整合使大众出版走入低谷后，文轩通过推进反哺出版、实施"赛马"机制、推动资源整合与外延式发展等一系列强有力的措施，使文轩出版重拾信心。这些悄然发生的深刻变化体现了新华文轩实施"振兴四川出版"战略所取得的成效，正如新华文轩出版传媒股份有限公司董事长何志勇所说："增长的背后，是竞争力与活力的回归。"

一、以"出好书"为核心兼顾国内国际两个市场

在很多场合中，何志勇都提到了"振兴四川出版"这个概念。他认为，振兴四川出版的核心是要"出好书"，这关系着文轩发展的未来。

---

* 本文为《国际出版周报》记者白玫对作者的访谈，原文刊载于《国际出版周报》2017 年 8 月 21 日第 16 版。

何志勇的一贯观点是，出版要兼顾国内和国际两个市场，其发展根本是靠好的产品、好的图书。"无论是国内市场还是国际市场，优质的出版产品始终是出版发展基本的立足点，而'好书'不多也是我们着力弥补的短板。"何志勇说。

"近些年，四川出版的整体状态不够理想，市场份额持续下降。"回顾近年的发展，何志勇并没有回避四川出版发展滞后的问题，"前几年的调整对出版市场开拓造成了直接影响，也埋没了一些好的作品。"

2016 年伊始，文轩推进了一系列力度较大的振兴出版举措。经过一年多的努力，文轩在好书挖掘、市场开拓等出版能力提升上所下的功夫带来了切实可见的市场表现。这是何志勇期望已久的，因为在他看来，只有拥有更多好的产品，才能为下一步的国际拓展提供坚实的基础。

"一定要'走出去'，这是我们的强烈感觉。"何志勇坦言。正是从去年开始，文轩出版将开拓国际市场上升到公司战略层面。这种发力很快收到了效果，2016 年文轩的版权输出在 2015 年的基础上增长了 60%。"我们希望今年也会有大幅度的增长。"在今年年初的出版工作会议上，何志勇特别强调要进一步拓展海外市场。

何志勇认为，做出版就是做文化影响力。在做优做强国内出版的基础之上，将我国的文化影响力扩展到全球范围，这是中国出版"走出去"的目标与价值所在。在他看来，国内与国际两个市场是相互关联的，"国内市场的逐渐饱和，引导我们将眼光转向更为广阔的国际市场。而国际化的过程也会给企业带来全新的发展视野，提升企业的综合竞争力，有利于推动企业进一步做大做强"。

二、战略与战术：精准布局文轩出版"走出去"

战略与战术，是文轩出版"走出去"首先需要解决的问题。"在过去开展版权贸易的过程中，我们基本上是蜻蜓点水、浅尝辄止，缺乏系统性规划，缺乏明确的战略目标与方向，以及缺乏对某个市场的持续性开拓与建设，这是很大的问题。"何志勇点出了文轩出版在最初国际市场开拓过程中的最大问题。

国际化的整体方向与着力点是何志勇考虑的重点。为此，在反思过去的基础上，文轩改变了国际拓展的战略方向，减少了对美国、欧洲等传统市场的着力。文轩紧扣国家战略，着重开拓与"一带一路"沿线国家的合作，通过精耕细作扎根目标市场。"这并不意味着文轩对美国、欧洲市场的忽视与不作为，而是将重心及主要发展目标锁定在'一带一路'沿线国家，进一步深化对其市场的研究及拓展。"何志勇补充道。

目前，文轩正在进行国际市场拓展的战略布局，研究选择主要目标市场。"我们对待这个问题十分谨慎，内部与外部的因素都需要研究。"一方面考虑内部因素，挑选能够体现文轩优势的国家或地区开展合作，依托现有人才与资源，结合当地的市场情况，规划进一步的合作方案；另一方面分析外部条件，深入研究市场中存在的竞争者。"我们更倾向于在市场环境相对宽松的地方拓展业务，由于没有垄断性的竞争者，这样的市场还有空间，做起来也会更有成效。"何志勇说。

　　与整体战略问题同样重要的是战术的制定。"在确定主攻目标市场的基础上，通过深入调研厘清市场关系及市场需求，寻求与专业中介机构的合作。"为此，新华文轩经过深入研究，确定将西班牙语市场作为出版"走出去"的重要突破口。何志勇认为："从使用人数和范围来讲，西班牙语是世界第二大语言，覆盖约30个国家和地区的5.7亿人口。加强与西班牙语国家和地区的合作，将四川出版推向西语世界，是文轩出版走出去的重要突破口。"目前文轩已经成立西班牙语出版中心，与四川大学拉美研究所进行战略合作，共同在西语国家推广版权贸易、合作出版和各类文化交流活动。在这种布局思路下，人才配置能否跟上国际拓展的节奏已成为迫切需要解决的问题。而对于这一点，何志勇有着深刻的体会："去年参加俄罗斯书展时，全队没有一个人懂俄语，这样如何与俄罗斯的出版机构沟通合作？要在一个国家精耕细作，就要有了解目标国家的专业人才。就现在来看，我们的英语人才队伍不存在问题，但是非常缺少小语种人才。"为此，文轩制订了一系列人才引进的措施，有针对性地招募了解目标国家市场的人才。

　　在对国际市场拓展进行布局的同时，文轩还对旗下的出版企业"走出去"提供实实在在的支持。何志勇说："为了鼓励出版社在海外市场进一步拓展，在'一带一路'沿线国家多输出产品、版权，让出版社在完成目标的同时更有动力和积极性，我们从集团层面直接给予了资金支持。"

　　在何志勇看来，尽管文轩出版国际化的探索才刚刚起步，但已呈现出良好的发展势头，"它不仅促进了出版社的版权贸易，更调动起了出版社参与国际合作的积极性"。

三、从内容、渠道到文化：文轩"走出去"的大格局

目前，文轩在出版"走出去"的基础上，已经形成了聚焦"一带一路"，以版权输出为基础，以项目合作为突破口，以文化交流为依托，内容与渠道协同，线上和线下融合，出版与文化互动的发展格局。具体而言，包括三种方式：

第一种方式是建立海外出版机构，文轩正尝试在印度、土耳其建立海外机构。"在这个过程中，我们遇到了一些文化及经济问题。比如与土耳其方面的合作，我们谈了很久。"但何志勇把它看作是有价值的经历，这些问题反而会成为下一阶段国际拓展的动力。

第二种方式则是发挥文轩渠道优势——运用文轩网这一全国知名的电子商务平台，推动华文图书"走出去"和渠道"走出去"。2015 年，文轩"走出去"的国际合作伙伴从出版社拓展到了书店，与新西兰华文书店联合推出了"新西兰文轩网"。何志勇说："这种合作方式在一定程度上弥补了该领域的空白，解决了新西兰中文图书的渠道问题，也满足了当地华人购买国内书籍的需求，这是我们结合自身优势与市场需求所做的探索。"

这种被何志勇称为"嫁接合作"的模式已具雏形——聚焦华人集中的地区，与当地中文书店进行合作，通过文轩网销售双方的图书，满足当地中文图书市场需求，推动中国文化的海外传播。这种线上线下结合的方式，解决了当地中文书店传统进货方式成本高、图书周转速度慢的问题，并使得图书更加贴近市场的需求，灵活地满足读者需求，让当地读者更方便地感知来自中国的文化

魅力。为了进一步拓展海外市场，文轩进行了内部资源整合，文轩网的海外业务从文轩国际文化传播有限公司剥离到文轩在线公司，以文轩网为中心打造出版物与相关文化产品的国际供应链体系。"作为一种可复制的模式，在新西兰成功运营的基础上，我们将把澳大利亚作为下一步的目标。"

与此同时，文轩的布局并不限于内容与渠道，还在探索出版和文化的互动，推动文化"走出去"。这也形成了文轩"走出去"的第三种方式——通过在意大利、德国等国家举办以"新丝绸之路"为主题的"中国彩灯节"，以来自四川自贡的具有浓郁中国特色的灯会形式，展示四川的美食、川剧、旅游、特产等，搭建起四川连接世界的对外文化交流平台，推动国际文化交流与合作。"前不久，意大利蒙扎市市长前来访问文轩。我们进行了深入的合作洽谈，与市长同行的很多大学教授还希望我们为其提供具有中国特色的图书产品。"对外文化交流平台的搭建为文轩带来了更多合作机会。文轩还与意大利相关体育机构达成合作，通过联络举办中意体育赛事等方式进一步提高了自身的海外知名度，为进一步与当地出版领域开展合作奠定了基础。

"推动'一带一路'国际文化交流是文轩'十三五'期间国际化发展的战略重点。下一阶段，我们将继续创新海外拓展思路，探索内容与渠道协同、线上和线下协同、出版发行与特色文化产业协同的发展模式，形成规模化拓展和特色化经营相结合的'走出去'总体格局。"何志勇说。

深入实施四大发展战略
推动四川出版再上新台阶[*]

一、坚持正确的出版发展方向，将振兴出版向纵深推进

（一）坚持正确的政治方向，为振兴出版提供思想保障

方向正确是出版工作的前提。甘霖部长指出，当前和今后一个时期，四川出版界要深入学习贯彻习近平总书记系列重要讲话精神和党中央治国理政新理念新思想新战略，坚持"二为"方向、"双百""双创"方针，把握正确的政治方向、出版导向和价值取向。我们要认真学习，深刻领会，在思想上、政治上、行动上同党中央和省委保持高度一致，切实履行好"高举旗帜、引领导向、围绕中心、服务大局"的职责使命，为四川出版的振兴提供坚强的思想保障。

（二）坚持振兴出版的战略引领，加快推进四川出版做大做强

自 2016 年 6 月甘霖部长做出"振兴四川出版"的重要指示一

---

* 本文为 2017 年 10 月 11 日在文轩干部大会上的讲话摘要。

年多来，我们在深入调查研究的基础上制定了振兴出版战略，调整文轩战略发展方向，始终把做强出版发行主业作为核心任务，坚持主业优先，资源向主业倾斜，使文轩出版主业发展呈现出崭新的面貌，得到了省委的充分肯定；我们围绕振兴出版战略，沿着"三步走"的发展思路，实施反哺出版、建立"赛马"机制、进行资源整合、搭建全国营销平台、培养出版人才等一系列切实有效的措施来推进振兴出版工作，取得了显著的成效，出版产业竞争力不断增强。面向未来，我们要进一步健全突出主业的发展模式，采取各项有效举措，加快推进四川出版做大做强。

（三）坚持以"出好书"为核心，重塑四川出版品牌

2016 年以来，我们坚持以"出好书"为核心，在主题出版、大众出版等方面推出了一系列优秀出版物，出版能力不断提升。《我的 1997》等入选迎接党的十九大主题出版重点选题，《琅琊榜》等获得中华优秀出版物奖等国家级大奖，《米小圈上学记》等多种图书连续登上久违的全国销售排行榜。甘霖部长指出，振兴四川出版一定要把多出优秀作品作为中心环节，坚持用质量开路，拿品牌说话。我们要继续坚持以"出好书"为核心，做强出版社为中心，努力提高四川出版在全国的市场占有率和品牌影响力，力争早日进入全国出版第一阵营。

二、实施四大发展战略，推动四川出版再上台阶

2017 年以来，随着振兴出版向纵深推进，我们面临着许多新

情况、新问题，需要我们高度重视。

一是全国出版市场竞争更加激烈。随着中宣部和国家新闻出版广电总局提出坚守主业、突出主业的发展要求以来，各大出版集团，特别是上市出版传媒集团，纷纷调整多元化发展战略，向主业回归。各大出版集团收缩战线向主业进发，必将进一步加剧出版资源争夺与出版市场竞争，新华文轩要完成振兴四川出版任务，实现全国排名持续上升，将面临更大的挑战。

二是出版成本快速上涨，经营压力大增。随着国家环保督查的不断加码，从纸浆、纸张到印刷等各环节都受到影响。纸浆厂、纸张厂、印刷厂在环保压力下关停并转，纸张、印刷市场格局发生巨大变化，印制成本呈现出快速上升趋势，给我们的经营带来巨大压力。

三是内部积累的经营风险逐步增大。振兴出版一年多来，我们采取了力度空前的发展举措，扭转了文轩出版长期徘徊甚至下滑的势头，出现了快速发展的态势。但是，伴随着出版的快速发展，内部积累的风险与问题也有所显现，比如库存大增问题、回款滞后问题、对外合作不够规范问题等。

面对这些新情况、新问题，按照甘霖部长的讲话要求，我们要着力实施四大发展战略，强化三项保障措施，将振兴出版向纵深推进。

（一）推进"内容为王"战略，着力提升四川出版的文化影响力

甘霖部长在讲话中强调，内容是出版的核心，质量是出版的生命，第一次在省委这个层面提出了"内容为王"的要求。我们

必须紧紧抓住内容这个核心。只有解决好"出好书"的问题，才能从根本上解决我们面临的问题，在复杂局面中立于主动。在下一阶段的工作中，我们要高起点谋划一批重大出版工程，打造一系列核心优势产品线，出版一大批既叫好又叫座的文化精品，不断提升四川出版的文化影响力。

一要抓规划，不仅要做好短期规划，更要做好中长期规划和产品线规划。具体说就是要完善文轩出版规划。出好书不是靠撞大运，而是靠规划。如果说我们的精品力作不够精、不够多，那么主要的问题在于我们的规划水平还不够高，对规划的论证还不够细，执行规划的能力还不够强。人无远虑必有近忧。没有好的规划，特别是中长期规划，就不可能持续推出精品力作。最近，各社开始申请特价处理三年以上的库存图书，少儿社有2400万码洋，天地社有5000多万码洋……这些规模不小的特价书和报废书，在很大程度上是没有把好选题关造成的。去年以来，我们在深入研究的基础上，规划了主题出版工程、重大古籍整理出版工程、文艺精品出版工程等八大出版工程，今年还要在此基础上进一步深化，特别要深入把握四川厚重的历史文化资源，借鉴运用全新的出版形态，进行具有时代特色的阐释。文轩今后将定期举行年度重大选题规划论证会，邀请政府主管部门、行业专家和知名学者参加，为文轩出版出谋划策。各出版社特别要加强选题论证工作，改变粗放式的选题论证方式，明确图书选题的读者对象、保本线、产销率、营销计划和重印系数，突出选题的亮点和卖点，淘汰品质不高的选题，将有限的资源投入到高质量的选题中去。

做好出版社的产品线规划。去年以来，我们推动"出好书"工作，在点上有所突破，面上却没有实质性变化，还没有形成在全国叫得响的产品线。一家出版社如果没有自己特有的产品线，就没有一个好的生存发展基础。我们在做选题规划的过程中，要高度重视产品线规划，这是一个问题的两面。文轩9家出版社需要进一步做好适合自身特点的规划，每家出版社都要有自己的核心产品线、王牌产品线，要采取实用有效的战术打法，在各自擅长的领域里精耕细作。在内外纵横对比中，争先恐后抢跑道，竞相争先比速度，形成各自的品牌优势。

二要抢资源，一手抢占高端作者资源，一手抓大众市场资源。知名的出版社背后一定有一批知名的作者在支撑。要将文轩出版打造成读者心目中的精神高地，要出版一批有影响力的作品，关键在于聚集一批名作者。

第一，建立重点作者资源库。各社多年来聚集了众多优质作者资源，但多数处于零散的状态。各社要尽快建立重点作者资源库，深入研究作者队伍情况，采取切实措施，聚集起优质作者资源。

第二，推进名人工作室建设。今年上半年我们开始尝试组建名家工作室，利用名家的号召力与影响力聚集出版资源。今后还要继续推进类似的名人工作室建设，将各行各业中有知名度和行业影响力的人才聚集起来，一方面挖掘其中的选题资源，另一方面通过名人这条纽带打通出版业与其他行业的联络管道，推进出版业与其他行业的融合，实现更高层次上的出版创新发展。

第三，善于利用网络开辟新的选题空间。出版内容来源于生活，要赢得读者的认可，就要深入到读者的生活中去。当今网络时代，读者也是网民，我们要善于利用网络的力量发掘优质的选题资源，做接地气的出版。由于网络上的出版资源良莠不齐，我们要注意建立筛选机制，建立严格的内容把关流程，避免有导向问题和低俗不堪的选题流入文轩出版体系。

三要深开发，既要把握时代特色，又要适应市场需求。

做好主题出版。作为精神文化产品，出版物有特定的时代价值和市场价值。一个选题在不同的时期可能有不同的解读，对不同的人群有不同的意义。我们出版人要做的是如何把握时代的价值走向，推出有新意的作品。主题出版的主要任务由人民社和天地社承担，这两家出版社要围绕党的十九大胜利召开、改革开放40周年、新中国成立70周年、中国共产党成立100周年等重大主题，推出一批体现时代精神的优秀作品，特别要提前谋划宣传贯彻党的十九大精神的重大选题。

做好巴蜀文化传承出版。做好中华优秀传统文化的传承出版工作是巴蜀社等出版社的重要使命，也是重大机遇。我们要深入挖掘四川众多历史名人的出版资源，深入阐释历史名人所承载的时代意义，不断推出具有中国品格、巴蜀特色的优秀产品。在选题开发中，一定要找准与当下市场的契合点，通过包装打造，形成话题效应，进行系列开发、延伸开发，逐渐形成市场化品牌。

做好原创作品出版。原创作品最能体现一个出版社的出版能力。做好原创出版的核心是要深入把握市场需求。我们经常讲满足市场需求，但很多图书连需求在哪里，读者为其买单的理由是什么都没有搞清楚就出来了。这是现在图书市场开发存在的普遍问题。所以，我们要提倡精准出版，出版社要按照读者群体的个性化需求，依托读者的"用户画像"，针对读者群体的阅读偏好，开发出读者喜爱的图书，在精准定位的基础上进行精准营销。

四要树品牌，努力提高文轩出版的影响力与传播力。

品牌为什么重要？一个强势的出版品牌在渠道上的议价能力和铺货能力，在媒体上的曝光度，在作者资源的获取能力上，都有着遥遥领先同行的优势。甘霖部长指出，要擦亮四川出版品牌，树立"四川出版，品质至上"的良好形象。我们要转变经营思路，推动文轩出版提档升级，加快从产品经营向品牌经营转变。

开展"文轩好书"评选，创立川版图书品牌。我们要完善"文轩好书"评选方案，按照党委政府认可、专家认可、读者认可的标准，按照主题出版物、大众读物、学术读物、少儿读物、"走出去"图书等不同类别进行评选，对获奖图书给予重奖，加大全国营销宣传力度，增加"文轩好书"的含金量，将"文轩好书"打造成四川出版的著名品牌。

建立图书评论机制，推动出版与评论互动发展。自信的人不怕听意见，只有不自信的人才怕说问题。我们要开展本版图书评论工作，开辟图书评论纸媒和网络平台，刊登广大读者对文轩图书的评论，鼓励编辑与评论员进行互动交流，鼓励优秀作品，批评平庸出版物。对发表真知灼见的评论员进行奖励，培养一支敢讲真话的专业评论队伍，在出版与评论互动中提升文轩出版的水平和质量。

打造川版图书阅读品牌，提升川版图书影响力。要充分利用"世界阅读日"、全民阅读活动等契机与平台，将"出好书""卖好书"与"读好书"贯通起来，开展以川版图书为主体的全民阅读活动，打造川版图书阅读品牌。文轩相关部门组织的"爱读周末分享会"，自 4 月以来已组织 8 场活动，网络直播的收视率呈上升趋势，在成都地区形成了较好的影响。下一步还要组织策划多个品牌阅读活动，在全国推广川版图书。

（二）推进"非均衡发展"战略，着力提升四川出版的市场竞争力

振兴出版一年多来，文轩出版呈现出快速上升的势头，部分出版社的出版能力明显提升，这表现在出版社的畅销书数量、销售规模、利润水平、荣获国家级项目等多个方面。但是，文轩出版总体上仍存在规模小、实力弱、市场竞争能力不足的问题。为此，在振兴出版向纵深推进过程中，我们要坚持"非均衡发展"战略，彻底改变文轩出版普遍小而弱的局面，形成大中小相协调、大则有实力有规模、小则有特色有专注的四川出版新格局。

首先，打造出版龙头企业，增强文轩出版实力。一要继续完成对出版社的注资。今年以来，我们已经完成对四川文艺出版社、巴蜀书社、天地出版社、四川少儿出版社等的增资程序，增资总额超过 3 亿元，其他出版社的增资也在加快推进，要在年内全部完成。二要启动研究组建出版子集团。为了改变四川出版小而散的格局，我们要继续推行"赛马"机制，形成"头羊效应"，推动领先发展的出版社做优、做强、做大，在全国市场中去与高手过招，提升市场竞争力，以此带动文轩出版的整体发展。我们明年将择机在北京成立天地出版子集团，在成都成立四川少儿出版子集团。三要适时收购或组建优质内容策划机构。放眼全国先进出版集团，如湖南、浙江、江西、江苏等省的出版集团，它们在

本省出版社之外还收购或合作建立了一批高质量的内容策划机构，成为支撑本省出版实力的重要力量。文轩作为双上市公司，资本对主业发展的推动作用还没有很好地发挥出来，下一步要学习借鉴出版强省的经验，适时收购或者组建若干家优质内容策划机构，做好两种体制的对接，适度下放经营权利，以此迅速扩大出版规模、壮大出版实力。四要继续鼓励有条件的出版社组建分社。出版实力既来源于外部资源的注入，更要通过内涵式裂变壮大。我们要继续支持有条件的出版社在全国主要文化资源地设立分支机构，抢占全国出版资源，壮大出版实力。

其次，引导部分出版社做专做优，提升出版能力。如果说做大规模更多的是运用产业化的思维，那么做专做优则更多是如何发扬工匠精神，考验的是出版社的经营管理能力。一要坚持出版社的专业出版方向。为什么要坚持出版专业化？出版业作为文化行业，是一个充满消费个性的行业，不同受众群体的文化情趣是不一样的。一家规模不大的出版社不可能满足各类人群的多元化需求，需要在多元的大众情趣中找到与自己能力和优势最匹配的领域。如果我们的出版社连自己的本行都还没有做好就去追热点、抢市场，选题遍地开花，而不沉下心来做慢工细活，那么它们就很难实现持续发展。二要着力提升社长的经营管理能力。做出版，大有大的难处，小有小的不易。对于习惯了做简单化的上品种、扩规模的社长们来说，要把一家出版社做到"小而美"绝非易事，这对社长的能力提出了新的要求。在我看来，面临新的发展形势，社长们必须掌握"三种能力"：用规划把握选题的能力，用数据分析问题的能力，用法律、财务知识管理经营的能力。只有懂得规划，才能让出版社有方向、有目标；只有运用好数据分析，才能知道问题的所在而去改进；只有学会利用法律和财务知识，才能有效防范经营风险。

（三）推进"产业链协同发展"战略，着力提升四川出版的整体实力

自 2010 年新华文轩收购四川出版集团 15 家出版单位股权以来，新华文轩完成了出版发行全产业链布局。强有力的渠道是文轩发展的优势，也是支撑出版发展的重要力量。在振兴四川出版过程中，我们要发挥这个优势，坚持"产业链协同发展"战略，弥补发展短板，着力提升整体实力。

一要继续推动渠道支持出版发展。一年多来，振兴出版在新华文轩取得了广泛共识。在公司没有下指标任务的情况下，文轩各渠道将振兴出版作为分内的工作，积极响应、主动加压，取得了显著的成效。今年前 8 个月文轩各渠道销售的文轩图书已经超过 4.45 亿元码洋，同比增长近 30%。文轩零售门店今年前 8 个月销售本版图书 2732 万元码洋，比去年同期增长了 33.9%；文轩电商今年前 8 个月销售文轩本版图书 1.74 亿元码洋，比去年同期增长 45%；文轩中盘今年前 8 个月销售文轩图书 2.09 亿元码洋，比去年同期增长 26%；文轩商超今年前 8 个月销售文轩图书 3639 万元码洋，比去年同期增长 10%。此外，文轩中盘还与机场书店、社区书店、民营书店等建立了广泛合作，新增 30 多家文轩图书的店中店。振兴出版取得明显成效是与文轩各渠道的鼎力支持和通力配合分不开的。下一步，我们将进一步发挥文轩渠道优势，引

入考核机制，支持文轩各渠道继续加大力度，想方设法扩大文轩本版图书的销售，为振兴出版做出更大贡献。

二要注重阅读终端的营销，增强川版图书营销的有效性。文轩的产业链上，出版是"出书"的，渠道是"卖书"的，还需要找到"读书"的。这就需要打通出版、渠道到阅读终端的关节，将"我出什么书"延伸到"如何让读者读我的书"，既扩大川版图书的市场占有率，又增强全民阅读的文化氛围。一方面，我们要加快线上线下自有阅读终端的建设。要坚持依靠政府、依靠资本、依靠市场的思路，加快省内各类阅读服务网点的建设和线上渠道建设，打通川版图书阅读服务最后一公里，构建川版图书无孔不入的渠道终端体系。另一方面我们还要继续加大对川版图书的营销力度，增强营销的有效性。原来我们只有主渠道与二渠道之分，现在渠道细分与进化更加明显，传统电商都已成为传统渠道，出版自营电商、社群电商等新兴渠道不断涌现。因此在重视传统渠道开发的同时，我们要充分利用新兴渠道开展营销。

此外，我们还要把原来面向大众的营销转变为面向读者个性化需求的营销，要研究如何在恰当的时机使用最匹配的方式推荐读者喜爱的图书。

三要打通国内出版与国际市场的关节，搭建专业化的"走出去"平台。推动四川出版"走出去"，既是振兴四川出版的重要内容，也是延伸出版产业链的必然要求。近期，国务院新闻办公室和国家新闻出版广电总局公布了"中国图书对外推广计划"2016年度综合排名，文轩首次进入前十名。这是文轩近年来取得的最好成绩。前不久文轩专门组建了西班牙语出版中心，专注研究西班牙语国家受众的阅读习惯，搭建西语国家出版合作的桥梁，这在全国也是首例。今后公司还要继续研究探索搭建类似的专业化"走出去"平台，重点支持出版社与"一带一路"沿线国家开展某些领域专业化的合作，推动出版以专业化的方式"走出去"，将文轩出版的产业链条延伸到全世界。

（四）推进"人才强社"战略，着力提升四川出版的吸引力

出版作为创意产业，人才是最核心的生产要素。甘霖部长指出，看一个出版单位搞得好不好，不用看报表，不用看产品，看人才流入还是流出就行了。这是真知灼见。当前正值振兴出版承上启下的关键时期，我们要把人才问题摆在更加突出的位置，采取切实有效的举措，解决这一发展核心问题。

一要坚定不移推行"赛马"机制，创造四川出版人才脱颖而出的环境。我一向认为，人才不是相出来的，而是赛出来的。去年以来，文轩出版推行"赛马"机制，成效显著，绝大多数出版社都在你追我赶的赛跑中有长足进步，很多出版人才脱颖而出。今年年底，出版社社长三年聘任将到期，我们将根据振兴四川出版的"赛马"状况，对社长、总编采取续聘、竞聘、不聘等措施，把真正有能力的人才安排到社长岗位上。

二要推进薪酬分配制度改革，增添出版社发展的内生动力。我们的出版社很多还停留在事业化管理阶段，没有引入市场化的分配机制，员工的积极性没有调动起来，出版社对人才的吸引力不够。在这个问题上，公司总部与出版社都要进一步解放思想，加快改革步伐，推进各社薪酬分配制度改革，建立收入能增能减、

主要靠业绩调节的市场化薪酬模式，形成干事创业的良好环境，增添出版发展的内生动力。

三要把培养与引进结合起来，着力解决新老交替问题。随着出版事业的发展，老一代编辑逐渐退去，前几年的人才欠账问题将更加突出。抱怨解决不了矛盾，与其临渊羡鱼，不如退而结网。我们要采取培养、引进等多种方式，着力解决人才断层问题。一是引进名编辑、名策划。文轩支持有条件的出版社面向全国引进名编辑、名策划，在待遇和政策上给予特别倾斜，充分发挥引进人才的示范作用。二是全面推行导师制。师徒式的"传帮带"一直是出版行业编辑成长的传统模式，也是新编辑迅速成长行之有效的好方法。文轩今年要在旗下9家图书出版社全面实行导师制，导师主要是出版社的资深编辑，也可以是国内外相关专家学者，通过"传帮带"帮助新编辑迅速成长。三是实行首席编辑制。在出版社设立首席编辑岗位，充分发挥领军人才的作用，将那些政治坚定、品德优良、学术能力和编辑业务能力兼具的编辑选拔为首席编辑，匹配一定的待遇，提升其职业荣誉感，为青年编辑提供职业榜样。四是开展行业交流培训。鼓励各出版社走出去，与行业中的"老大哥"出版社建立人才交流培训机制，通过学习先进，参与项目运作，历练出版人才。

四要加快干部队伍培养，着力提升文轩出版的整体战斗力。出版社的发展关键在干部。我们要通过市场培养、定向培养、交流培养等多种方式培养一支政治合格、素质过硬、能打硬仗的出版领军人才队伍和策划编辑、市场营销、经营管理等专业干部队伍。要把人才放到出版大市场中去历练成长；要通过设立"文轩博士后工作站",推进重点实验室建设等举措培养一批高素质后备人才；要通过继续开办"文轩大讲堂"等行业交流活动开阔干部队伍的视野。

三、强化保障措施,为振兴出版提供坚强的制度保障

一是加强出版导向和出版流程管理,严把质量关。从某种程度上说,振兴出版的过程就是不断提高图书质量的过程。振兴出版一年多来,文轩对图书质量严格把关,没有出现过重大图书导向、质量问题,在总局、省局的多次编校质量检查中,没有一本图书不合格,获国家级大奖和入选国家出版基金资助的图书数量也屡创新高,令人欣慰。质量把关工作不能有丝毫松懈,社长和总编辑要切实履行职责,把好出版导向关,严格落实"一岗双责"和意识形态责任制。各社要严格遵守图书"三审三校一读"制度,要完善审读、校对等机构和人员设置。要严格履行重大选题备案制度、敏感书稿送审制度和选题报批制度。对已出版图书的质量问题,要实行责任追溯制度。

二是进一步完善经营管理机制,防范经营风险。在"赛马"的过程中,我们期望出版社"跑得稳,跑得快",跑得稳是跑得快的前提。我们要警醒地看到,随着振兴出版向纵深推进,出版业务的经营规模不断扩大,面临的经营风险也越来越大,比如库存问题。现在已经形成总库存大于总销售的局面,各出版社要引起高度重视,既要考虑书怎么出,也要考虑书怎么卖。又比如某些出版社与民营公司合作的过程中,没有按规定流程报相关部门

审核和备案，签订的合同存在严重的经济风险。新华文轩是"A＋H"双上市公司，完善的治理结构和风险防控管理体系是公司的优势所在，出版社是公司管控的重要环节，不能游离在公司风险管控体系之外。出版社要借助公司完善的风险防控体系，不断加强和完善经营管理机制，提升风险防控能力。

三是搭建数字出版平台，推动文轩出版转型升级。在传统的书报刊三大纸媒中，图书是受网络冲击最小的，但这并不意味着传统出版业就可以高枕无忧过日子。我们要未雨绸缪，做好图书出版数字化的相关准备。一方面我们要做好数字出版规划、出版资源数字化转化、数字版权营销等工作，探索数字化时代的出版商业模式与盈利模式，稳步推进文轩出版转型升级；另一方面我们也要研究搭建数字出版平台，加强与有实力的数字出版机构进行战略合作，在合作中不断增强我们数字出版的能力，扩大数字出版的规模和影响。

文轩出版的希望和未来在青年编辑[*]

我们召开青年编辑大会，目的是落实全省出版工作会议关于出版人才培养的相关要求，为广大青年编辑提供一个相互学习、相互交流、相互促进的机会，听取大家对振兴出版的意见和建议，完善出版人才培养机制，激发青年文轩人的工作热情，为振兴四川出版贡献新的力量。

一、出版业大有可为，出版事业的希望在青年

习近平总书记在十九大报告中指出，全党要坚定文化自信，推动社会主义文化繁荣兴盛。文化自信触及人的灵魂，是更基础、更广泛、更深厚的自信。"没有高度的文化自信，没有文化的繁荣兴盛，就没有中华民族伟大复兴。"^①坚定文化自信、推动文化发展，是宣传思想文化战线的责任与担当。文化自信的基础是文化产业的繁荣发展，文化产业的核心是内容产业，而内容产业的发展又取决于以文字表达的内容产业即出版业，所以文化产业最

---

* 本文为 2017 年 10 月 20 日在文轩青年编辑大会暨首届编校大赛颁奖典礼上的讲话摘要。
① 　人民出版社《决胜全面建成小康社会夺取新时代中国特色社会主义伟大胜利》单行本。

核心的力量是出版，出版的发展关系到文化自信的基础能否进一步夯实。出版业的发展要有好作品来支撑，好作品的背后靠的是好编辑。编辑是出版最核心的力量和资源。从这个意义上说，在座的青年人选择了一份关乎国家未来、社会发展、文化传承的重要工作。

成都是一个来了就不想离开的城市，而出版则是一份做了就不想丢下的工作。如果说报纸期刊一辈子只做一份，那么出版则可以源源不断地推出触及人心灵的新作品。如果一本书做得不够好、有遗憾，可以在下一本书中加以改进和完善。我们青年编辑可以在不断推出好书的过程中历练自己，不断进步和成长。从事出版工作所获得的成就感和荣誉感是其他行业难以比拟的。所以说，选择了出版也就选择了一份充满乐趣、充满挑战、充满成就感的工作。

2016年6月，省委常委、宣传部部长甘霖同志做出了"振兴四川出版"的重要指示。全省宣传文化系统围绕振兴出版全力开展工作，四川出版业迎来了前所未有的发展机遇，出版业大有可为。我们身处这样的时代和时机，对我们的职业生涯来说是一件幸事。一年多来，作为我省出版主力军，新华文轩上下团结努力，认真落实省委战略部署，振兴出版工作取得了显著的成绩和长足的进步，成为全国35家出版集团中发展速度和排名上升最快的集团。今年前三个季度延续了去年以来快速发展的态势，大众出版实现销售收入3.94亿元，利润4490万元，与去年同期比，销售收入增长69.6%，利润增长280%。更为难能可贵的是，通过一年多的发展，我们历练了一支政治坚定、作风优良、团结务实、能出精品的人才队伍，让我们感受到人才就在我们身边。这支人才队伍撑起了文轩振兴出版的一片天，而青年人是这支队伍的生力军，是创新发展的中坚力量。

文轩出版在全国的排名从前年的第 26 位上升到去年的第 19 位，今年还在继续上升。但我们要清醒地看到，振兴出版是一项长期的工程，排位越是靠前，上升的难度就越大。振兴四川出版是一场长跑，我们不仅要看到眼前的成绩，更要看长远，看三年、五年，甚至是十年之后我们能否有强劲的发展。长跑比的是耐力和后劲，而出版队伍的耐力和后劲，就体现在青年编辑的培养上。青年兴，文轩兴；青年强，文轩强！

然而从当前很多指标看，文轩的编辑队伍，特别是青年编辑的结构和比例还不够理想，9 家出版社 35 岁以下的社班子干部仅有 2 名，青年名编辑更是凤毛麟角。硕士学历以上的编辑人数仅占出版社总人数的 18%，具有副高以上职称的编辑人数仅占编辑总人数的 17.4%。这些都反映出我们的出版人才后继乏人，我们的事业亟待一大批青年编辑来挑大梁。因此，我们要拿出实实在在的举措、真真切切的关爱，去支持青年编辑的成长。从我个人的工作经历看，我 38 岁在西南财经大学当教授都不算年轻的，财大 32 岁、33 岁当教授的并不罕见。西南财大现在名气越来越大，就是因为它建立了一套公平竞争、让有为青年能够脱颖而出的选拔机制，为优秀年轻人的成长提供了机会、搭建了平台，把大量有成就的青年人充实到教授行列和骨干队伍当中。这个做法对文轩培养青年人有很大的启发。在振兴四川出版的大潮中，我们需要大批的青年成长起来，成长为编辑家、出版家，成长为振兴四川出版的中坚力量。所以，我们要从全局上谋划和加强出版人才队伍建设，特别是青年编辑人才建设，为振兴出版工作提供强劲的动力。

二、肩负振兴出版使命，青年人要有所担当

青年是人生中创造力最旺盛的时期，也是最想干事又能干成事的"黄金期"。人的一生当中，干事的最好时期是 30 多岁，有一定的工作经验，有高度的工作热情，还有一股不计得失的闯劲。我们要特别珍惜 30 多岁的黄金期，通过自己的努力成就一番事业。当前，振兴出版势头良好，正在向纵深推进，这为广大青年编辑提供了干事创业、施展才华的广阔舞台。"天高任鸟飞，海阔凭鱼跃"，时代将振兴四川出版的重任落到文轩人身上，年轻人责无旁贷，必须有所作为和担当，要积极投身到振兴出版的火热实践中，在实践中锻炼成长，努力成长为精通业务、熟悉市场、有理论建树，并且能够做好导向把关的编辑家、出版家。

一要坚持正确出版导向，培养鉴别能力。出版是思想宣传文化的主阵地，导向是出版工作的生命线。出版导向正确与否，事关党和国家工作大局，事关文化安全和社会稳定。出版实行导向一票否决制。不管对单位还是对个人，导向把关出了问题，一切成绩都等于零。20 世纪八九十年代，四川在出版导向方面有过多次惨痛教训，例如四川社会科学院出版社的《杜月笙传》、四川美术出版社的《脑筋急转弯》事件等。出版事故严重打击了四川出版，严重耽误了四川出版的发展进程。出版人因渎职进班房，

这在全国绝无仅有，却发生在了四川。这些出版事故大多是不按规程办事、编辑缺乏应有的鉴别能力导致的。因此，把好出版导向，一方面要严格按照规章办事，要强化底线、红线意识，遵循公司导向管理问责机制和审读把关机制，严格执行书稿的"三审三校一读"制度，履行重大选题备案制度和敏感书稿送审制度，规避可能存在的各种问题；另一方面要提高编辑自身的素质，培养鉴别能力和专业素养，要能看出问题所在，这是出版人和优秀编辑的独特能力。只有做到了这两个方面，具备了这样的能力，才能做到守土有责、守土负责、守土尽责，严格把好导向关、知识关、文字关，保证质量，多出精品。

二要提升素养，精通业务。振兴出版的过程就是不断提高图书质量的过程。振兴四川出版要让四川出版走在全国前列，首先要让我们的图书质量走在全国前列。图书质量位居全国前列，背后是我们的编辑水平位居全国前列。出版是一项系统工程，从事出版工作既要有扎实的专业技能，又要有较高的文化素养。从出版专业的角度说，需要我们有选题策划、文案编辑、装帧印刷、成本核算、市场营销等方方面面的业务技能，这是我们的看家本领、核心竞争力。只有沉下心来掌握了这些专业技能，才能说我们端稳了出版这碗饭。与此同时，我们还需要有良好的文化素养。只有具有渊博的知识、深厚的文化素养，我们才能策划出填补空白、引领风尚的优秀作品，才能与作者进行平等对话和交流沟通。专业技能和文化素养两方面缺一不可。

编辑开展选题策划，一是要想得到，需要有开阔的眼界和思维，能够想到好的选题；二是要做得到，广泛遴选作者，能够与作者进行沟通交流，去说服作者。这两个方面都要求编辑人员要有文化底气和文化素养。优秀的出版工作者既是编辑家、出版家又是学者、文化人。文化人，就要有文化。要做书、出书，就要爱书、读书，还要写书。作为文化人，与书为伍，以书为业是幸运的，也是幸福的。我们要在读书中提高涵养，在写书中开阔境界，在出书中成就事业。

在出版领域，既是出版家又是大学问家的例子不胜枚举。前不久，四川文艺出版社出版了《王火文集》。王火是著名作家、茅盾文学奖获得者，同时他也是编辑家。很多年前，我在省新闻出版局任职的时候，请王火等一批专家做审读工作，当时我看到王火老师提交的一篇审读报告，文字之精练、准确、流畅，可以无需修改直接用来发表。这反映出老编辑、老学问家的深厚文化素养和严谨工作态度。所以精通业务是青年编辑成长最为重要的一环，要成为编辑家、出版家就要兢兢业业，以工匠精神，用绣花功夫对待每一个稿件，仔细斟酌每一个标点、每一句话，并在图书的立意、版面布局上多下功夫，力争通过自己的努力对作品内容和主题进行升华，拿出经得起历史和时代检验的精品力作。

三要走出书斋，熟悉市场。在传统的出版年代，编辑是为他人做嫁衣裳，处在幕后；而在现代出版年代，编辑已经从幕后走到台前成为出版人，更加贴近作者，贴近读者，贴近市场，更加受人尊敬。新时代的出版人身上需要有两股"气"，也就是用两个鼻孔出气，一股是"书卷气"，一股是"江湖气"。一方面，出版人要以书卷气立本，没有书卷气，缺少内涵，别人会看不起，难以与作者对话。这要求编辑不断加强自我修养，培养一专多能的文化素质，形成能够与作者对话的综合能力。另一方面，出版人还要有那么一点江湖气。这里所说的江湖气，不是称兄道弟、两肋插刀，而是指善于与人打交道，不能成为书呆子。优秀的出版人是开放的，善于广交朋友，如刚刚不幸去世的文艺社社长吴鸿。他爱书、读书、写书、出书，是文人气很浓、文学素养很高的人；同时他又是一个活得潇洒、畅快的出版人，一个以真诚和豪气与作者真心交朋友的人。文艺社在他的带领下取得了显著的进步，也成就了他个人的事业。出版人要有点豪气、江湖气，要走出书斋，到广阔的出版大市场中去，赢得作者的信赖，让更多的作家进入自己的"朋友圈"，争取一个又一个有分量的选题，出版一本又一本精品图书，使自己在单位、行业的影响力不断得到提升。

四要注意总结，形成理论建树。我们青年人要朝着出版家的方向发展，不仅要在实践中做好出版业务，推出大量的好书，而且还要加强出版理论研究，善于总结提炼在实践中的有益经验，写成文章并公开发表，形成自己的理论建树和主张。随着振兴四川出版的深入推进，我们不仅要拿好书来说话，以业绩立于全国出版界的潮头，也要广泛宣传我们的出版理念，扩大我们在业界的声音。如果大家默默无言，在行业里没有话语权，我们很难说在这个领域、这个行业有多高的地位。之所以要振兴出版，就是因为我们在这个行业落伍了。振兴四川出版不仅是响应省委的号召，增强我们的文化自信，从某种程度上说，这也是四川出版人要为荣誉而战。在这场振兴出版的实践中，文化自信不仅来自好书，更来自我们的经验总结和理念传承。今年年初，我们在表彰优秀文轩人的时候增加了优秀科研奖项，就是要引导大家都来研究问题、发表文章，扩大四川出版在业界的影响。目前我们正在积极推进文轩博士后流动站的建设，一方面是为了培养出版人才，另一方面就是为了扩大文轩在业界的影响，让更多人从不同的角度、不同的方位，为振兴四川出版发声、出力。青年编辑基本上都是高学历，都具有一定的研究能力。我们要在出好书的实践中加强理论研究，把所思所想所得记录下来。只编不写是"匠"，只写不编是"学"，又编又写才是"家"。把这两方面工作做好了，我们就走在了成为出版家的道路上。

三、搭建广阔发展平台，为青年提供良好干事 创业条件

出版社最大的资源是编辑，而最具活力和后发优势的资源就是青年编辑。振兴出版工作目标的实现关键靠人才，人才成长关键是靠自己。我一向认为人才都在岗位上，将军是打出来的，人才是历练出来的，而不是靠贴标签，由谁封出来的。人才队伍建设，一方面青年人要主动作为，积极投身到振兴四川出版的火热实践中来，学会在战争中学习战争，在战场上历练将军；另一方面，公司要为人才的成长和队伍建设，特别是青年人才的培养做一系列的扶持工作，为青年人成长提供条件、搭建平台，培养一大批青年编辑人才成为振兴出版的中流砥柱。近期要着重做好以下几件事情：

一是建立导师制。师徒式的"传帮带"一直是出版行业编辑成长的传统模式，也是新编辑迅速成长行之有效的方法，但因为

种种原因，目前在文轩出版社中这种模式逐渐弱化，只在个别社中还小范围存在。每个出版社都承担着培养青年编辑的责任和义务。为加快新编辑的迅速成长，今年公司要制定工作制度，推动旗下9家图书出版社全面实行导师制。导师主要是出版社的资深编辑，也可以是国内外相关专家学者。通过实施这一制度，各出版社把"传帮带"的优良传统发扬光大，帮助新编辑迅速成长。

二是加大年轻干部的选拔力度。高度重视出版社干部的梯队建设，注重构建年龄结构合理的社班子队伍和青年人才队伍。在干部选拔方面，我们要以业绩为导向，唯才是举，任人唯能。目前我们的年轻干部太少了，在文轩9家出版社中，仅有2名35岁以下的社班子成员。下一步公司将把更多政治坚定、品德优良、具有文化情怀、熟悉出版业务、具有突出业绩的年轻人选拔到领导岗位上来，为想干事、能干成事的青年人提供展示才华的平台和干事创业的机会。

三是设立首席编辑。为充分发挥领军人才的作用，文轩将在出版社设立首席编辑岗位，将那些政治坚定、品德优良、学术能力和编辑业务能力兼具的优秀编辑选拔为首席编辑，提升优秀人才的职业荣誉感，并给予更好的待遇，匹配更多的资源，为大家一心一意做好出版工作提供良好的保障，为青年编辑人才成长树立标杆和榜样。

四是实施出版项目负责制。鼓励各社让有项目、有想法、有思路的年轻人去担当项目负责人，充分发挥项目负责制管理直接、快速反应、灵活作战的特点，组织调动社内，甚至是外部的人力、物力和财力资源去运作项目，用这种灵活的机制推动出版好书、历练人才。要做到管得住、搞得活。管得住、搞不活，没本事；搞得活、管不住，要出大事。管得住是社班子的事，搞得活是大家的事，特别是青年的事。

五是设立名编辑工作室或建立分社。各社结合实际，为业务能力强、效益好的编辑专门成立工作室，匹配更多的优势资源，支持其更好地发挥作用。目前四川少儿社建立了"明琴工作室"，四川美术社建立了"大川工作室"。工作室发展到一定程度之后，还可以适时组建分社，扩大其规模，下放更多的自主权，尽可能为想干事、能干事、能干成事的同志搭建平台。

六是加强与优秀出版单位的交流。公司将组织各出版社青年编辑到行业领先的文化公司、出版社、出版集团进行交流学习。多给青年编辑走出去交流学习的机会，可以开阔青年人的眼界，提高编辑业务能力。最近，巴蜀书社与中华书局达成战略合作协议，双方将在古籍数字出版、传统文化教材、古籍整理、人才队伍建设等多方面深入合作。这个做法值得推广。

七是重视青年编辑技能培训。去年以来，为促进交流、激发创新活力、开阔业务眼界，公司邀请国内外专家举办了"文轩大讲堂"系列讲座。另外，公司正在申报博士后流动站，培养高端出版人才。我们刚刚举办的首届青年编校大赛也是提升青年编辑业务技能的一项具体举措。从今年开始，编校大赛要长期举办下去，通过这个大赛发现人才、历练人才，也期望通过编校大赛提升文轩整体的编校能力和水平。希望我们的优胜者能在12月的全国编校大赛中获得好成绩，为文轩增光添彩。

八是关心编辑待遇。公司将进一步完善出版社薪酬考核体系，按照"效率优先，兼顾公平"的原则，建立基于工作业绩的薪酬管理制度，更多地向那些出好书、有业绩的编辑倾斜。公司通过薪酬制度的改革，使青年人能够始终保持工作热情，充分发挥主观能动性，让青年人能够通过个人的努力获得较好的收入，使个人与企业共同成长。

九是加大评优表彰力度。公司从 2016 年年初开始，每年开展"文轩好书"评选工作。今年要修订"文轩好书"评选办法，让评选越来越科学，越来越具有引导作用。今后，不仅要对"文轩好书"进行重奖，而且还要调动公司的资源，对"文轩好书"给予更大的宣传、营销支持，让"文轩好书"的含金量更高，更好地起到引领作用。

十是实施项目孵化工程。公司计划实施"青年人才孵化工程"，专项资助年轻人的创意选题，给年轻人锻炼的机会，帮助青年人实现创业的梦想，为公司长远发展打牢坚实基础。

习近平总书记说："青年一代有理想、有本领、有担当，国家就有前途，民族就有希望。"青年强则文轩出版强，青年强则四川出版的振兴大有希望。时代赋予文轩青年编辑崇高使命和光荣任务。我们衷心希望文轩青年编辑不辱使命、奋发有为，在你们当中涌现出更多的出版人才；希望未来的五年、十年在文轩看到更多的出版家、编辑家，为振兴出版做出更大的贡献！

加快振兴出版，创新文化服务 *

《中国编辑》编者按："脚踏文字大地，耕耘出版沃土。数十载精耕细作，换来如今的开花结果。"这是给获得"2016 中国文化产业年度人物"的新华文轩出版传媒股份有限公司董事长何志勇的颁奖词。何志勇具有文化企业家的"工匠精神"，精益求精地打磨文化产品，踏踏实实地做强文化企业。不过何志勇认为：这个奖是颁给新华文轩整个集体的，"工匠精神"更是每个文轩人都具备的。

记者： 据了解，新华文轩为贯彻落实四川省委关于"振兴四川出版"的指示精神，制定了《振兴文轩出版实施方案》，同时将 2017 年定义为"大见成效"的一年。请问您对"振兴四川出版"的整体规划思路是什么？今年在出版导向、出版机制、出版资源整合、出版经营管理等方面取得了哪些显著成效？ 2018 年的发展目标又是什么？

---

* 本文为《中国编辑》记者 2017 年 11 月 27 日对作者的访谈，原文刊载于《中国编辑》2017 年第 11 期。

何志勇：自2016年6月四川省委做出"振兴四川出版"的重要指示以来，新华文轩快速响应，积极行动，经过一年多的实践和不断优化完善，形成了振兴四川出版"三步走"的战略思路。

第一步是提升自身能力。四川出版最根本的问题就是发展能力不足，有些出版社在生存的边缘挣扎，必须首先解决生存能力、活力问题。一是实施反哺机制，采取注资、评选好书、设立基金等措施，为出版社配置发展需要的各项资源，从根本上解决出版社能力问题。二是实行"赛马"机制，让出版社之间保持适度竞争，在竞争中锤炼发展的能力，在发展中明确需要匹配的资源，有的放矢，精准推动出版社发展。三是完善出版社内部的经营机制，深化干部人事制度、薪酬分配制度等改革，构建具有活力的出版经营管理体制。

第二步是整合内外资源。文轩旗下9家出版社的积淀、能力、团队不一样，发展速度也不一样。我们通过实行"非均衡发展"战略，把有限的资源投入到发展好的出版社，推动领先发展的出版社有更好更快的发展，并在此基础上成立出版子集团，让领先发展的出版社引领、带动整个四川出版，让四川出版格局发生一场深刻的变革。在整合内部资源的同时，还要通过搭建新的出版发展平台、设立出版社分支机构等方式整合外部出版资源。放眼全国出版，四川出版必须摆脱目前只将眼光盯在四川，用局部的资源去应对全国市场竞争的局面。抢不到全国资源，最终可能连四川的出版资源都守不住。只有一手提升能力、一手抢占资源，两手都硬起来，才能够推动出版社不断出好书，最终形成用全国的出版资源应对全国的出版市场的良性对称局面。

　　第三步是打通市场关节。振兴四川出版，必须让产品生产与市场营销两个轮子同时转。没有好产品，走不动；营销不打通，也走不远。通过前两步的工作，文轩好书源源不断地推出，下一步就要发挥文轩作为发行商、渠道商的经营优势和品牌优势，在全国打通若干关节、疏通渠道，搭建多渠道、多方式、宽领域的营销平台，为文轩本版图书提供更加广阔的市场空间，不断扩大川版书的社会影响力和市场占有率。

　　2017 年，我们围绕振兴出版的战略思路，实施了一系列切实有效的举措，在各个方面都取得了较为显著的成效。在出版导向方面，新华文轩通过制定《新华文轩出版传媒股份有限公司出版导向管理问责办法》，明确了文轩公司、职能管理部门、出版社各级把关人员的各自责任及责任追究办法，切实增强内容把关能力，全年没有出现任何出版导向方面的问题。在出版机制方面，新华文轩建立起了出版"赛马"机制，用市场经济的思维历练出版社发展能力。在文轩内部，出版社之间比发展速度，看谁跑得好、跑得快；在全国业界，与全国同行比排位，看谁的位次晋升快、更靠前。经过一年多的实践，"赛马"机制成效显著，绝大多数出版社都在你追我赶的赛跑中有了长足进步，一部分出版社脱颖而出。在出版资源整合方面，文轩内外发力、双管齐下。一方面，积极推进内部资源整合，将原天地出版社、华夏盛轩、中盘事业部整合在一起，成立具有供应链整体优势的新天地出版社，将其打造成为新华文轩面向全国的出版发展新平台。另一方面，采取多种方式整合外部出版资源，如四川少年儿童出版社等在北京、深圳成立了分社，为抢占全国出版资源奠定了基础。在出版经营管理方面，文轩大众出版的生产规模不断扩大，图书销售额大幅增长，2017 年上半年入库码洋同比增长 72%，总销售码洋同比增长 82.27%；文轩出版在全国市场的排名大幅上升，2017 年上半年的总体市场排名为第 18 位，同比上升 4 个位次，是全国 35 家出版集团中排名上升最快的集团；12 个项目获得 2017 年国家出版基金资助，创造了文轩入选该项目年度数量之最；《人体解剖与素描》等 8 个项目入选第四届中国出版政府奖，创造了文轩出版入选中国出版政府奖数量的历史最高纪录。从各出版社的表现来看，它们中的绝大多数也呈现出快速发展的势头。

2018 年是新华文轩实施振兴出版战略的第三个年头，我们要推动出版发展上一个新的台阶：文轩出版的全国影响力进一步扩大，荣获国家级奖励和入选国家重点出版规划的项目等进一步增多，大众出版板块营业收入和利润等经营指标在扭亏为盈的基础上实现较大幅度增长，文轩出版和各家出版社的市场占有率与全国排位继续上升，文轩出版"走出去"工作实现较大突破等。此外，2018 年我们还将围绕党的十九大、改革开放 40 周年、新中国成立 70 周年等做好主题出版工作；围绕四川历史名人等重大选题做好中华优秀传统文化、巴蜀文化的传承出版工作；加强原创出版工作，推出一大批具有中国品格、巴蜀特色的精品原创出版物。

记者：我们知道，新华文轩正在努力为中国文化创建一个"开放、融合、共创、分享"的平台，以"创新·分享"的品牌理念，践行文化创新之路，做优秀的文化传播者，以期成为中国具有创享精神和影响力的文化品牌。请您介绍一下新华文轩目前形成的较有特色的文化品牌。它们在传承中华文明、弘扬出版文化方面发挥了什么积极作用？

何志勇：新华文轩在向着具有国际影响力的综合文化服务集团前进的过程中，在各个业务板块形成了一批有特色、有行业影响力的文化品牌。

在出版领域，新华文轩坚持以"出好书"为核心，着力打造四川出版品牌。目前，我们已经初步形成了四川少年儿童出版社和新天地出版社两个较为突出的出版社品牌。

川少社是在"振兴四川出版"过程中涌现出的一家优秀出版社，不管是在全国的出版社队伍里还是在专业的少儿出版领域里，川少社都已经进入第一梯队。对于出版社而言，内容是主业之基，川少社也有自己的明星产品，这就是他们历时 5 年打造的超级畅销书"米小圈"系列。这套书从 2017 年第 22 周开始，累计 15 周登上开卷的全国少儿图书周畅销排行榜前 10 位，总销量超过 3000万册；在 2017 年 6 月开卷少儿畅销书零售榜单上，《米小圈上学记》夺得月冠军，且榜单前 21 名里有 16 种是"米小圈"系列产品。这些成绩都展现了四川少儿出版的力量和风采。

另外一个是新天地出版社。2017 年年初，我们做了一个重要的战略决定，将天地出版社、北京华夏盛轩图书有限公司进行战略重组，把华夏盛轩吸收合并进天地出版社，创建了一个"新天地"。新天地出版社整合完成后，交出了傲人的成绩单。2017 年 3 月，"汪汪队立大功儿童安全救援故事书"系列产品，还未出版就引爆全国童书市场，预售 2 小时秒抢 50000 册，创造了文轩出版的又一纪录；其他重点产品如精装版《世界文明史》、钱穆的《中国通史》、

"路标石丛书·当代华语文学名家自选集系列"等也都取得了不俗的市场表现。越来越多的优秀文轩出版品牌的涌现，为打造"四川出版，品质至上"的良好品牌形象提供了有力支撑。

实体书店作为国有出版发行主渠道、主阵地，对传播人类文明、传承先进文化具有重要意义。近年来，新华文轩把握阅读市场发展新趋势，积极推进传统书店转型升级，探索新经营模式，打造全新的阅读服务品牌，取得了重要的成效。2011年，"轩客会·格调书店"品牌正式诞生，它将传统图书零售门店升级为集出版物销售、文化休闲体验和特色人文活动于一体的多功能市民文化消费场所，致力于通过细心、周到的服务为读者打造一个温馨、舒适、充满文艺气息的阅读空间。自首家"轩客会·格调书店"成立以来，我们已经运营了十多家特色书店，其中有成都首家24小时营业并受到广大文艺青年青睐的锦钯街店，有被称为最美校园书店的成都大学创客空间店，还有以旅行主题为特色的建设路店等。在"轩客会·格调书店"品牌诞生六年后，新华文轩实体书店又迎来一次华丽转身：文轩新品牌书店"文轩BOOKS"正式亮相。"文轩BOOKS"定位为"都市青年的文化阅读领地"，以"一座城市的文化面孔"为理念，让书店不只是阅读空间，更是思想汇聚、文化交流的场所。我们引入全新的设计理念，比如超10000平方米的阅读中心，西南最大儿童绘本馆，以"森林阅读"为设计理念的阅读空间，文化主题餐厅等，将成都的实体书店建设推向一个全新的高度，已经成为成都著名的文化地标。

新华文轩在积极推进实体书店的转型升级中还打造了全国知名的智能书店品牌——文轩云图。2017年9月25日，"砥砺奋进的五年"大型成就展在北京展览馆开幕，"新华文轩云图智能书店"作为全国出版发行行业唯一独立参展的产业项目应邀参展，得到了观展群众的热捧。作为全民阅读推广的优秀解决方案，文轩云图智能书店以用户为中心，通过互联网、物联网技术提供便捷的借阅体验：无人值守、自助借阅、24小时不打烊。文轩云图让阅读成为一种生活方式，成为城市温暖的文化符号，点亮城市的文化星空。

新华文轩顺应互联网的发展趋势，早在2008年就进军出版物电子商务，创立了"文轩网"品牌。文轩网自成立以来发展迅速，销售额年增长率平均高达81%，远远高于行业30%左右的平均水平。

从内容出版到实体书店，到网上书城，再到智能书店，新华文轩在文化产业发展之路上将不断探索、勇于创新、锐意进取，打造更多优秀的文化品牌，担负起传承中华优秀传统文化、传播社会主义先进文化的责任。

记者：经过多年的发展，新华文轩聚焦"一带一路"，以版权输出为基础，以项目合作为突破，以文化交流为依托，形成了自身独特的"走出去"工作思路。《历史转折中的邓小平》《汶川大地震》《美好新家园》等输出到全球各地，取得了较好的国际影响。在"十三五"期间，新华文轩的"走出去"战略将会有哪些创新举措？您认为如何才能实现从版权"走出去"上升至文化"走出去"这一飞跃？

何志勇：推动文轩出版"走出去"，既是振兴四川出版的重要方面，也是延伸文轩出版产业链的必然要求。近年来，新华文轩制定了专项规划积极推动出版"走出去"工作，取得了不俗的业绩。2017 年 9 月，国务院新闻办公室和国家新闻出版广电总局公布了"中国图书对外推广计划"2016 年度综合排名，文轩首次进入前十名，这是我们近年来取得的最好成绩。面向未来，新华文轩将着力在以下四个方面推进"走出去"工作：一是加强重点图书出版选题规划，提高国际传播的内容针对性。出版要兼顾国内和国际两个市场，其发展从根本上说要靠好的产品、好的图书。因此，我们要求出版社从规划入手，加强重点选题规划论证工作，同时要考虑国际传播的需求，实行针对两个市场的协同出版。二是加强与"一带一路"沿线国家的文化交流与合作，搭建专业化的"走出去"平台。前不久新华文轩专门组建了西班牙语出版中心，专注研究西班牙语国家受众的阅读习惯，搭建西语国家出版合作的桥梁，这在全国也是首例。今后公司还要继续研究搭建类似的专业化"走出去"平台，重点支持出版社与"一带一路"沿线国家开展某些领域专业化的合作，推动出版以专业化的方式"走出去"，将文轩出版的产业链条延伸到全世界。三是依托国家出版工程平台，着力打造"走出去"重大项目。我们鼓励出版社积极参与国家出版"走出去"工程，如"中国图书对外推广计划""经典中国国际出版工程""中国文化著作翻译出版工程""丝路书香工程"等，以自身特色和优势出版板块为突破口，多方面筹集资金打造有影响力的重大项目，扩大文轩出版的国际影响力。四是与文化传播国家队开展合作，提高自身"走出去"的专业水准。文轩出版长期以来以国内出版为主，对国际市场运作规律的把握还不够成熟。为此，我们要与中国外文局等文化传播国家队在对外翻译、市场开拓、国际资本合作等方面开展战略合作，学习借鉴先进经验，提高自己"走出去"的专业化水平。

推动"一带一路"国际文化交流是文轩"十三五"期间国际化发展的战略重点。文轩创新海外拓展思路，探索内容与渠道协同、线上与线下协同、出版发行与特色文化产业协同的发展模式，形成了一定的影响力。在推进从版权到文化"走出去"的过程中，新华文轩着力做了两个方面的工作：一是发挥文轩渠道优势，打造出版物与相关文化产品的国际供应链体系。"走出去"不能是空中楼阁，一定要选择自己有优势的领域去做。我们充分利用文轩网这一全国知名的电子商务平台，推动华文图书"走出去"和渠道"走出去"，与新西兰华文书店联合推出了"新西兰文轩网"，解决了新西兰中文图书的渠道问题，也满足了当地华人购买国内书籍的需求，这是我们结合自身优势与市场需求所做的重要探索。二是充分利用本地特色文化资源，打造国际文化交流平台。文化"走出去"要得到不同文化背景的世界各国人民的认可，一定要充分体现自己的文化特色。我们通过在意大利、德国等国家举办"新丝绸之路"为主题的"中国彩灯节"，以来自四川自贡的具有浓郁中国特色的灯会形式，展示四川的美食、川剧、旅游、特产等特色产品，搭建起四川连接世界的对外文化交流平台，推动国际文化交流与合作，得到了当地民众的热烈欢迎和四川省委、省政府的高度肯定。

记者：新华文轩一直以"服务教育事业"为企业责任，教育服务也是新华文轩比较有竞争力的业务板块。目前，教育信息化是教育服务业务升级发展的方向，新华文轩在这方面具有哪些优势？如何能够走出一条"服务教育事业"的特色化发展之路？

何志勇：自 2009 年起，新华文轩紧扣教育发展的时代脉搏，以科技创新推动教育服务产业转型升级，教育信息化产品已覆盖 27 个省市，服务 10000 余所学校、120 余万名教师、1000 余万名学生。在发展过程中，新华文轩逐渐形成了四大优势：一是市场化的经营理念和机制。教育服务行业政策多变，客户需求不断提高，面对日益激烈的竞争环境，新华文轩主动转变教育业务的经营理念和经营机制，由"产品经营"转向"用户运营"，由"政策计划性发行"升级为"市场化经营"，在完善销售员制度的基础上建立客户经理制度，牢固树立起用户意识、市场意识，为教材发行的市场化转型注入了新的活力。二是健全的教育服务产品发行和销售网络。新华文轩借助传统优势，构建了由 116 个市、县（区）分公司组成的覆盖全川的教育服务产品发行和销售网络，专业负责中小学教学用书、教育信息化服务、教育装备等的研发组织、发行推广、落地服务，这些都有力地保证了教育信息化服务的质量。三是完备的教育服务生态系统。"数字教室""数字化教学应用系统""教育云平台""数字化教学资源""文轩一起教"、电子书包……从软件到硬件、从资源到应用、从平台到终端，新华文轩通过一个个产品，搭建起了一个完备的教育服务生态系统，能满足基础教育信息化各方面的需求。四是高效的一体化运行管理体系。经过长期实践，新华文轩建立了一套高效的一体化运行管理体系，确保了教育信息化业务的开展。首先是高度专业化分工的业务运行体系，研发、销售推广、售后服务等各个环节由专业的业务机构来运作，以确保产品和服务质量；其次是严密高效的运营管理模式，制定严密的业务流程和工作计划确保业务高效运行；最后是科学的业绩考核体系，通过目标、预算、考核三位一体的业绩管理模式，有力地推动了教育信息化业务的快速发展。

　　增强基础教育服务能力，提高教育教学质量，助推我国教育事业的发展，始终是新华文轩不懈的追求。新华文轩将继续推进教育服务的战略转型，基于线上与线下、纸质与数字、家长与学校、产业与资本的四大融合发展趋势，依托教育内容资源开发、教育信息化、教材教辅征订、线上线下网络等优势，以"资本＋技术"为驱动，完善教育出版、教育发行、数字教育、文教用品、教育装备等教育服务产品体系，努力探索建立"教育＋互联网"经营发展模式和富有创新活力的经营机制，打造国内一流的基础教育综合服务体系。

　　记者：作者资源是出版单位的智慧宝库，优秀的作者资源更是有限且不易得的。新华文轩是如何聚集作者资源的？未来几年，为获得更多的优质出版资源，新华文轩还将有哪些新做法？

　　何志勇：优秀的作者是出版社的核心资源，知名的出版社背后一定有一批知名的作者在支撑，要打造一个有行业影响力和市场号召力的出版品牌，关键在于聚集一批名作者。新华文轩在聚集作者资源方面，主要采取了以下举措：一是搭建新的出版发展平台，改变以四川出版资源应对全国出版市场的不对称局面。2017年1月，新华文轩启动内部出版资源整合，以天地出版社为核心，对北京华夏盛轩图书有限公司和天地出版社进行战略重组，将天地出版社的决策中心、运营中心迁至北京，同时将新华文轩中盘事业部与天地出版社进行整合，打造供应链整体优势，形成新华文轩面向全国的出版发展新平台，成为聚集全国出版资源的重要抓手。二是成立名家工作室。2017年上半年我们开始尝试组建名家工作室，利用名家的号召力与影响力聚集出版资源。5月31日，我们与著名作家、中国作家协会副主席何建明达成协议，在北京成立新华文轩何建明工作室，通过名家的品牌效应和吸引力来聚集更多的出版资源。三是在省内外建立分社。为了"抢占"更多作者资源，我们就要走出"省门"，在更大的平台上去竞争。因此，我们鼓励出版社在省外、在一线城市组建分社。

面向未来，新华文轩将继续采取切实有效的举措，聚集优质出版资源，为振兴四川出版奠定坚实的基础。一是建立重点作者资源库。文轩旗下各出版社多年来聚集了众多优质作者资源，但多数还处于零散乱的状态，我们要求各出版社建立重点作者资源库，深入研究作者队伍情况，采取切实措施，更好聚集优质作者资源。二是推进名人工作室建设。我们计划在继续推进出版名家工作室建设的基础上，开展名人工作室建设，将各行各业中有知名度和行业影响力的人才聚集起来，一方面挖掘其中的选题资源，另一方面通过名人这条纽带打通出版业与其他行业的联络管道，推进出版业与其他行业的融合，实现更高层次上的出版创新发展。三是设立名人书店。通过名人书店的特色文化活动来聚集读者粉丝群体，进而挖掘作者圈子的资源，打造优质的文化产品。四是重视读者资源挖掘，利用网络开辟新的选题空间。出版内容来源于生活，要赢得读者的认可，就要深入到读者的生活中去。当今网络时代，读者也是网民，我们要充分利用网络的力量发掘优质的选题资源，去捕捉时代的风尚，记录社会的变迁，感知百姓的冷暖，做接地气的出版。由于网络上的出版资源良莠不齐，我们要建立选题筛选机制和严格的内容把关流程，避免有导向问题和低俗不堪的选题流入文轩出版体系。

记者： 编辑人才是出版单位的核心。新华文轩按照"赛马"机制对出版社实施目标管理，围绕"出好书"目标完善出版考核体系。请您结合上述机制与体系，谈谈新华文轩的编辑人才培养方式。此外，在促进其个人成长、实现职业价值上，给予了什么激励政策？

何志勇： 一家出版社最重要的资源是编辑人才。振兴出版目标的实现关键靠人才、靠队伍。为此，新华文轩采取了一系列举措，着力建立一套留人、用人、培养人的人才管理机制，为编辑的发展提供广阔平台，激发干事创业的热情，为振兴四川出版提供强有力的人才队伍支持。

一是完善出版薪酬管理体系。我们按照"效率优先，兼顾公平"的原则，建立基于出版业绩的薪酬管理制度，更多地向那些真正做事、出好书的编辑倾斜。通过薪酬制度的改革，使编辑能够保持持续的工作热情，更加积极地发挥主观能动性和创造性，让编辑能够通过个人的努力与企业共同成长。

二是成立名编辑工作室。具体措施包括为业务能力强、效益好的编辑成立专门的工作室，匹配更多的优势资源，下放更多的自主权，支持其更好地发展，如川少社的"明琴工作室"等。

三是设立首席编辑。充分发挥领军人才的作用，将那些政治坚定、品德优良、学术能力和编辑业务能力兼具的优秀编辑选拔为首席编辑，提升优秀人才的职业荣誉感，并给他们更好的待遇，匹配更多的支持条件。

四是实施导师制。师徒式的"传帮带"一直是出版行业编辑成长的传统模式，也是新编辑迅速成长行之有效的方法。文轩旗下出版社全面实行导师制。导师既有出版社的资深编辑，也有国内外相关专家学者，他们通过"传帮带"帮助新编辑迅速成长。

五是实施出版项目负责制。我们鼓励有项目、有想法、有思路的编辑去担当项目负责人，充分发挥项目负责制管理直接、快速反应、灵活作战的特点，组织调动社内甚至是外部的人力、物力和财力资源去操作完成项目，用这种灵活的机制推动出版好书、锻炼人才。

六是加大年轻干部的选拔力度。文轩重视出版社干部的梯队建设，注重形成年龄结构合理的社班子队伍。在干部选拔方面，不论资排辈，唯才是举，任人唯能，将青年干部充实到出版社班子队伍中，把更多政治坚定、品德优良，具有文化情怀，熟悉出版业务，具有突出业绩的年轻人选拔到领导岗位上来，为想干事、能干成事的青年人提供展示才华的平台和干事创业的机会。

七是培养优秀出版家。编辑不仅要当出版匠人，更要当出版家。出版家的一个重要标志是要有自己的理论建树，形成自己的理论体系。我们鼓励编辑善于思考、不断总结，通过广泛的研究，将实践心得和学术探讨写成文章，倡导新的出版理念，引领和带动出版人创造出新的业绩和辉煌，形成浓厚的学术研究氛围，从而造就优秀出版家。

记者：您已从事出版发行工作数十年，您个人出版工作经验非常丰富。您是如何看待编辑职业和出版行业的？请分享一些您的从业经验。

何志勇：习近平总书记在庆祝中国共产党成立95周年大会上的重要讲话中特别强调："全党要坚定道路自信、理论自信、制度自信、文化自信。"其中文化自信触及人的灵魂，是更基础、更广泛、更深厚的自信。坚定文化自信、推动文化发展，是宣传思想文化战线的责任与担当。文化自信的基础是文化产业的繁荣发展，要靠源源不断地推出好的作品，以出版物为载体，在世界人民面前不断扩大中华优秀文化的影响力。文化产业的发展取决于内容产业的发展，而内容产业又取决于以文字表达的内容行业即出版，因此，文化产业最核心的力量是出版，出版的发展关系到"十三五"规划能否顺利实现，关系到文化自信的基础能否打牢。

近年来，随着国家文化体制改革的不断推进，国家加大了出版业发展的支持力度，出版业创新发展的活力不断激发，出版业延续了稳健发展的势头，在资本和信息技术的推动下，出版业转型升级的步伐不断加快。好的出版要靠好的作品来支撑，好作品的推出要依靠好编辑，编辑是出版最核心的资源。随着出版业务的升级发展，编辑已不再只是为他人做嫁衣，而已从幕后走到台前，参与到出版策划、生产、营销，甚至是文化资源IP开发的全过程。编辑已成为一项关乎国家未来、社会发展、文化传承的重要工作。

振兴出版 2017 年度业绩报告 *

一、2017 年文轩出版开展的主要工作

2017 年，根据省委及省委宣传部的要求，我们全力推进振兴出版各项工作，采取实实在在的举措，切实解决出版社面临的困难和问题。

一是进一步突出了出版的战略核心地位，明确了到 2020 年的战略目标，并从资源配置、政策扶持等诸多方面，就振兴出版做出了制度性的安排。

二是全面推进反哺出版工作，完成了对 7 家出版社的增资，增资总金额超过 3.7 亿元，成为四川出版甚至全国出版界绝无仅有的大手笔。

三是大力推进出版、发行协同发展，在振兴出版的同时，推进振兴实体书店工作。发挥文轩全产业链的整体优势支持出版发展，加大渠道对出版的支撑力度，文轩三大发行渠道的川版书销售呈现高速增长态势，销售本版图书码洋 5.37 亿元，同比增长

* 本文摘自 2018 年 1 月 26 日在新华文轩出版工作会上的讲话，原文刊载于《文轩人》2018 年第 1~2 期。

67.84%。

四是全面推行出版"赛马"机制。通过在文轩内部自己与自己比发展速度，在全国与同行比排位晋级速度，各个出版社形成了你追我赶的发展氛围。从实施振兴四川出版工作以来，我们定期组织召开出版工作经营会，摆数据、讲业绩；我们还通过开展"文轩好书"评选、"青年编辑大赛"等活动，比能力、看成效。

五是推进内外部出版资源整合。一方面，天地出版社、华夏盛轩与中盘事业部实现战略性重组，打造参与全国出版竞争的出版新平台。另一方面，通过组建名家名人策划工作室、支持出版社在资源富集的地方成立分社或策划中心等方式抢占出版资源。

六是探索建立出版社引进、培养人才的新机制。在出版社人员不断老化、编辑青黄不接之际，公司尝试对出版社新进高学历编辑人员的人力成本在一定时期内给予全额补偿，以此支持出版社培养新编辑，增强出版社发展后劲。同时大力推进"传帮带"制度，通过导师制、首席编辑制等方式，促进年轻编辑快速成长。

二、2017 年文轩出版取得的主要成绩

1. 文轩出版实现历史性跨越，站上了发展新台阶

一是销售和利润高速增长。2017 年，文轩大众出版销售首次突破 15 亿元码洋大关，达 15.48 亿元，同比增长 84.17%，进入一个新的当量级。绩效后利润总额为 4584 万元，同比增长 778%（振兴四川出版以来，我们连续两年实现跨越，2016 年实现出版总体扭亏，2017 年实现全面扭亏）。

二是市场排名大幅攀升。据开卷数据，2017 年文轩出版在全国总体市场排名第 15 位，比 2016 年上升 4 个位次，比 2015 年上升 11 个位次，排名增速在全国 35 家出版集团中连续两年排名第一。两家出版社进入全国百强出版社，其中川少社排名第 47 位，首次进入前 50 位，天地出版社排名第 83 位。

三是文轩好书数量大幅增长。2017 年度销售超过 3 万册以上的图书有 182 种，比 2016 年度增加 100 种，同比增长 122%，其中销售 10 万册以上的图书有 63 种，比 2016 年增加 39 种，同比增长 163%；销售超过 50 万册的图书有 22 种。而我们在 2015 年销售 10 万册以上的图书仅有 2 种。

四是入选国家资助的项目与获得国家级大奖的数量创历史新高。2017 年，文轩共有 12 个项目入选国家出版基金，创造了文轩入选该项目年度数量之最。8 个项目入选第四届中国出版政府奖，创造了新华文轩入选中国出版政府奖数目的历史最高纪录，入选项目总数比第三届增长 60%。

五是出版"走出去"首次进入全国前十。2017 年，新华文轩首次进入"中国图书对外推广计划"2016 年度综合排名前十名，这是近年来取得的最好成绩。2017 年，文轩出版签订版权输出合同 175 项，同比增长 28.68%。

2. 文轩出版成为产业发展新引擎，文轩出版发行产业链更加均衡

2017 年文轩产业发展取得显著成效。据初步统计，文轩利润总额达 9.1 亿元，创下了新华文轩成立以来实现利润总额的最高纪录。文轩整体的发展得益于各产业板块的发展，其中，原来长期

拉后腿的出版板块一改颓势，成为文轩产业发展新的增长极。在振兴四川出版的带动下，出版已成为推动文轩产业发展的新引擎。随着出版的崛起，文轩发行强出版弱的产业格局得到了初步改变，文轩产业链更加均衡，出版传媒集团的"内容＋渠道"全产业链模式更加清晰。过去，我们的发行和出版两个轮子一大一小，很难让新华文轩这架马车快速向前。现在这两个轮子正朝着同步发展、协调发展的方向前进，新华文轩实现高速发展的基础越来越牢固。

3. 文轩出版初步改变了小、散、弱的局面，重塑了出版格局

2017 年，我们以"出好书、做强出版社"为中心，实施"非均衡发展"战略，取得了明显成效，形成了大中小结构合理的出版格局。2017 年，川少社销售码洋突破 6 亿元，天地社销售码洋突破 4.5 亿元，两家出版社占文轩出版总销售码洋的 68% 以上，成为领涨文轩出版的核心力量。人民社、美术社、文艺社销售码洋突破亿元大关，成为第二梯队。科技社、辞书社、巴蜀社等坚持自身发展优势，聚焦专业出版成效明显。

4. 文轩出版深化改革取得重大进展，市场化出版观念重新树立

振兴出版一年多以来，我们改革原来的出版评价方式，强力推行"赛马"机制，营造了一个有竞争、有比较的氛围，通过参与市场竞争来增强出版社的竞争力，出版社的观念发生了深刻变化。现在出版社都去忙选题，追作家；都去跑市场，抓销售；都去找项目，谈合作；都去找媒体，做宣传……过去那种只找领导求认可的局面得到彻底改变，文轩出版的市场化观念重新树立起来了，现在大家都在拼市场，出版社在你追我赶中实现了较快发展。

5. 文轩出版重拾信心，不忘初心、做强主业的信念更加坚定

振兴四川出版以来，在四川省委宣传部、四川省新闻出版广电局的领导和支持下，通过公司上下齐心协力，文轩出版取得了巨大进步，个别社还出现了飞跃式发展，极大地增强了我们做好出版的信心。文轩出版士气空前高涨，这与两年前的情况形成了鲜明对比。在两年前刚启动振兴四川出版时，人们对四川出版能不能振兴充满了疑虑。但是，经过两年时间的发展，四川出版的形象和面貌有了巨大的改变。在前不久的北京图书订货会上，四川展厅人潮涌动、活动不断，成为人气最旺的展区之一。在刚刚结束的新华文轩年度述职大会上，大家都信心满满，那种自信，很多人都说前所未有。现在大家开始觉得，四川出版人是能够做出版的，是能够做好出版的，是能够到全国出版大市场去一争高下的。可以说，这种信心是振兴出版这两年获得的最宝贵财富。文轩出版的快速发展，更加坚定了我们不忘初心、做强主业的信念，更加坚定了我们建成全国出版强省的信心。

文轩出版取得巨大成就来之不易。去年大家都有一个共同感受，就是特别忙、特别累。这说明了我们取得的优异成绩是干出来的，文轩出版的跨越式发展是干出来的。现在大家都沉浸在成功的喜悦之中。我们完全有理由享受这份丰收的喜悦，享受这份成功的快乐！

坚持"三精"出版，
开启振兴四川出版的新征程[*]

今天召开的出版工作会，是新华文轩 2018 年的第一个重要会议，目的是总结 2017 年的文轩出版工作，研究文轩出版面临的新形势和新问题，部署 2018 年出版工作。刚刚过去的 2017 年是振兴出版的第二个年头，在各出版社和公司上下的共同努力下，文轩振兴出版工作取得了显著成效：经济效益大幅增长，社会影响力显著提高，出版发展亮点纷呈。随着振兴出版工作向纵深推进，需要我们进一步统一思想，厘清思路，明确今年出版工作的方向和任务，把振兴四川出版推向新的高度。

一、2017 年文轩出版存在的主要问题

2017 年振兴四川出版工作取得巨大成绩，实现了历史性跨越，站上了一个新的台阶。但是，振兴四川出版取得了较好成绩，并不等于我们已经很完美了。从研究工作的角度说，我们要更多地看到问题，未来才会有更大的发展。尤其是我们在谋划 2018 年工

---

* 本文摘自 2018 年 1 月 26 日在新华文轩出版工作会上的讲话，原文刊载于《文轩人》2018 年第 1~2 期。

作的时候，更是要对我们面临的问题做出精准的研判。从大的方面说，我们面临以下一些问题：

1. 与全国先进出版传媒集团相比，差距仍然明显，升位难度增大

近两年文轩出版有较大发展，在 2016 年全国上市出版传媒集团排名中，文轩综合实力首次进入前十位，但与中南传媒、凤凰传媒、中文传媒等行业领先企业仍存在明显差距。在出版领域，虽然我们两年进步了 11 位，从第 26 位上升到第 15 位，但离第一阵营还有很大的距离。近两年文轩在出版传媒集团中排位迅速提升，一方面是因为我们的竞争能力确实有了大幅提升，另一方面也有我们原来起点太低的原因。我们站上第 15 位，放眼前面的 14 位竞争对手，个个都很强大。未来的竞争会更加激烈，升位会更加困难，每赶超一位或许都很艰难。当前我们所处位置是前有标兵，后有追兵。我们唯有守正笃实，久久为功，一个一个地对标，一个一个地赶超。

2. 发展方式还比较单一，发展模式还比较传统

2017 年，我们采取为出版社注资、重组天地社、推行"赛马"机制等多项发展举措，取得了明显成效。但总体来说，发展模式还主要是以内涵式发展为主，依靠文轩出版自我积累发展，外延式发展方面着力还不够，还没有充分借助外部资源和力量来实现更快更好的发展。放眼全国先进出版集团，它们都在本省出版社之外收购或合作建立了一批高质量的内容策划机构，成为支撑本省出版实力的重要力量。比如中南传媒收购博集天卷，为湖南出版带来了巨大的影响力。此外凤凰传媒、中文传媒、浙江联合出

版等在对外合作出版方面都有大手笔。文轩作为国内出版传媒业唯一的"A＋H"双上市公司，我们还没有用好资本平台来发展出版主业。

3. 出书结构还不合理，出版畅销书主要集中在少儿领域

自振兴四川出版战略实施以来，文轩各出版社均取得了长足的进步。但是，从总体上看，文轩出版的畅销书仍然较少，结构也不合理。一是出版类别不合理。少儿板块一枝独秀，畅销书也主要集中在少儿领域，销量 10 万册以上的图书绝大部分都是少儿图书，其他出版板块总体上还较弱。我们的出版结构与先进出版集团相比还有很大的差距。二是国内出版品种数量与出版"走出去"品种数量结构不合理，文轩的版权输出增长率低于国内出版增长率，缺乏有国际影响力的优秀作品。

4. 优质出版资源不足，缺乏引领时代的伟大作品

文轩旗下各出版社在抢抓出版资源、出好书等方面取得了一定的成效，但是与"建设全国出版强省"的要求还有较大差距。我们还缺乏顶尖的名家名作资源、各专业领域一流的学术专著、引领风尚的网络出版读物。出版社的精品内容创造能力还不强，大多数还沿袭传统的内容生产方式，普通作者作品多，名家名作少；作者上门作品多，独家策划精品少；给予知识的作品多，饱含精神力量的精品少，特别缺乏能触及人的灵魂、引起文化共鸣的精品力作。在每年三大重要图书奖里，我们列入正式奖的作品还很少，缺乏划时代的伟大作品。

5. 渠道建设还需要优化和完善，渠道的广度与深度还不够

2017 年文轩推进产业链协同发展，各渠道继续加大对出版的

支持力度。协同发展一方面有力地推动了出版的发展，另一方面也带动了文轩整体产业的发展。但是，从总体上看，大多数出版社的发行力量还比较薄弱。随着出版规模的增长，我们对渠道的依赖进一步加深，需要继续坚持"三步走"的思路，着力打通市场关节，在拓展渠道的广度和深度上做更多的文章。

6. 出版社经营管理能力还需进一步提高，风险防控意识还需要进一步增强

随着文轩出版进入新的竞争领域，我们将面临着原来低层次竞争中不曾面对的挑战，出版社的经营管理能力还需要进一步提高。我们反复强调，"赛马"过程中我们既要跑得快，又要跑得稳、跑得好，跑得稳、跑得好则是跑得快的前提。随着我们的发展越来越快，进入的层次越来越高，风险防控的能力也要随之加强。

回顾 2017 年，文轩出版取得了显著的成效。但是，在享受成功喜悦的同时，我们一定要保持清醒的头脑，要对我们面临的问题有清醒的认识。振兴四川出版是一场长跑，2017 年 12 月 31 日绝不是振兴四川出版的终点。我们要不忘初心，牢记使命，保持状态，继续前行。

二、坚持"三精"出版，开启振兴出版的新征程

经过前两年的高速发展，2018 年振兴四川出版进入了一个新的阶段。在新阶段，我们必须坚持"精准出版、精细出版、精品出版"的理念。坚持"三精"出版是文轩出版面临的新形势给我们提出的必然要求。

首先，新时代为振兴四川出版提出了新要求。党的十九大报告指出，中国特色社会主义进入新时代后，我国社会主要矛盾已经转化为人民日益增长的美好生活需要和不平衡不充分的发展之间的矛盾。具体到出版而言，不平衡不充分体现为出版的图书还不能满足人民群众对更高品质、更高层次精神文化生活的需求。因此，要满足人民群众对美好文化生活的需要，必须要走精准出版的路子，用精细出版的方式，依靠精品出版工程多出精品，这样才能在满足人民美好生活的需要中实现自身的产业发展。进入新时代，我们要改变原来上品种、上规模等传统粗放的出版方式，坚持走集约化出版之路，通过提高出版资源的利用效率实现出版增长；我们要以供给侧结构改革思维推动出版提档升级，努力适应文化生活消费的新变化，进而履行我们的文化责任和使命担当。

其次，振兴四川出版进入新阶段需要有新做法。前两年，四川出版能力低下、士气低落，振兴四川出版需要调动出版社的积极性多出书、上规模，全面释放出版社的活力，将出版社的闲置产能转化为参与市场竞争的能力。可以说，这个阶段上品种、上规模是完全必要的。但是，文轩出版经过近两年的持续高速增长和规模扩张后，我们很多出版社在编辑人手、管理能力、后台支持等方面都已经达到了极限。在这种情况下，如果还继续把扩大规模、增加品种作为我们的发展路径，那么这肯定不是一条可持续发展之路。因此，在我们已经进入新的发展阶段的今天，需要我们转变发展模式，稳中求进、固本强基，从高速度增长向高质量发展转型，把工作的重心从过去注重品种数量转到注重质量效益上，走一条精准出版、精细出版、精品出版之路。

最后，振兴四川出版进入新领域需要有新路径。经过近两年的赶超，文轩出版在全国出版传媒集团的排名已经从第 26 位提升到第 15 位，已经进入到一个较高层次的出版竞争领域。高层次竞争不能靠规模、靠数量取胜，而是要靠产品的品质、企业的品牌去赢得消费者的青睐，要将企业竞争优势建立在精益求精的产品质量基础上。在新的竞争领域，我们面对新的更强的竞争对手，要想继续超越领先的出版传媒集团，晋升到更高的位次，只能走一条精准出版、精细出版、精品出版的路子，依靠高质量的出版赢得竞争。传统的规模数量型发展模式，已经很难实现新的扩张和升位。

因此，为了适应出版新形势，满足出版新需求，2018 年文轩出版的总体思路是：坚持"三精"出版，即精准出版、精细出版、精品出版，稳中求进，推动文轩出版再上新台阶。

2018 年，我们坚持"三精"出版，就是要做到"对得准、做得好、出得精"。

一是坚持精准出版。精准出版就是供给与需求要"对得准"，精准满足人们对文化产品的需求，增加有效供给。精准出版的实质就是坚持专业出版、优势出版、有效出版，满足市场需求，实现双效统一。一本书只有为特定的读者带来特定的价值才有意义。坚持精准出版，就是发挥自身特色和优势，有针对性地策划选题，找准选题的核心价值，围绕读者需求抢抓优质内容资源进行精准开发，做出真正能够打动人心的作品，从而为读者带来独特的阅读价值。坚持精准出版就是要在经营产品的同时经营好作者，牢牢抓住一批优质作者，要围绕作者的特质找准市场的契合点，打造精品力作。

二是坚持精细出版。精细出版就是产品要"做得好"。出版是一个小行业，只有精耕细作才能带来大产值；图书是一个小商品，只有精心打磨才能产生大价值。坚持精细出版，就是要改变粗放的出版方式，建立精细化的运营机制，从出版的全环节入手，实施精细化策划、精细化编辑、精细化设计、精细化营销，通过精细化管理、精细化运作，推出精品力作，用有限的资源实现更大的效益。坚持精细出版，就是要发扬工匠精神，编辑、营销人员等要在各自专业领域深入学习研究、精耕细作，成为自身领域的专才和专家。

三是坚持精品出版。精品出版就是图书要"出得精"，始终聚焦单品种图书的效益，以质量效益作为增加品种、扩大规模的前提。精品出版的实质是在品种数量相对稳定的情况下，在资源和资金投入一定的条件下，实现更大的社会效益和经济效益。坚持精品出版更能增强我们的出版竞争力。全国出版业名列前茅的出版社有一个共同特点，就是精品力作多，这也是我们要求与先进出版社对标发展的重要原因。坚持精品出版，更能实现出版资源价值的最大化。一本畅销书的投入，并不比一本平庸书的投入更多，但带来的双效益完全不可同日而语。坚持精品出版，更考验出版社的经营能力和管理水平。我们说，一家出版社出一本好书并不难，难的是持续不断地出好书。这考验着出版社的综合出版能力。坚持精品出版更能让编辑营销人员实现自身的人生价值，更能让我们获得行业尊敬。经过振兴四川出版两年的高速发展，今天我们已经进入到一个新的发展阶段，有条件也必须朝着精品出版的方向走，不断打造内容精深、设计精湛、制作精良的精品力作，将振兴四川出版推向一个新的发展阶段。

三、推进十大工作举措，推动文轩出版再上新台阶

2018年，我们要坚持以党的十九大精神为指引，以习近平新时代中国特色社会主义思想武装头脑，把握正确的政治方向、出版导向和价值取向，在思想上、政治上、行动上同党中央和省委保持高度一致。我们要把好出版导向关，严格落实"一岗双责"、意识形态责任制和导向问责办法，为振兴出版提供坚强的政治保障。导向正确是我们做好出版工作的前提，任何时候都不能放松。

2018年，文轩出版要在坚持"三精"出版的基础上，着力做好以下十项工作：

一是实行"对标"发展，进一步缩小与先进出版传媒集团的差距。

经过两年来的追赶，我们在行业里已处于中偏上的位置。2018年，我们还要跟先进的对标，向最好的看齐，一个一个往前赶。不但新华文轩要与先进出版传媒集团对标，各出版社也要选择自己的赶超对象，深入分析自己的优势与不足，借鉴先进集团与先进出版社的发展经验，加快发展。出版社内部也要鼓励编室、编辑开展对标，在各自的细分领域向标杆看齐，以此来谋划我们的发展。具有领先优势的，要进一步发挥优势，更上一层楼；不足的，要加快改进，弥补自身短板，尽快赶上来。

二是坚持内容引领出版发展，多管齐下抢抓优质出版资源。

抢抓优质资源，是坚持"三精"出版、加强精品内容建设的首要工作。2018年，我们要围绕"内容为王"战略，以多种方式抢抓出版资源。一要通过战略合作整合优质出版资源。新年后我们将通过新华文轩全类别、全媒介、全渠道的出版发行能力与华西医院优质医学出版资源对接，打造"华西医学"出版品牌，希望以此为契机将四川科技社建设成在全国有较大影响的医学出版中心。二要利用资本手段组建或收购优质内容策划机构，推进名人工作室建设。积极探索对外出版合作的多种方式，通过构建富有活力的出版机制，让名人工作室成为文轩整合社会资源的重要平台。三要充分重视、利用网络来发掘优质选题资源，通过落实与四川省网络作家协会的战略合作发掘新人，扩大文轩出版的网络影响力。

三是健全出版选题论证制度，进一步提升内容质量。

2018年，我们要继续坚持"多出好书、做强出版社"这个中心，在聚集内容资源的同时优化产品结构，提升内容质量，不断推出精品力作。这里要特别强调，出版社作为选题把关的责任主体，要健全出版选题论证制度，加大对重点选题的支持力度，把销售量作为检验选题与出版质量的主要指标进行关注和考核。要努力提高选题论证工作的水平，突出选题的精准度，明确图书选题的读者对象、保本线、产销率、营销计划和重印系数，坚决淘汰平庸选题，减少同质化、低水平的重复出版，杜绝为充码洋的无效出版，为多出精品、多出好书打下基础。

四是推进重大出版工程，做好主题出版与巴蜀文化传承出版工作。

　　一方面，我们要围绕总局确定的深入宣传贯彻党的十九大精神、深入宣传阐释习近平新时代中国特色社会主义思想、纪念改革开放40周年、深化理想信念教育等10个重点方向，做好年度选题规划与申报工作。主题出版既要高位谋划，又要务实躬行；既要追求社会效益，也要追求经济效益。另一方面，要围绕四川丰富的文化资源，借鉴运用全新的出版形态，进行具有时代特色的阐释，谋划推进四川历史文化名人出版、汶川十年、《汉语大字典》修订、中华典籍抢救整理等巴蜀文化传承出版工程。各出版社要通过实施重大出版工程，聚集一批资源，锻炼一支队伍，进一步提升文轩出版的影响力。

　　五是推进出版子集团建设，进一步打造文轩出版品牌。

　　振兴出版近两年来，我们实施"非均衡发展"战略，总体上各出版社的实力都有不同程度的提升，出版社之间的差距也开始显现。目前在文轩旗下的出版社中，少儿社和天地社脱颖而出，整体排名分别进入全国前50位和前100位，发展势头迅猛。2018年，为充分发挥"头羊效应"，我们将择机组建出版子集团，并在资源配置上给予出版子集团适当倾斜，使子集团进一步做大做强，成为带动文轩出版大发展的双引擎。公司总部要研究子集团的建设方案和未来的管理措施，充分调研和借鉴省外先进集团的子集团发展经验，就此项工作做出制度性安排。除此之外，其他出版社要坚持专业出版方向，利用自己的出版优势着力打造品牌出版社、品牌工作室、品牌书系等，共同形成文轩出版的品牌集群。最终，我们希望形成大中小比例适合，"大"则有实力有影响，"小"则有特色有声誉的文轩出版新格局。

六是优化管控方式，提升发展质量；控制经营风险，确保健康发展。

对出版社的管控模式，对出版社发展影响巨大。振兴出版一年多来，我们调整了原来的运营管控模式，公司总部更多地强调目标导向，弱化过程管控，向出版业务前线放权，激发了出版社发展的活力，但这还只是管理变革的第一步。随着出版社各自特色的进一步凸显，接下来我们还要研究如何实施对出版社更精准的管理，把该管的管住管好；把不该管的放下去，进一步激发各个出版社的活力。我们要在实施"一社一策"的基础上，进一步推行"一社一考"。我们不能拿一把尺子来量不同性质的出版社，对各个出版社的考核，在理念相同的情况下，要制定不同的考核标准，推动出版社走"三精"出版之路，实现高质量发展。

七是进一步加大渠道建设的广度和深度，构建与出版发展相适应的渠道能力。

随着出版规模的增长和渠道争夺的激烈，我们要进一步加大渠道建设的广度和深度，创新渠道经营模式，充分发挥文轩全产业链经营的整体优势，构建川版图书顺畅的渠道终端体系。一要继续推进渠道支持出版的工作。文轩各渠道要引入销售川版书的考核机制，想方设法扩大本版图书销售。要进一步提升文轩中盘的渠道能力，调动文轩中盘发好销好川版书的积极性，充分发挥文轩中盘对文轩出版的支撑作用。二要研究筹备文轩出版经销商大会。前不久在北京图书订货会上，我们举办了文轩供应商大会，全国400多家出版机构700多行业人士参加会议，充分显示了文轩作为渠道运营商在全国的行业影响力。我们要认识到，文轩不仅是渠道运营商，还是产品内容提供商，文轩图书产品要发到全国，还需要得到全国各地经销商的支持。因此，要研究筹备文轩出版经销商大会，广泛联络和团结全国经销商，奖励优秀经销商，推进深度合作，不断提升川版图书的市场占有率和品牌影响力。三要推动与发行强省的战略合作。川版图书扩大销售，要进入各省的主流市场，绕不开各省的新华书店。现在各省的新华书店基本都是本省出版集团的下属单位，大家都有进入四川市场的需求。所以，我们完全有条件来研究探索"双向进入"的合作机制，与全国的新华书店建立起战略合作关系，将川版书打入当地主渠道，扩大销售，提升影响力。

八是坚持项目带动转型，稳步推进传统出版和新兴出版的融合发展。

当前我们把主要精力放在传统出版上，是因为传统出版还没做到位，需要尽快赶上去。我们在做好传统出版的同时，也要把握出版产业发展的趋势，深入研究阅读服务需求的新变化，充分发挥图书出版社、报刊社的内容资源优势，稳步推进融合发展。我们要坚持"项目带动，有效推进"的基本原则，选择发展基础较好、有市场前景的融合项目深入推进，构建有效的经营模式，打造盈利能力，确保融合发展取得实实在在的成效。我们要发挥科技与标准实验室等平台优势，推进新技术在出版社的广泛应用，创新出版业态，探索解决方案，推动文轩出版优质内容资源的多业态开发、多媒体呈现、多渠道传播和多方式增值。希望传媒板块和数字公司等相关单位积极探索，稳步推进文轩融合发展工作。

九是打通国内出版与国际市场关节，做好出版"走出去"工作。

做好"走出去"工作是振兴四川出版的题中应有之义。即使将来文轩出版的国内市场占有率上去了，如果在出版"走出去"方面无所建树、无所作为，那么也不能说四川出版振兴了。所以"走出去"这项工作，我们一刻也不能放松。去年文轩专门组建了西班牙语出版中心，今年要有实质性的项目落地，要产生实实在在的成果。各社要注意培养专业的版贸人才，提升版贸工作的专业化水平。各社在开发优质选题时，要将版贸潜力作为重要的选题论证要素，提高版权输出的针对性。公司要稳妥推进海外文轩网等"走出去"平台建设，探索收购海外优质出版资源，重点支持出版社与"一带一路"沿线国家开展出版领域的专业化合作，将文轩出版的产业链条延伸到全世界，进一步扩大四川出版的国际影响力。

十是创新出版人才建设思路，开创人才工作新局面。

人才队伍建设是振兴四川出版的保障。振兴四川出版走到今天，一方面可以说四川出版有人才，不简单；另一方面也可以说我们已经把四川出版的人才资源用尽了，需要更加重视人才队伍建设。为此，要从以下几个方面加强人才队伍建设。一要树立人才强社的意识。振兴四川出版，一定要把人才队伍建设的重心放在出版社。中国革命取得胜利的法宝之一就是把支部建在连队上，因为打仗的基本单位是连队。同样的道理，人才建设的重心也要放在出版社，因为振兴出版的基本单位是出版社。出版社人才不强，旁边的人再着急都没用；出版社的人才不强，振兴四川出版不可能有持续性。二要注重出版人才的梯队建设。振兴四川出版是一场长跑，长跑是需要后劲的，而后劲取决于人才的年龄结构。

所以我们要注重人才梯队建设，要培养新人，培养新人的重心也要放在出版社。振兴四川出版需要不同层次、不同岗位上的人才形成合力，要按照"三精"出版的要求，打造一支结构合理、老中青衔接的人才队伍。三要树立人才从"为我所有"到"为我所用"的观念。人才为我所有当然很好，但是以我们今天的实力，以我们今天还存在的一些体制机制障碍，以我们地处四川的地域情况，并不是所有的人才都能够被我们吸引。针对这种情况，我们要建立相应的机制，从"为我所有"转到"为我所用"。四要注重加强人才机制建设。调动人才工作积极性要靠机制。只有干多干少不一样，多劳多得，才能激励大家更加努力。人才队伍建设是篇大文章，不是简单地引进一两个人就能解决的。振兴四川出版这一宏大的事业，也不是靠一两个英雄就能实现的，只有所有人都争当英雄，我们才能创造历史。

百尺竿头思更进　策马扬鞭再奋蹄[*]

　　在这辞旧迎新的特殊时刻，我们欢聚一堂，总结成绩、表彰先进、鼓舞士气、弘扬创新精神，开创发展新局面。2017年，我们在四川省委宣传部、省新闻出版广电局的领导和关心下，坚守国有文化企业的发展使命和责任，以落实"振兴四川出版"和"振兴实体书店"工作任务为抓手，保持专注发展、升级发展的战略定力，在坚守主业、笃定主业上做文章，确保出版与发行两个轮子同向、同轴、同速转动，带动新华文轩业务整体持续发展，实现了社会效益和经济效益的双丰收。

　　新华文轩取得的每一点发展成绩，都是全体文轩人共同努力、艰苦创业、奋勇开拓的结果，我代表新华文轩董事会、经营管理团队，向一年来为公司发展做出贡献的每位文轩人表示衷心的感谢，向受表彰的先进单位和个人表示热烈的祝贺！

　　2017年，文轩的发展实现了三个"前所未有"。一是取得了前所未有的经营业绩，利润登上了新高峰，公司站上了新的发展台阶。二是各业务板块经营业绩都实现了前所未有的增长，呈现

---

[*]　本文摘自2018年2月8日在2017年度卓越文轩人颁奖典礼上的致辞，原文刊载于《文轩人》2018年第3期。

出"多点开花、全面出彩"的振奋景象。三是伴随着经营业绩的高速增长，我们在业界有了前所未有的信心、底气和尊严。

2017年，我们履行了文化企业的社会责任。新华文轩承担了党的十九大文件及学习辅导读物在四川地区的出版发行工作。出版、印刷、零售、在线、物流等业务板块分工负责、协同作战、形成合力，打赢了这场政治任务攻坚战，四川地区党的十九大文件及学习辅导读物的征订数突破622万册，位居全国各省前列。面对教材内容修订、教辅定价申报、纸张价格上涨等困难，出版、教育服务、物资、印制、物流一体化联动，紧密协同配合，逐一化解了各种挑战，连续39年圆满完成"课前到书"的政治任务。

2017年，我们的产业结构更加合理。新华文轩整体的发展得益于各产业板块的发展，其中最为重要的是"振兴四川出版"工作取得了显著成效：经济效益大幅增长，行业影响力不断提升，出版业务亮点纷呈。大众出版的销售和利润连续两年实现跨越，2017年文轩出版在全国总体市场排名第15位，比2016年上升4个位次，比2015年上升11个位次，增速排名连续两年位居全国第一。发行强、出版弱的产业格局得到了初步改变，出版成为新华文轩产业发展的新引擎，"内容＋渠道"的全产业链模式更加清晰。

2017年，我们的发展动力更加强劲。"勇于创新、敢于突破"是新华文轩的文化基因。2017年，我们用持续的经营变革、业务开拓和营销创新，一次次实现了自我超越和突破，一次次延展了企业发展梦想的宽度，增强了企业发展的动力。教育服务业务利润持续增长，让我们相信从来就不缺乏市场空间，缺乏的是挖掘市场的智慧和眼界；文轩 BOOKS 九方店等一批实体书店的开业，以及文轩云图自助书屋的布局推广和文轩商超书店经营模式的完善，让我们重新引领了书店发展的新风尚；文轩在线用全国第三大图书电商的行业地位，证明传统的新华人一样可以在互联网领域闯出一片天地；文轩传媒板块探索媒体融合发展之路，发挥独特优势打造文轩品牌；资本经营、文宝供应链业务的开展让我们见证了"文化＋资本＋金融＋实业"融合聚变的神奇力量；技术平台和管理平台在创新中为业务发展提供了强有力的保障。

2017 年，我们的发展基石更加牢固。今天受到表彰的既有新华文轩团队的卓越领军人物，也有 295 名先进个人。这 295 名员工大都来自基层，以他们为代表的 7642 名员工是新华文轩发展的基石，代表着企业发展的活力。正是你们紧跟时代需求的创意策划和产品研发，对文稿的仔细打磨，对客户的完美服务，对公司利益的分毫必争，才使公司形成了良好的发展势头，创造了优异的业绩。正是这支勇立潮头、敢打硬仗、能打胜仗的人才队伍，让新华文轩发展的基石越来越牢，使新华文轩发展的底气越来越足。

以"三精"出版为引领，激发中盘新动能 *

2017 年，中盘事业部依托三大定位，对发展思路、经营方向、组织架构进行调整、优化，使各项经营数据实现了创纪录的增长。全年净发货码洋为 3.50 亿，同比增长 63.35%；实销码洋为 2.01 亿，同比增长 40.70%。特别值得一提的是回款历史性地超亿元，为文轩出版利润的增长提供了有力支持。中盘也历史性地第一次获得文轩"年度十大卓越团队"奖。2017 年的优异成绩表明，文轩中盘事业部已经成为"振兴四川出版"工作中一支不可或缺的力量，我们有理由对中盘寄予更大的期望，中盘也完全有能力在"振兴四川出版"工作中发挥更大的作用。

2018 年，中盘要以"三精"出版理念为引领，以振兴出版"三步走"战略为指针，把发展的效率和效益放到优先位置，改变落后观念和传统经营模式，使中盘真正成为文轩出版产业链中具有独特作用和独立价值的重要环节。我们对中盘事业部也有更高要求。一是在战略上要坚持去年年初确立的三个定位，严格按照这个定位所要求的方向来谋求更大的发展。二是在具体工作中要始

---

* 本文为 2018 年 2 月 28 日在文轩中盘事业部经营工作会上的讲话摘要，原文刊载于《振兴出版快报》2018 年 5 月总第 8 期。

终将精准出版、精细出版、精品出版的"三精"出版工作理念贯穿其中。三是在发展目标上，在做好销售的同时，要扩大川版图书的市场影响力和社会影响力，以此不断提升文轩出版的品牌影响。

中盘必须坚持自身定位，在八个方面发挥特殊作用：一是与文轩出版发展相适应的渠道作用，二是提升川版图书全国影响力的作用，三是在出版发行全产业链中的关键环节作用，四是提高文轩出版利润的支持作用，五是在文轩出版选题论证中的市场作用，六是在出版业务风险管理上的独特作用，七是在天地出版社集团化发展中的渠道作用，八是文轩发行人才培养的平台作用。

在振兴四川出版的工作中，中盘事业部要注意处理好三个关系。

一是中盘与文轩各出版社的关系。中盘与文轩各家出版社是基于自愿基础之上的合作关系，不是以行政命令为纽带的固定关系。中盘与出版社的合作，只有以自愿为前提，才能实现双方甚至多方的共赢。

二是中盘的业务优势与出版社的具体需求的关系。文轩中盘的能力是有限的，有长有短，并不是全能的。文轩中盘的发行优势在大众图书。在未来的发展中，文轩中盘必须在自己的优势领域精耕细作，在全国大众图书市场成为一面旗帜，这样才能更好地为振兴四川出版服务。对我们的一些专业出版社，中盘的服务能力必定不能周全，因此，这些出版社必须做好自己的专业渠道建设。换句话说，当文轩中盘的能力解决不了专业出版社的发行问题的时候，这些出版社就需要自己加强发行渠道和能力建设，自行做好本社图书的营销工作。

三是中盘与全国分销商的关系。文轩中盘只是川版图书的渠道商，并不是川版图书的终端销售商。要让川版图书在全国各地销售好，让川版图书有更好的发行量和知名度，必须充分依靠并发挥全国分销商的力量。当下，文轩图书的品种、数量、影响力都在大幅提升，中盘就更加需要思考如何调动全国分销商的积极性，用创新的思维来谋划以后的工作。

服务医药卫生事业　提升专业出版能力[*]

最美人间四月天，在党的十九大胜利召开后的第一个春天，我们相聚成都，隆重举行华西医院与新华文轩战略合作协议签署仪式，助推我省卫生健康事业的发展。

大家知道，在成都锦江万里桥头的华西坝，有一座闻名遐迩的医学圣殿——四川大学华西医院。从 1892 年的西医诊所起，历代华西人不懈努力，将华西医院建成了全国一流、世界知名的临床医学院及大型综合医院。华西医大师资力量雄厚，是传承不辍的百年高等学府；华西医院科研实力强大，是创新前行的医学科研基地；华西医院医疗技术精湛，是疑难重症的国家级诊疗中心；华西医院应急能力强大，是大型公共突发事件的救援先锋。华西医院在四川及西部地区的老百姓和患者心中享有崇高的声望！可以说，华西医院不仅是我们四川的骄傲，也是全球医学领域的中国骄傲！

华西医院成立 120 余年来，秉承"厚德精业、求实创新"的院训和"关怀、服务"的办院理念，为四川和西部地区的全民健

---

* 本文摘自 2018 年 4 月 18 日在华西医院与新华文轩战略合作签约仪式上的致辞，原文刊载于《文轩人》2018 年第 4 期。

康做出了实实在在的巨大贡献，形成了全国瞩目的"华西现象"。华西医院积累了丰富的临床经验，取得了大量科研成果，建立了一流的管理体系，拥有的医学出版资源是四川一笔宝贵的文化财富，值得倍加珍惜和开发利用。

新华文轩作为四川新华发行集团控股的我国首家"A＋H"出版传媒企业、中国出版发行业排头兵、四川文化产业龙头企业，长期以来不忘新华初心，牢记出版使命，坚持服务四川卫生健康事业。今天我们双方开展战略合作，就是要深入解读"华西现象"，系统梳理总结华西的医学成就，形成出版成果向全国乃至全球传播，提高我国医疗资源均衡化水平，造福更多患者。

新华文轩作为四川本土的出版传媒企业，坚持精耕出版传媒主业，自 2016 年开启"振兴四川出版"征程以来，加快发展步伐，取得了较为显著的成效。进入新时代后，为适应新的出版形势和市场环境，新华文轩提出要坚持精准出版、精细出版、精品出版的"三精"出版理念，高度重视优质内容资源的聚集和挖掘。此次与华西医院的战略合作，就是要通过与国内最优秀的医学专业团队、最优质的医学出版资源嫁接，打造四川知名出版品牌，加快推进"振兴四川出版"进程，开创四川医学出版的新时代。

此次战略合作，新华文轩将充分发挥全类别、全媒介、全渠道的出版发行能力，出资 1000 万元设立"华西医学"出版专项资金，与华西医院共建华西医学出版中心，配备专业出版团队，深入挖掘华西医院优质医学出版资源，解读中国医学领域的"华西现象"，联合打造《健康中国·华西医学大系》，推动华西医学资源向全国及海外传播。此外，双方还将探索开发适应互联网时代的医学与出版融合发展应用项目，深入开展医学阅读服务活动，打造"书香·华西"阅读品牌。

《健康中国·华西医学大系》出版项目由新华文轩旗下的四川科学技术出版社组织实施。四川科学技术出版社是一家实力较强的地方科技出版社，长期坚持走"专、精、特"的出版之路，有着专业的医学编辑出版团队，出版的医学精品图书屡获国家、省部级重要奖项，在医学出版专业领域树立了良好的品牌形象。

新华文轩将全力支持四川科学技术出版社与华西医院建立顺畅的工作机制，以精益求精的精神和持之以恒的毅力，将《健康中国·华西医学大系》打造成我国医学出版的传世精品，推动我国全民健康事业向更高的层次迈进。我们衷心希望通过双方的战略合作，华西医学出版中心将建设成为全国有较大影响的医学出版中心，让成都成为我国知名的医学出版重镇。同时，文轩出版也将以本次战略合作为契机，通过开展与各行业顶尖学术机构的跨界合作，深入挖掘四川本土优质出版资源，着力提升专业出版能力，探索地方出版传媒企业深度服务本地科教文化事业的新模式，为治蜀兴川大业做出新的更大贡献。

创新发展　对标发展　转型发展[*]

今天是五四青年节，今年是改革开放四十周年。青年的特质之一是创新，改革开放的精髓也是创新。在这样有特殊纪念意义的时刻，如何用创新理念深化改革，推动文轩实现新的发展，是所有文轩人都应该思考的问题。今天，我们召开创新发展大会的目的，就是站在公司新的发展起点上，通过"创新发展"这样一场大学习、大讨论、大调研，明确文轩发展存在的问题，看清差距和不足，找到解决问题的办法，推动实现新的跨越发展。

一、新时代对文轩提出了创新发展的新要求

（一）宏观形势赋予文轩发展新使命

伴随着党的十九大胜利召开，我国迈入了中国特色社会主义新时代，开启了全面建设社会主义现代化国家的新征程。习近平新时代中国特色社会主义思想把坚守文化自信、推动文化繁荣提升到了关系中华民族伟大复兴的新高度。党的十九大报告主题开

---

* 本文为 2018 年 5 月 4 日在新华文轩创新发展大会上的讲话摘要，原文刊载于《文轩人》2018 年第 6 期。

头 8 个字就是"不忘初心、牢记使命"。2016 年，省委宣传部甘霖部长做出了"振兴四川出版"和"振兴实体书店"的重要指示；2017 年，我省第十一次党代会把"振兴四川出版"列为全省的发展战略。作为四川出版发行的主力军，新时代给文轩提出了新的发展要求，两个"振兴"成为当代文轩人最为重要、也是最为艰巨的历史使命。实现振兴发展，不能按部就班走老路，要发扬创新精神，在创新中奋发努力，在创新中开拓进取，只有这样才能完成新时代交给我们的使命与任务。

（二）行业格局要求文轩要有新作为

根据国家新闻出版广电总局 2016 年公布的排名，新华文轩在所有出版传媒上市公司中位列第十位，2017 年的排名还没出来，估计会靠前一些。这说明当前新华文轩在全国的排名处在全国综合出版传媒企业第一梯队末端和第二梯队前端，这就是文轩当前的历史方位。当我们在第二梯队内竞争时，我们进步的速度会很快。当前我们进入了高层次的竞争领域，要想保持快速发展的难度就会加大。在这样的阶段，我们不但要埋头拉车，更要抬头看路，主动改变竞争策略，实施创新发展战略，全面实行对标发展，对标一流，明确目标，跳起摸高，在竞相赛跑当中一个一个地赶超前面的对手，逐步实现由追着别人跑到被别人追着跑的跨越升级。

（三）文化强省战略要求文轩要有新发展

为加快四川文化强省建设，支持四川出版做强做大，我省将绝大多数的出版发行资源都集中在新华文轩，出版、发行产业链上上下游走在了一起，成为了一家人。整合为文轩发展搭建起了新的平台，文轩发展的道路变宽了，由单车道变成了双车道，同时也意味着文轩的责任更重了。四川新华发行集团、四川出版集团已经把自己的出版发行资源全部注入到新华文轩，两大集团腾出手来发展其他文化产业，把主业发展的重任交给了文轩。这样一个产业格局，要求新华文轩要有新的作为和新的发展。对文轩来说，站在这么大的平台上，我们有责任把事业做大，用创新发展的措施把发展速度提起来，实现快速赶超。如果我们不能肩负起发展的重任，不能肩负起两个振兴的要求，就会影响整个四川文化产业的发展进程，将是严重的失职失责。

二、坚持对标发展，明确创新发展的方向与目标

四川省委在《关于在全省开展"大学习、大讨论、大调研"活动的通知》中要求"坚持问题导向、目标导向，本着总结经验、发现问题、查找差距的目的，认真组织开展调查研究，不讳言问题、不回避矛盾，在摸清实情、找准症结基础上对症下药"。总结工作讲成绩，研究工作看问题。我们落实省委要求，推动创新发展，就是要坚持问题导向，通过与先进企业"对标"，找出差距，看到问题，从而对症下药，明确创新发展的目标和方向。所以，对标发展是今年文轩推动发展的一个关键词。

首先，我们有条件进行对标。近年来，特别是 2016 年以来，我们以落实"振兴四川出版"和"振兴实体书店"工作任务为抓手，采取了扎实有效的举措，在坚守主业、笃定主业上下功夫，取得

了前所未有的经营业绩。2017年，公司实现营业收入73.50亿元，净利润9.24亿元，与2016年相比分别增长15.57%、42.69%。9.24亿元的利润是文轩发展史上的新高度。过去我们实力差得远的时候，只能跟自己比，现在我们站上了新的高度，具备了与先进比的基础和条件。

其次，我们有信心进行对标。这两年，我们不但在整体业绩上取得了突破，而且各业务板块均呈现出了良好的发展态势，文轩的全面发展也证明我们的战略思路是正确的，这极大地提振了文轩人发展的信心。在这样的情况下，我们就敢于对标、有信心对标。我们现在有这种自信，不怕说自身的问题，不忌讳谈我们的不足，而是敢于用别人的长处比自己的短处，把问题找出来，把不足提出来，想办法解决问题、缩小差距、弥补不足。

如何对标，可以从以下四个维度来思考：

一是既要纵向内部对标，也要横向外部对标。为深入推动振兴四川出版工作，我们在出版业务板块实施了"赛马"机制，内部在出版社之间比发展速度，看谁跑得好、跑得快，外部与全国同行比排位，看谁的位次晋升快、更靠前。这些措施激发了出版业务发展的活力，形成了竞相发展的生动局面，有效推动了出版业务的发展。实践证明，"赛马"机制的实施是十分有效的，这是文轩发展机制的一个成功试点。为此，今年我们将在全公司范围内实施"赛马"机制，推行对标发展。我们既要纵向内部对标，自己与自己比发展、比进步，在纵向比较中看业绩，同时我们还要横向外部对标，走出四川，放宽眼界，与同行业、同领域的一流企业、领先业务进行对比，看差距、找问题、树标杆，奋力赶超。

二是既要面上整体对标，也要点上分别对标。通过大调研，在对公司进行全面诊断分析，以及对外部企业发展有清晰了解的基础上，我们要结合公司的战略制定，从公司层面对标，明确年度晋升的位次和超越的对手。同时我们也要把握好整体与局部的关系，既要在整体对标，也要在细分领域分别对标，既要在综合能力上对标，也要在单项技能上对标。公司整体发展依赖于各业务板块的全面发展，所以各业务板块都要进行对标，要对标行业一流企业，找到自己的短板，学习先进经验，破解发展瓶颈，形成各业务板块竞相发展、你追我赶的生动局面，从而实现公司整体的发展。

三是既要总体业绩对标，也要具体指标对标。我们的发展要通过业绩来体现，所以我们要进行业绩对标。而我们追求业绩的能力和效率，则要通过具体指标来体现，所以我们要将总体战略目标落到实处，还必须对标具体指标。比如，在教育服务业务领域，四川是有900多万中小学生的人口大省，在这种情况下，我们就不能单纯地比总销售、总利润，还要比生均销售和利润，只有这样才能体现出能力和水平。再比如，在实体书店经营方面，我们不能只比一个书城与另一个书城的总体销售，要比坪效，还要用互联网思维比频效，比单位时间内单位平方米的人数是多少，比在网络平台上用户的回头率、活跃度。再有，我们的电子商务既要比总体销售规模，也要比物流的配送效率，更要比客户电商购物体验的满意度。我们要对各项业务指标进行梳理，找出关键指标，形成本业务领域的对标指标体系，进行逐项对比超越。

四是既要业务发展对标，也要经营理念对标。企业的竞争本质上是经营理念的竞争，很多情况下企业缺乏竞争力的主要原因就是理念落后。所以我们在对标过程中，既要比业务发展，学习先进的商业模式，也要在经营管理上对标，学习先进的经营理念，让先进的经营理念激发企业发展的生机和活力，从而推动增长方式、管理机制的优化转变，建立与企业发展目标和行业发展趋势相适应的管控方式，让资源得到合理的配置，实现更快更好的发展。

这里就对标讲这么多、这么细，目的就是要让大家通过对标，对自身的问题看得更清楚。如果关起门来自我比较，这么多年我们每年都在增长，完全可以高枕无忧。但打开门，走出去，与整个出版发行业比较，我们就会感到危机四伏，真正意识到落后了。虽然我们在前进，但别人走得更快，所以我们在全国的位次、地位和影响力落后了。从公司层面上看，与行业一流企业相比目前我们至少在以下三个方面，还存在着差距：

首先，我们与行业一流企业比，规模和利润都有较大差距。从2016年的数据看，文轩的营业收入和利润分别是63.56亿元和6.31亿元，江苏凤凰出版传媒是105.47亿元和12.09亿元，湖南中南出版传媒是111亿元和19亿元，江西中文天地是127.76亿元和12.81亿元，安徽出版发行的两个上市公司（皖新传媒、时代出版）加在一起是143.60亿元和14.82亿元。可以看出这几个省份的出版传媒集团的收入和利润几乎都是文轩的两倍以上，文轩与这几个省份的集团不在一个数量级上，差距巨大。而且，我们在积极发展的同时，他们是在加速发展。当前，在我们前面的企业正在转型升级，进入高质量发展阶段，我们后面的企业也在加快步伐，纷纷提速发展，可以说我们现在处于"前有标兵、后有追兵"的境地。

　　其次，我们的业务结构还不合理，包括出版在内的很多业务还很弱小。就出版与发行两大主业来说，出版、发行是新华文轩的两个轮子，只有"两轮"同速转动，新华文轩这架马车才能跑得又稳又快。自 2010 年出版业务整合进入文轩以来，两个轮子转动不同速，"发行跑得快、出版跑得慢"的现状一直是制约文轩发展的难题。随着"振兴四川出版"战略的深入推进，文轩出版业务发展取得显著成效，2017 年各出版社全面实现盈利，出版这个轮子快起来了，成为文轩发展的新引擎，文轩发行强、出版弱的局面得到了初步改观，"出版 + 发行"两轮驱动的良性产业格局也逐步显现。但我们应该清醒地认识到，多年的积贫积弱导致四川出版呈现出底子薄、资源少、机制不活、信心不足的状况，这个状况要想彻底改变不可能一蹴而就。当前文轩出版正处在从打基础、做规模、求效益阶段向"精准、精细、精品"的高质量发展阶段升级的过渡期，文轩出版这个引擎的动力还不够强，出版和发行两个轮子还不够协调。虽然通过近年来的发展，我们的大众出版、电子商务、实体书店建设、教育信息化、教育装备等业务发展都有了长足的进步，但教材教辅业务一家独大的状况并没有得到根本改变，整体业务结构仍不合理。业务结构不合理，使文轩更多的时候只靠一个引擎来推动发展，因而动力不足、发展不快。反观很多跑在前面的出版传媒企业，其出版业务都是引领企业发展的强大引擎，并且呈现出多引擎带动发展的良性格局。

　　最后，我们的新业务优势还不突出。为在未来竞争中赢得主动，文轩从成立以来都是力争下好先手棋、打好主动仗，提前在一些关键的业务领域进行布局，孵化培育了一些创新型发展项目，并取得了一定的领先发展成绩。通过十多年循序渐进的积累和发展，我们的资本运作站上了"A＋H"双资本市场平台，电子商务做到了全国第三的规模，教育信息化业务成为行业领军企业，在升级实体书店业务的同时，我们在云图自助共享阅读业务方面也进行了布局。"资本运作＋互联网转型"已经成为文轩发展最重要的动力。然而我们也应该看到，我们原有的老业务已经到了瓶颈期，新兴业务大多还处于成长期，还没有成为文轩产业发展的支柱性利润来源。这些都要求我们加快创新发展的步伐，在新业务领域实现新的突破。

三、推动创新引领，开创文轩产业发展新局面

今年是我国改革开放第40个年头，40年改革发展史的一个重要经验就是创新突破。党的十九大报告中指出，创新是引领发展的第一动力，是建设现代化经济体系的战略支撑。在我们通过"对标"明确了目标和方向后，就要着力推进创新发展，增添发展动力。

新华文轩自成立以来，已经走过了12年的历程。12年对于一个人来说是一个轮回，对于一个企业来说正好是处于快速发展的成长期。回头看，文轩的历史就是一部创新发展史。创新已经成为融入文轩血液的基因。作为全国文化体制改革试点单位，四川新华率先进行了彻底的改制，真正实现了全省业务的统一，并创立了新华文轩的独立品牌，到目前为止，这在全国同行业是绝无仅有的。之后，在上市、电子商务、教育信息化等方面，我们在全行业率先布局。在对出版发行业务进行整合后，我们对教材教

辅出版业务进行了集中，让出版社走市场化发展之路。如今，我们又对 8 家出版单位投入 3.8 亿元，推行"赛马"机制，促进出版业务振兴发展。从整个出版发行业来看，这些都是史无前例的创举。可以说是创新推动文轩实现了一次又一次突破，迈上了一个又一个台阶。

无论是企业还是个人，最容易走的路是下坡路，最难走的路是上升路、爬坡路。如今，我们站在了新的起点上，正处在爬坡上位、弯道赶超的关键时期。在这样的情况下，要想实现跨越发展，老路不好走了，老办法也不灵了，必须走创新发展之路。就文轩当前的情况而言，我们要重点从以下六个方面寻求创新突破。

（一）经营理念创新

经营理念涉及方方面面，但就文轩当前而言，首先要树立起全面发展、协同发展的理念。全面发展就是每个单位都要肩负起发展的使命。发展不仅是出版的事，也不仅是教育服务的事，而是文轩所有机构的事。文轩分支机构规模有大有小，利润贡献也有大有小，过去我们老是重视大的、忽视小的。文轩长期以来的发展格局都是一业独大，依靠教材教辅拉动整个企业发展。现在文轩机构数量众多，这些机构只要是存在的就是需要的。一花独放不是春，百花齐放才是春。只有共同发展，形成百花争艳的景象，才有文轩真正的春天。2017 年文轩大发展取得的显著成绩，是文轩各业务板块、各子公司"共同发展、全面开花"的结果。这个情况与文轩过去单引擎发展的情况有很大的不同，正是这个不同带来了文轩前所未有的发展。这印证了一个现象：过去的火车是绿皮车，只有火车头有动力。火车跑得快全靠车头带，所以挂的车厢越多跑得越慢；现在是动车、高铁，每节车厢都有动力，车厢多了反而跑得快。文轩的发展需要多引擎带动才能奠定快速发展的坚实基础。

协同发展就是指文轩所有的机构都要朝着公司的总目标迈进，都要在相互支持中求得发展。去年我们振兴四川出版见到显著成效，这是综合施策、协同配合的结果。有人以为振兴出版就是依靠一两剂药方就能够见效，据说有的地方就学习文轩集中教材教辅的做法，结果出现很多问题，搞得焦头烂额。

2017年文轩的全面发展给了我们很多启示：出版是可以做好的，发行是有潜力的，协同是能够做到的，技术是真正有用的。这些朴素的道理，往往需要我们经过很多实践才能深刻体会到。

（二）内容经营创新

优质的内容产品不仅能赢得全国市场，甚至还可以赢得世界市场。2018年我们实施"三精"出版的关键就是要提升内容质量。所以，获取优质的内容资源对文轩的发展至关重要，意义重大。

首先，要注重内容资源获取方式的创新。靠过去组稿、投稿的传统方式获取内容资源已经远远不能适应"三精"出版的要求，也远远不能适应振兴四川出版的需要。我们要通过获取方式的创新来提升内容资源的档次。一是积极主动地走出四川，占据抢抓全国出版资源的有利地势，改变以四川出版资源应对全国出版市场的不对称局面。二是在抢抓作者资源上下功夫，与名人名家联手，搭建整合全国作家资源的聚集平台。三是和出版资源富足的机构建立战略合作关系，抢占高端、权威内容资源的制高点。我们与华西医院的战略合作，就是以战略合作为手段抢占医学出版制高点的例子，目的是把华西的丰富出版资源留在四川、留在文轩。

其次，要注重内容资源开发利用的创新。我们常说自己是内容提供商，这是因为我们有内容优势。但我们认真分析一下这个"内容优势"，有可能这是一个伪命题，因为我们在内容上的优势并不多。目前我们在内容上，要么是作者让渡的相关权益很少，现在很多名家名作授权只有一个图书出版权，其他的影视改编权等都不会给你；要么是作者把相关权益都给你了，但你没有能力来开发利用好这些资源。所以，我们需要有创新举措来实现对内容资源的深度开发，既要研究一个内容的多种呈现，又要思考一个内容的多层次开发，这对文轩来说是一篇创新发展的大文章。

只有把内容资源的获取和开发这两个问题解决好了，四川出版才能真正实现振兴。

（三）品牌经营创新

八十年前，我们的出版发行都来自延安清凉山；八十年的发展，形成了遍布全国的出版社和新华书店。新华文轩脱胎于新华书店，既传承了新华的精神，又独创了文轩的品牌，通过文轩人十多年的共同努力，今天文轩展示在行业和读者面前的是一个既有历史传承担当又有创新开拓精神的双资本市场上市企业形象。这样的品牌形象是文轩最为厚重和最具价值的发展财富。近年来，特别是近期，来文轩调研、学习和谈合作的单位特别多，既有党委政府又有企事业单位，既有省内的单位也有省外的单位。他们之所以来找文轩，就是因为我们具有值得他们信任的品牌优势。在未来的发展中，我们要特别重视树立品牌经营的思维，积累、放大和利用好这个品牌优势。

首先，要巩固品牌形象。我们要深入推进"振兴四川出版""振兴实体书店"战略，继续用大量的精品图书、线上线下相结合的阅读服务网络，赢得读者和行业对文轩的信任，打造有责任、有担当的出版主力军、发行主渠道形象。

其次，要建立多层次品牌体系。围绕新华文轩的品牌进行多品牌经营拓展，在文轩的大品牌下面，多打造像文轩网、文轩BOOKS、轩客会、文轩教育、文轩云图这样的子品牌。每家出版社也要通过发展树立自己在全国的品牌地位。

最后，要放大品牌效应。我们要以自信的姿态主动走出去，去展示自己，去寻找商机，借助有效的形式去嫁接和整合行业资源，从而做大出版发行市场的蛋糕。去年，文轩云图参加深圳文博会，获得了党委政府领导的认可，于是就找到了今年的商机。我们与宝湾物流合作，嫁接了金融、物流资源。今年我们与华西医院的签约，举办"一木环保"公益行动、馆店融合发展国际高峰论坛等，都是立足文轩品牌影响力，整合、开发资源的典型例子。我想，只要我们各业务板块站在全新的高度上去认识文轩品牌的重要性，再自信一点，再专业一点，再努力一点，去挖掘文轩品牌背后价值，对接更多的资源，便会呈现出全新的发展局面。

（四）用户经营创新

党的十九大报告提出："中国特色社会主义进入新时代，我国社会主要矛盾已经转化为人民日益增长的美好生活需要和不平衡不充分的发展之间的矛盾。"人民对美好生活的需要既包括物质的，也包括精神文化层面的。具体到出版业而言，不平衡不充分体现为出版发行的图书和提供的服务不能满足人民群众对更高品质、更高层次精神文化生活的需求。这要求我们进一步树立群众思维，也就是用户思维，加大文化供给侧结构性改革的力度，加快从数量规模向质量效益升级的步伐，从用户的角度出发，设计、研发和提供文化产品和服务，满足群众对更高品质、更高层次的文化生活的需求。从目前文轩的现状看，我们要想实现赶超发展，必须要轰轰烈烈地开展一场用户思维的创新转变。出版自然不必说，实施"三精"出版就是围绕读者打造满足读者需求的精品图书。实体书店过去是在经营图书，在新零售时代，我们要经营用户，用户才是最有价值的资源，要围绕用户做文章，设计不同的书店，量身打造不同的阅读产品和服务。在教育服务业务方面，我们要推动"产品经营"向"用户运营"转型，深入实施客户经理制度，用紧贴用户需求的教育产品和服务去开拓教育服务市场的新空间，例如以方便收款为切入点，构建面向家长的互联网营销平台，就是以用户为中心开发产品的举措。我们的电商更要把用户体验放在首位，用不断完善的供应链平台和服务，为读者提供更为便捷的网上购物体验。在经营上，我们要做信息化时代的中盘商，为整个行业升级发展提供后台业务支持。总之，各业务板块都要积极行动起来，真正适应网络化时代、新零售时代的用户需求，让"为用户服务、让读者满意"成为文轩最重要的目标追求，用不断创新的产品和服务，让阅读的触角在最大范围内去接触用户，去影响读者，使阅读成为商业经营和群众生活中不可或缺的要素，营造融入阅读文化影响力的新生活生态，找到文轩的新市场和新价值。

（五）互联网经营创新

对文化企业来说，技术落后可能是某一板块的落后，理念落后则可能是全方位的落后。互联网正在以前所未有的力量改变世界，颠覆传统。互联网的本质是连接一切。借助互联网，人与人连接就产生了腾讯，人与商品连接就产生了淘宝，人与信息连接就产生了百度，人与书连接就产生了文轩网，人与书店连接就产生了文轩云图智能书店，人与教室连接就产生了航天云课联网。思路决定出路，我们干事业要把思路再放开一点，眼光放远点，步子迈开点，在前期探索的基础上，抓住互联网发展的机遇，深入挖掘互联网给出版发行业带来的无限可能，提前进行新一轮的产业发展布局，用互联网思维特别是大数据来推动我们的商业模式、经营机制和管理方法的全面升级，为竞争赢得新的优势。比如，我们的文轩网通过十年的发展，站上了全国第三大图书电商的地位，目前处于发展的十字路口，面临着再出发、再创业的问题。文轩网要重新定位，谋划未来出新招，思考新阶段的发展模式，充分挖掘不但有前台服务的品牌，更有后台支持的优势，为更多的前台实体书店、电商书店提供后台服务，打造基于互联网的大众阅读服务商。

（六）资本经营创新

对全国的出版发行业来说，资金压力并不大。我们上市的目的不仅是为了获取发展的资金，更为看重的是资本市场这个平台，我们可以借助资本杠杆的力量，整合内部品牌资源、平台资源、业务资源，对接外部行业、社会资源，走高协同、高收益、高附加值的产业发展之路。从文轩的实际来看，资本经营要担负起三个职责：一是支持主业发展。我们要利用资本力量，坚持挺拔出版发行主业不动摇，深入推进"振兴四川出版""振兴实体书店"战略，全力提升四川出版发行的品牌影响力。二是获取投资回报。我们要深入研究"A＋H"资本平台下的资本经营价值，以直接投资、并购基金、创投基金等为手段，开展资本经营业务，获取丰厚投资回报，提升公司价值和影响力。三是整合产业资源、孵化产业项目。我们要深入研究行业前沿发展动态，以敏锐的嗅觉捕捉行业发展的机遇，利用资本手段整合能够与文轩产业互动的外部资源，孵化文化产业项目，支持主业做强做优做大。过去几年，文轩在资本经营方面做了一些工作，积累了一些经验，为未来资本经营发挥更大作用奠定了基础。资本经营是一个循序渐进的过程，在不同阶段有不同的使命，起不同的作用。当前，我们可以说正在从做小事积累经验阶段转入做大事显成效的阶段。我们要在前期谋划的基础上，站在行业发展的前沿，从产品、渠道等多个方面谋划推动文轩产业大发展的战略性整合，真正让资本在文轩发展过程中起到如虎添翼的作用。

四、建立创新机制，营造创新氛围，提供创新保障

为了落实创新发展理念，公司总部既要营造创新发展的氛围，

又要建立起创新发展的机制。各经营管理单位要按照对标发展、创新发展的要求，深入推动产业升级，开创文轩发展新局面。

公司总部要为创新发展做好以下三个方面的工作：

一是营造创新发展的浓厚氛围。根据四川省委和四川新华发行集团的要求，深入开展"大学习、大讨论、大调研"活动，到业务一线去深入调研，到先进企业学习取经，深入了解各类业务的新情况、新趋势；坚持问题导向，紧密结合实际，就如何推动业务创新发展和管理变革开展深入研讨，厘清发展思路，提出针对性强、务实可行的对策措施。公司各级领导干部要在学习调研讨论中作表率，尤其是主要负责同志要亲自抓、带头干。

二是搭建创新发展平台。在公司成立创新发展领导小组，设立创新项目孵化中心，打造创新孵化平台，鼓励创新、包容创新、推动创新，让创新真正成为新时代文轩升级发展最为强劲的动力。通过申报、遴选，将符合公司战略发展方向的优质创新性项目纳入公司平台进行管理和支持，使之成为推动公司各业务板块创新发展的重要力量。此外，要充分利用媒体融合发展实验室、科技与标准实验室建设的契机，加强出版传媒新技术在文轩各业务板块的应用研究，将实验室作为公司创新发展的重要推动力量。

三是建立完善考核激励机制。创新的主体力量，是全体文轩人。创新的核心要素是人才，因此，实现创新发展，必须充分调动和激发干部员工的创新活力和干事创业的积极性，这就需要不断完善人才选拔培养机制和薪酬激励机制。让人才能够引得进、选得出、留得住、用得好，还要研究制定差异化的考核评价机制，制定鼓励创新的相关管理办法，结合当期和长期的目标设定考核指标，对取得成果的创新人才和部门给予应有的奖励，让创新在文轩蔚然成风，为想创新、敢创新、能创新的文轩人提供"创梦舞台"。

各经营管理单位要严格工作要求，坚持创新发展"四精"标准。

一是目标要精细。各单位是对标发展的责任主体，要迅速行动起来，将对标工作作为今年的重点列入日程，与年度考核目标结合起来，对业务进行全面分析，确立精准对标目标，形成对标工作方案，明确工作时间表、路线图和责任人，确保对标工作见到实效。

二是项目要精准。创新发展的落实最终体现在项目上，所以各业务单位要做好思想动员，开展一场解放思想、创新发展的大讨论，切实将创新转化为员工的共同认识和自觉行动，并将创新性想法转化为一个个精准的项目，形成具体可行的工作方案，并结合公司的相关安排逐步推进实施，力争将创意做成生意，把生意做成产业，通过一批富有创新活力的发展项目的实施，带动文轩形成蓬勃发展的生动局面。

三是人才要精干。对文化企业来说，创新性人才是企业发展的最为重要的资源。然而面对日新月异的发展形势，创新性人才特别是高端人才的欠缺，已经成为文轩发展的障碍。前段时间，文轩向省上推选享受国务院特殊津贴人才，公司数了又数，能够满足基本门槛条件的就那么几个人。这个问题已经引起公司的重视，公司正在研究采取各种措施激励创新性人才的成长。出版板块制定了加强编辑专业化队伍建设的支持措施，零售连锁事业部刚刚启动了2018年人才发展计划，教育服务事业部在推进客户经理制度，这些都是创新性人才培养的重要举措。希望各单位都要行动起来，拿出看得见的措施，做好专精深人才的培养，让员工在这样一个创新发展的时代真正体现出自己的价值。

四是协同要精诚。职能部门和技术平台既是服务部门又是管理部门。在创新发展的关键时期，我们要以精诚的态度支持业务部门的创新开拓。首先，我们要以严谨的工作做好服务。各部门、中心要立足职能分工，以科学的管理和专业的技能为各单位的对标发展、创新发展提供全面的管理和技术支撑保障，帮助他们破解发展中的各种难题，成为业务部门发展的坚强后盾。其次，要以严格的要求做好管理。在创新发展的过程中，我们要特别注意规范性与创新性的结合。作为双资本市场上市公司，我们有规范的管理制度和良好的管理经验，这是文轩发展的优势。这些管理制度和经验是防范经营风险的重要工具，职能部门要切实担负起应有的管理职责，强化内部监督，确保公司规范运营、科学发展，为公司健康发展保驾护航。最后，职能部门、中心、业务部门要树立大局意识和全局思想，将公司作为全体员工命运和利益的共同体，通过密切协作和通力配合，思想统一、步调一致，共同下好创新开拓、跨越发展这盘棋。

2018年是新华文轩实现"十三五"目标、迈上新台阶的关键之年，我们要紧抓新时代发展的新机遇去主动作为，在全公司轰轰烈烈地开展一场思想解放运动，营造浓厚的创新发展氛围，用扎实有效的举措贯彻落实习近平总书记关于创新发展的新要求，坚定信心、不辱使命，以改革求突破、以创新增动力、以管理促发展，打赢这场对标赶超、进位发展的攻坚战，推进公司经营业绩再上新台阶，开创文轩产业发展的新局面！

川教社应该在教育出版市场大显身手 [*]

一、川教社要在振兴四川出版中发挥独特作用

四川教育出版社一直是四川最有实力的出版社。川教社现有职工 150 多人，人员是四川 16 家出版社中最多的，是名副其实的大社。就销售规模和利润总量来说，川教社在全国出版社的总体排名上位居前列。但是，我们很少对外宣传川教社在全国地方出版社排名前三，全国出版社综合排名前十的地位，因为这都是文轩的能力，不是川教社的能力。

川教社是我省唯一的一家教育出版社。教育出版是三大出版领域中最大的一块。在教育出版、专业出版和大众出版这三大出版领域，教育出版要占到 70% 的比重。如果四川不在教育出版领域争得一席之地，全国出版界就不可能有四川的一席之地。凡是出版强省，无一不是教育出版强省。所以，失去教育出版，就失去了出版的主动权。没有教育出版的振兴，就没有四川出版的振兴。我们看到，民营出版机构特别注重实效，所以大多都集中在教育出版领域。前几天重庆一家大型民营出版企业来拜访，他们也专

———————
* 本文为 2018 年 7 月 12 日在四川教育出版社调研时的讲话摘要。

注教育出版发行。照理说，我们最要做强做大的是教育出版社，因为这带给我们的指标贡献会很大，但是，我们这方面却并没有做强做大。

振兴四川出版，川教社不能缺位。这两年的振兴出版中，川教社变化不大。整个文轩出版一片生机，川教社这边却显现出另外一种景象，川教社似乎游离于四川出版之外了。这种情况，不管是从教育出版社本身的发展来说，还是从四川出版的大局来说，都是不应该的。在振兴四川出版中，川教社这块短板，亟待补齐。

二、川教社的三大成绩与三大不足

首先，川教社在文轩教育服务事业的发展中做了大量工作。文轩教育服务业务这几年不断攀新高，川教社作为文轩教育服务板块的一员，功不可没。几年前，文轩整合教育出版资源，把所有出版社的教材教辅业务集中到教育出版社，但业务集中了，原来跟随业务的人并没有一起过来。由此导致川教社编辑工作量剧增，人手严重不足，但是，这几年川教社克服了这些困难，推动了整合工作的平稳过渡。

其次，川教社在"课前到书，人手一册"的神圣事业中，功不可没。川教社编辑工作有很强的季节性，时常为了保证课前到书加班加点，十分辛苦。文轩教育业务平稳健康发展，连续39年实现"课前到书，人手一册"，川教社做出了重要贡献。

最后，川教社在推动教育出版事业发展上做了很多探索和努力，特别是在成本管理、调动编辑人员的积极性方面做了大量工作，内部管理也上了一个台阶，今天感到川教社的精神面貌有很大的改变。

总的来说，川教社实际上是一个编辑平台。川教社的编校工作量巨大，是一家十分忙碌的出版社。所以，我代表公司对编辑们道一声辛苦。但是，这里我要说，川教社没有成为一个研发平台、出版平台。编校工作的层次相对于出版的整个工作显得单一了，层次也低了。一家出版社仅仅靠编校工作，很难让编辑人员有成就感和荣誉感。对川教社，我们有更高的要求和期待。这也是我们今天调研的主要目的。相比我们的期待，川教社存在三个不足：

一是好书不多，由好书带来的经营数据不好看，出版社的进步不大。出版社的功能是什么，出好书！这几年，川教社的好书、好产品并不多，市场意识不强，研发能力不足，行业影响力不大。其实，这几个方面刚好也是判断一家出版社水平高低的几个标准。不能出好书的出版社就没有很好地履行出版社的职责。如果我们仅仅满足于一个编辑平台，有人说这还不如干脆在教育服务事业部教材中心那里成立一支编辑队伍，把川教社的社号拿出来，专门去做创新的事情，专门去做出好书的事情，这样还会带来更大的经济效益和社会影响。要知道，在所有出版资源中，最大的出版资源是出版社社号，这是很多地方和机构都不可能得到的东西。

二是川教社并入教育业务板块，没有发挥出更大的促进和带动作用。我们把川教社并入教育板块，目的是为了实现增强效应，不仅能够推动教育服务事业部的转型发展，还能够实现川教社自身更好的发展，但这两方面的作用都没有显现出来。今天的川教社与几年前的川教社并没有什么变化。

三是在振兴四川出版中，川教社没有发挥名社、大社的应有作用。振兴四川出版这两年，整个四川出版生机蓬勃，各家出版社的好书不断，经营业绩实现翻天覆地的变化。但是，川教社却显得游离于振兴四川出版大潮之外，与振兴四川出版的火热场景格格不入，精神状态和经营业绩都没有出现明显的变化。

我们不得不说，川教社作为一家出版社，发展方向走偏了。川教社没有很好地发挥作为一家大型出版社的功能——创新的功能、出好书的功能；没有很好地履行作为四川省唯一一家教育出版社的社会责任——以出好书服务教育事业、提升教育事业发展的责任；没有发挥出作为四川规模最大的出版社的社会影响力——在振兴四川出版中没有起到主力军作用，没有发挥出领头羊的作用。

三、对川教社的要求和希望

（一）川教社要融入振兴四川出版的大潮当中

振兴四川出版是省委提出的战略任务，也是出版工作者的政治责任。参与到振兴四川出版中，既是政治要求，又是发展机遇。振兴四川出版，一定包括振兴教育出版。出版强省，无一不是教育出版强省。我们去年通过领导分工调整，把川教社归并到教育板块，目的是促进川教社更好地发展，绝对不是让教育社游离于振兴四川出版的大潮之外。振兴四川出版，我们应该怎么做？这个问题既复杂又简单。答案就是做好出版本职工作，就是在我们各自的出版领域多出好书，通过出好书求得出版社的发展。振兴出版的效果如何，要看出好书的情况及好书带来的效益的增长情况。"振兴"就是要把不行变得很行，就是要有进步。说教育社有实力，在全国排名靠前，这是举文轩之力，并不是川教社的实际能力。振兴四川出版，我们特别提出过一个判断发展好坏的视角与标准，就是不仅看存量，更要看增量。看增量，就是要比较，是向前了还是后退了。要把我们的维度放在全国来比较，看排名的进步情况。但是，从销售和利润数据看，川教社这两年（2015~2017），可以说是在逐年下降。2012年文轩教育产品有6个亿的码洋，川教社占了一半的比重，大概是3个亿。但这两年，文轩教育产品销售增长到9个亿，川教社自有产品仍然只有3个亿，增长主要在渠道产品上。有人说，这几年教育服务事业部的业绩增长，掩盖了川教社的问题。川教社的数据在下降，与整个文轩情况极不协调，与振兴四川出版的整体状态极不协调。

最令人忧心的是，我们感到教育社缺乏一种振兴出版的参与感、紧迫感，更没有危机感。当然，今年我们也没有看到川教社在"三精"出版上有何举措。这些情况表明，川教社还没有融入到火热的振兴四川出版大潮中。

不能因为我们的口岸占得好，比其他出版社日子好过，就算是强社了。关起门来，我们永远是老大。振兴四川出版，就是要把我们放在全国的维度，比位次，比发展，比趋势。这种比，其实就是一种开放意识、竞争意识、危机意识。今年是改革开放四十周年的纪念年。改革的前提是开放，开放就意味着竞争，竞争就能够推动发展。所以，要发展，就要开放，就要比较。

希望川教社反复追问自己几个问题：我们四川教育出版社这

几年在全国的位次是上升了还是下降了？我们的创新能力是提高了还是降低了？我们的好书是增加了还是减少了？这些问题是作为一家出版社必须不断回答的问题，也是振兴四川出版需要不断检验的问题。

（二）川教社要回归出版社的本来

这也是刚才有同志说的要完善出版功能。"川教社安身立命的资本是什么？"问得好！这也是我要说的，要回归出版社的本来、还原出版社的本来。我们不要再说什么平台社了，我们作为一家出版社，需要有完整的出版功能，需要按照法人单位追求自身效益。

这里有几层意思：

1. 具有出好书的能力。要还原出版社的本来，就是要出好书。还原出版社的本来，绝不是安于做一个加工厂或编辑部。出版社的功能是出产品、出好书。昨天看到《出版商务周报》上有一句话："好书背后的一社之长必然不凡。"对我们来说，证明这个社长是不是优秀要拿好书来说话。川教社这几年有什么好书？不要有"编校任务重，所以没有时间和精力来做好书"这种托词。做好书是一个社长的基本职责，也是一种职业冲动。不要说我们没有达到一个高度，是因为我没有这个精力，问题一定不在精力上。作为社长，他的职业生涯有没有在出版社的历史上留有浓墨重彩的一笔，其实就看在社长的任上出了多少人们记得住、留得下来的好书。出好书不需要大吼大叫，也不需要借口，书自己会说话。

2. 具有策划能力。好书是策划出来的，不是撞大运来的。出好书的前提是要策划选题，这是出好书的源头。有社长对我说，他成天都在抓营销，快成发行部主任了。出版社的中心工作——选题，选题，还是选题，仍然适合川教社。社长不组织抓选题就是失职，社长一定要带领编辑们抓好选题。我们不说选题，说挣钱也可以，那么就问，教育社靠什么挣钱？用钱挣钱的是银行家，用凶器挣钱的是强盗，出版社只能靠好书挣钱。你的产品、你出的好书挣了多少钱？你说我出的书不挣钱，但社会效益好，那么就问你，这几年图书评奖，你拿了多少奖？畅销的教材教辅有多少？好像情况也不是很好。不管是教材教辅还是一般图书，你得有好产品才能证明你的价值。

3. 具有创新能力。出版的灵魂是创新，没有创新创造就离开了出版社的本来。做编辑加工的事情不是不重要，但要说这项工作重要有两个前提：一是我们能够策划组织到书稿，否则编辑加工就是无米之炊；二是书稿的内容是创造性的，是符合出版创新要求的，这样的编辑才是重要的，否则你编出的是平庸书，编辑校对再好也没有多大价值。如果我们不能组织到好的书稿，我们的产品缺乏创新创造，那么这样的文案编辑你说非常非常重要，你自己信吗？

（三）川教社要突出"教育"二字

之所以要把川教社调整给文轩教育业务板块，目的是为了突出教育特色，更好地融入教育领域，更好地为教育服务，更好地在教育领域发挥作用，进而获得更好的社会效益和经济效益。但是，从这两年的实际情况看，效果并没有显现出来。我们需要进一步明确川教社的定位。川教社的定位就是做好教育出版。我们并不要求川教社去做与己无关的大众出版物，所以，前年我们确定文轩主题出版任务时，把主题出版的任务交给了人民社和天地社，没有给川教社提要求。川教社在教育出版领域就应该大有作为，大显身手。但是，这么多年，川教社仍然没有确立自己的定位，坚守自己的定位。今天听了汇报，感到川教社什么都想做，结果是什么都没有做好。下一步，川教社要研究细分市场，做好加减法，"追求细分市场的突破"。因为我们的精力是有限的，面面俱到，什么都做是不可能的。我们要做好这么几个工作：

一是深度融入教育领域。我们同意川教社迁入现在的办公地，也同意下一步川教社不进入新华之星办公基地，都是为了川教社更好地融入教育领域。现在川教社可以说是附属在教育服务事业部，没有自己独特的独有的服务教育的出版能力。我们要下深水做的就是教育类图书，既可以是教材教辅，也可以是社会化教辅产品，还可以是教育类学术著作和大众读物。总之，川教社要围绕教育出版一大批教育精品图书。

二是着力提升策划能力。从今天看到的川教社产品来说，川教社需要加强产品管理，特别是要加强产品线的管理，目前显得比较凌乱，缺乏系统性、规划性。教材研发本来是川教社的事，但实际上是本末倒置了。出版社不研发，发行机构搞研发，结果就是出版社能力越来越弱。有人会说，研发说起来容易，做起来却不容易，但不做，不一步一步提升，就永远没有能力，就只能等死。

三是要有一批作者队伍。要在更加广阔的范围遴选优秀教师和专家学者成为我们的作者。没有一批教育方面的专家学者作为我们的作者队伍，就不可能有好的教育类图书推出。这是衡量我们是不是融入教育领域的一个试金石。

四是出版社要有一批教育问题的专家。要为教育服务，要有研发教育类产品的能力，没有一批教育问题专家是不可能做好的，会有隔靴搔痒之感。这个问题多年一直没有得到足够的重视。我们要在我们的编辑队伍中选拔和培养一批来自优秀教师的人员。没有教过书，没有参与过教学研究，要做好教育图书的研发是比较难的。

（四）川教社要参与到"赛马"格局当中来

说实话，现在川教社参与振兴四川出版，比其他社显得有些晚了。川教社错过了两年的好时光。但是，从另一个角度说，现在起步又比以后要早。关键问题在于，我们要振作起来，全力投身到振兴四川出版的大潮当中，一步一步朝前走。

1. 川教社从现在开始要关注自身的发展情况，而不仅仅是埋头做编辑加工场。我不太关心既有的名次，我更关心进步和变化情况。用什么口径来衡量川教社的发展变化？既可以与其他社相同口径做比较，看增量增幅，川教社也可以单独确立指标，看进步看增幅。

2. 川教社要有强烈的紧迫感和危机感，要深化内部改革，跟上时代潮流。不能因为口岸好就坐等好饭。川教社的收入水平是比较高的，其他社就要问为什么？凭什么？俗话说，要让马儿跑得好，就要多吃草、吃好草。我们还是要回到社会主义的分配原则上来：多劳多得，干得好就多拿，干得不好就少拿。

3. 公司要重新研究对川教社的考核。比较适合川教社的是分类考核：一类是原来编辑平台的编校工作，主要是成本考核；一类是自主开发的教育类图书，主要是利润导向，要纳入各家社一同比较，仍然要求两个效益指标。

最后，愿川教社自己确定的发展目标——由专业走向卓越，由系统变为矩阵，由领先成为标杆——早日成为现实！

振兴出版 2018 年上半年业绩报告 *

2018 年上半年，文轩出版落实"振兴四川出版"战略，按照"三精"出版理念，向高质量、高效益阶段发展，延续了去年、前年的良好发展势头，取得了可喜的成绩。

一、把握住了正确的出版导向

坚持正确的出版导向，是党对出版工作的基本要求，是出版的生命线，事关公司命脉，任何时候都不能放松出版导向这根弦。上半年，各出版单位和相关部门牢牢把握意识形态主动权，严格执行各项出版管理制度，没有出现任何导向问题，推出了一大批好书，主题出版物特色鲜明，畅销图书广受好评，少儿图书影响巨大，图书整体质量得到了进一步提高，彰显了文轩出版较强的选题策划和导向把关能力。

---

* 本文摘自 2018 年 8 月 1 日在新华文轩振兴出版半年经营分析会上的讲话，题目为本书选编时所加，原文刊载于《文轩人》2018 年第 8 期。

二、有影响力的好书数量增多

根据开卷监控数据，文轩出版上半年销售 5 万册以上的图书有 55 种，同比增加 22 种，其中 30 万册以上的图书有 3 种，实现了零的突破。尤其令人欣慰的是，销售量 1 万 ~5 万册的图书有 107 种，同比增长 70%。

上半年新出版的双效俱佳的好书不断增多，涵盖多个门类，既有《高腔》《山神》《变革》《大国扶贫》《汶川特大地震抗震救灾志》等弘扬主旋律的主题图书，又有《曾枣庄三苏研究丛刊》《扬雄研究系列丛书》《朝鲜汉文史籍丛刊》《刘洙源集》等权威学术图书。《马识途文集》《中北路空无一人》《孤绝的火焰》等优秀文艺原创图书在全国图书市场亦有良好反响。《汪汪队立大功儿童安全救援故事书（第 3 辑）》《汉声中国童话》《小猪佩奇系列》《金鸟》《米小圈上学记·班里有个小神童》《米小圈上学记·遇见猫先生》等优秀畅销书的市场前景喜人。

三、重大出版项目推进有力

华西医学出版工程、四川历史名人出版工程、"一五时期""156 项重点工程"出版项目、凉山彝族主题出版工程等一系列出版项目都在有序实施过程中。

四、入选国家级的奖项和重点项目增多

7 家出版社 16 个项目入选 2018 年度国家出版基金资助项目，

入选项目总数再创新高，比 2017 年度增长 33.3%，比 2016 年度增长 220%，入选数居全国出版集团前列。6 种图书荣获"第四届中国出版政府奖"，10 个项目入选国家"十三五"重点出版物规划 2018 年度增补项目。获得"中国出版政府奖"的图书数量和入选"十三五"规划增补项目的数量，都是出版社 2010 年进入文轩以来最多的一次。

五、文轩出版品牌开始形成

近两年来，振兴四川出版初见成效，文轩好书越来越多，影响越来越大，文轩出版品牌开始形成。最显著的一个表现，就是与文轩出版合作的知名作者越来越多，我们推出的名家作品越来越多。名家作品多了，好书也就多了，影响就更大了。最近还出现了名家主动与文轩出版合作的情况。再一个表现就是我们参与各种展会主题活动的质量越来越高，连续多次获得书博会、图博会、订货会组委会的表彰。我们的活动质量高，一是我们的主题活动有名家参与，影响较大；二是活动内容实在，背后有好书支撑。这个情况与两年前形成了鲜明对比。

六、出版经营业绩继续向好

今年上半年，文轩出版经营业绩在去年的基础上继续向好，出版作为文轩新的发展引擎，其作用更加突出。

一是生产销售双双突破 10 亿大关：文轩大众出版上半年入库

码洋为 11.16 亿元，同比增长 37.4%；销售码洋为 10.4 亿元，同比增长 56.76%。

二是营业收入和利润大幅增长：上半年文轩大众出版实现营业收入 3.6 亿元，同比增长 56%；净利润从去年上半年的 211 万元增加到今年上半年的 6305 万元，同比增长 2888.15%。其中，天地出版社和四川少儿出版社的营业收入均突破 1 亿元，天地社上半年利润达到 3399 万元，少儿社利润达到 2739 万元。两社净利润贡献值合计占文轩大众出版整体利润的 97.35%，凸显了"非均衡发展"的战略意义。

三是总体市场排名持续上升：文轩出版上半年市场占有率为 1.63%，同比增长 38%，全国总体排名第 13 位，同比上升 5 个位次，与 2017 年年底相比上升 2 个位次，增速位列全国第二位。

从上半年的总体情况看，我们取得了令人欣慰的经营业绩。尽管上半年的利润不能说明全部问题，还有很多成本费用需要摊销，并不意味着全年出版利润可以成倍增长，但是与去年上半年同比有如此大的增幅，着实令人欣慰。

今年对文轩出版来说是特别重要的一年。我们在去年实现了前所未有的高速增长，在这个基础上，今年做得好就会上去，做得不好就会掉下来。所以，今年确定什么目标需要认真思考，保持高度清醒，尤其不能头脑发热、过度自信，要认真分析研判我们面临的有利条件和不利因素。当前文轩出版的有利条件是：发展信心更足了，发展机遇更好了，发展格局更大了，"赛马"机制更到位了，发展基础更扎实了。同时，我们也面临着观念、体制、资源约束等众多不利因素。在综合分析有利条件和不利因素的基础上，我们把今年的工作基调确定为"稳中有升"，重在一个"稳"字。稳住了，就为明年打下基础，稳不住，就会掉下去。所以，今年我们给多数单位下达的目标任务总体上比较宽松，目的就是确保"稳"；而对一些重点领域和有条件的单位，我们又提出了"进"和"升"的要求，比如走在前面的天地社、少儿社，以及文轩网等，要在迅速发展的基础上继续发力、持续发展。现在看来，"稳"这个基本目标应该能够实现，"进"这个追求目标，上半年也打下了一个很好的基础。

实施"三精"出版战略
推动文轩出版高质量发展 *

深入实施"振兴四川出版"发展战略，坚持精准出版、精细出版、精品出版的"三精"出版理念，需要我们认真梳理、研究、解决当前遇到的突出问题，为做好 2018 年下半年的工作谋好篇、布好局。

一、2018 年上半年文轩出版发展中存在的不足

今年上半年的成绩是显著的，但存在的问题也很明显，需要高度重视。

（1）粗放发展的倾向仍然存在。在年初出版工作会上，着眼于新形势新任务，公司提出了"三精"出版理念。从今年上半年的情况看，大部分出版社以"三精"出版为指引，从高速度增长逐渐转向了高质量发展，保持了稳中有进的总体态势；但也有部分出版社没有将思想和行动统一到公司的战略部署上来，仍然在盲目扩大规模，跟风出版、重复出版的情况仍未扭转。在大多数

---

* 本文摘自 2018 年 8 月 1 日在新华文轩振兴出版半年经营分析会上的讲话，原文刊载于《文轩人》2018 年第 8 期。

出版社申报选题数量较去年同期都有了明显减少的情况下，个别社选题申报数量不减反增，增幅甚至超过了50%。这种情况不仅与公司的要求不相适应，而且与整个大的出版形势也不合拍。公司需要进行分类指导，有针对性地帮助和纠偏。

（2）跟风出版、选题同质化的问题仍然存在。"三精"出版理念要求我们依托专业优势，突出重点、形成特色、打造品牌。今年上半年，文轩旗下9家图书出版社共申报选题3613种，较去年同期增长0.5%，总体持平，其中四川人民出版社、巴蜀书社、四川教育出版社、四川美术出版社4家图书出版社选题较去年同期有不同程度增长。通过调阅书稿我们发现，名著解读类、历史名人解读类、低幼儿童读物类、百科类等同质化的选题占比较大，而体现专业性、原创性的好选题较少。部分出版社偏离了自身的专业化出书方向，社内缺乏科学有效的选题论证，没有从源头上把好质量关，这种情况令人担忧。

（3）好书不多、重点项目储备不足。今年上半年，文轩出版成绩显著，但这个成绩的可持续性如何，需要我们思量。一是我们好书不多，有影响力的市场图书主要集中在少儿领域，品牌图书没有形成规模。除了"米小圈"系列，今年缺乏像《欢乐颂》那样的爆款产品；上榜书少，在最近的当当半年图书排行榜上，我们榜上无名；原国家新闻出版广电总局从2017年9月开始开展第二届中华传统文化普及图书推荐活动，推出向全国推荐的50种图书，我们只有四川人民社的《中国影戏与民俗》一种书入选。二是重点项目储备不足，项目水准有待提高。文轩出版入选国家"十三五"重点出版规划项目、国家出版基金项目等国家级重点项目的数量虽然比往年有了较大进步，但文轩出版9家图书出版社的整体数量在全国同类出版集团中还不算多，个别出版社没有一个项目入选。第四届中国出版政府奖，虽然我们有6种图书获奖，但都是提名奖，没有一个正式奖。

（4）图书库存、在途增速较快。今年上半年文轩出版在取得较好经营业绩的同时，库存也达到了历史最高点的19.88亿元，同比增长50.14%；在途为11.58亿元，同比增长58.25%。生产规模的扩大和销售的增加，必然会增加库存和在途，从这个意义上说，现在的库存和在途指标还在一个相对合理的区间。但是，对于库存和在途不断增加这个趋势，我们要高度警惕，要采取有效措施压缩库存和在途。我们减少库存和在途的过程就是提高效益的过程。

（5）部分出版社业绩出现下滑。上半年业绩下滑最明显的是四川文艺出版社，上半年营业收入同比下降13.5%，净利润下降227.79%，从去年上半年盈利166万元到今年上半年亏损212万元，情况令人担忧。巴蜀书社今年上半年营业收入同比增长33%，但净利润下滑143%，同比多亏67万，需要警惕。

（6）社内精细化管理尚须加强。今年振兴出版进入了新阶段，要做到"对得准、做得好、出得精"，各社必须进一步强化内部精细化管理。打造精品力作，每一个出版环节都马虎不得。千里之堤，溃于蚁穴。从今年上半年的情况来看，我们部分出版社在精细化管理方面还有待改进：一是部分社校对和审读相关机构和人员缺失，三审三校等出版流程管理混乱，审校人员水平有待提高；二是部分出版社自主开发的选题比例减少，与文化公司合作的选题占比增大，而且多处于低层次状态，有些合同的签订未经公司法务、财务等部门的论证和审核，有的合作丧失出版管理的主动权，存在着导向管理风险和经营风险。

（7）出版"走出去"工作亮点不足。今年上半年共签订版权输出合同 91 项，版权输出品种与去年同期基本持平，没有大的突破。两年前我们提出要在某几个国家深耕细作，建立起可持续的版权输出机制，做出影响和品牌，至今仍然没有见到成效，令人担忧。

二、2018 年下半年重点出版工作

2018 年下半年，各出版社要深入贯彻落实省委"振兴四川出版"的战略要求，将"三精"出版理念贯穿出版工作全过程，从十个方面采取有效举措，推动文轩出版向更高质量发展。

（一）进一步加强导向管理，建立出版社与公司双重导向管理机制

首先要明确，导向管理和选题论证的责任主体是出版社。选题论证是导向管理工作的一个重要抓手。把握正确出版导向，不断优化选题，提高图书质量，必须加强选题论证工作。而选题论证这件事只能由出版社来做，其他任何机构都不能也替代不了出版社来做这个事情。

文轩公司作为出版社的主管主办单位，也负有导向管理的重要责任。可以说，把握好出版导向是公司最重要的职责之一。因此，

公司需要在管控体制上完善和充实相应机构，在公司层面建立审读把关机构，建立起出版社与公司两级把关体制，从多个层面切实加强管理，做到公司顶层设计有方，职能部门管理有为，出版社落实有力。公司的出版管理部既是出版业务的管理协调机构，又是导向管理的工作机构。在导向管理上，要建立起事前管理（选题把关）、事中管理（书稿审读）和事后管理（成书审读）相统一的工作机制。

（二）进一步强化选题管理，抓住"三精"出版的"牛鼻子"

唯物辩证法认为，主要矛盾是不断转化的。不同时期面临的矛盾是不一样的，所以工作的重点也不一样。两年前，文轩出版面临的主要问题是积极性不够的问题、出书不足的问题、规模太小的问题和产能没有发挥的问题。今天我们面临的问题是资源不够的问题、人才不足的问题、产品质量不高的问题。加上受国家书号限制等宏观政策的影响，现在我们振兴四川出版，提升四川出版在全国的位次，面临着更高层次的竞争，这就不能再走高投入、粗放式这种初级阶段的发展道路，而只能走"三精"出版的路子。"三精"出版的路不好走，但如果不走"三精"出版的路子，文轩出版就不可能有未来，也不可能实现四川出版的振兴。

怎么走"三精"出版的路子？根本的一条就是抓选题。出版社的本职工作是出好书，出好书就要抓选题。选题是出版工作的"牛鼻子"。今年以来，各个出版社开始显现出各自不同的问题，表面上看，有的是管理问题，有的是营销问题，但问题的根子都在选题上。出版社如果没有占住选题这个制高点，问题就会越来越多。

毛主席说，解决问题要善于抓主要矛盾。解决出版社各种问题最根本的方法就是抓选题。主要矛盾解决了，其他问题就会迎刃而解。没有好的选题就不能出好书，出版社就走不出来。好的营销的前提是有好的产品。过去长期争论，是"好酒不怕巷子深"还是"好酒也怕巷子深"，其实，问题的关键不在于"巷子"深不深，而在于"酒"好不好。出版社的优劣从来都在于书好不好，而不在营销能力强不强。

一是社长要亲自抓选题。必须抓住选题规划、重点选题的落实等工作，牢牢抓住出版社经营管理的主动权。前不久《出版商务周报》上有一句话说得好："好书背后的一社之长必然不凡。"对我们来说，证明这个社长是不是优秀要拿好书说话。

二是要强化产品线规划。我们很多单位做选题，"走到哪里黑就在哪里歇""捡到篮子里的都是菜"，这是缺乏产品线规划管理的典型表现。每个出版社的资源都是有限的，一定要把好钢用在刀刃上，把资源用在有效的地方。做好产品线规划和管理才能发挥出版社的优势，形成具有行业影响力的出版品牌。

（三）进一步提升图书质量，强化图书质量管理

走"三精"出版之路，必须加强质量管理，做好每个选题、做精每一本图书。这对我们每家出版社的运行管理都是新的考验。质量管理是一个系统工程，任何一个疏漏都有可能导致严重后果，使我们的努力功亏一篑。各出版社要按照出版编校管理规定对图书质量严格把关，对于质量管理要"不厌其精，不厌其细"。公司将加大图书质量的检查和抽查力度，不仅要检查图书编校质量，

还要检查导向管理、制度建设、流程管理等情况，并公开通报检查结果，按规定严格兑现考核奖惩。对于重大责任事故，将严肃追究责任。

（四）进一步增强市场意识，注重图书的外在美

心理学上有个"第一印象效应"。这个效应在图书的选购上特别明显。读者如果第一眼看到图书的封面不好、装帧不好，他们可能就不想买了。现在人民群众精神文化消费的需求层次越来越高，图书的颜值越来越成为这本书好不好卖的一个先决要素。但是我们很多出版社的装帧能力还停留在 20 世纪八九十年代的水平。图书颜值不高、卖相不好已经成为川版书的短板。目前天地社、文艺社的图书颜值比较好，而有的社在这方面差距很大。振兴四川出版，我们的图书不仅要注重内容，还要注重品相、卖相，要与当前书店提升颜值的潮流相匹配，打造中国最美图书，用内容、颜值俱佳的精品图书去赢得市场，打造文轩出版品牌。

（五）进一步防范风险，加强规范合作管理

在振兴四川出版的过程中，我们鼓励出版社与作者及各类文化公司开展广泛的合作。合作弥补短板，合作增强能力，合作促进发展。但是，我们坚决反对不规范、带有风险的合作。我们注意到，一些出版社在与外部的合作中丧失了主动权，倒过来从合作方采购图书。这种做法存在很大的风险。这里我们再次强调，我们鼓励合作，但要规范合作，要严格按照出版管理规定，把"编印发"三大权利牢牢掌握在出版社手中。只有把编辑权、印刷权、

发行权这三大权利掌握在出版社手中，才能掌握合作的主动权，也才是规范有益的合作。

（六）进一步提高经营管理水平，加强对薄弱环节的管理

"三精"出版的一个重要要求就是管理精细化。上半年各社经营管理中存在很多问题，如果罗列下来，有选题粗糙、库存压力增大、回款不足、毛利率下降、现金流不够等问题。这些都是我们的短板和薄弱环节，需要各社做出系统梳理，加强薄弱环节的管理。同时，公司要主动作为，解决突出问题，重点关注上半年发展情况不好的出版社，与出版社一道分析产生问题的原因，找到解决问题的办法。

（七）进一步强化文轩各业务板块的协同，做好融合发展相关工作

振兴四川出版不仅是出版社的事，也是整个文轩的战略重任。目前振兴四川出版已进入"三步走"战略的"第三步"阶段，一个重要工作就是把"出好书"与"卖好书"结合好。我们要举公司之力，打通市场关节，做好川版书的营销推广工作。下半年，我们要通过举办"振兴四川出版精品图书巡回展销"等活动，提升川版书的市场覆盖率和影响力。

振兴四川出版，面向未来，推进传统出版与新兴出版的融合发展是题中应有之义。中宣部和省委宣传部高度重视出版融合发展工作。如此重要的工作，我们眼下却并没有要求出版社去做。这是因为：我们的传统出版业务发展不足，还谈不上也顾不上做

融合发展的事情；我们出版社能力不足、人才缺乏，也做不了融合发展的工作；目前我们的观念还停留在传统出版的习惯做法上，与新兴出版在观念上差距太大。我们认为，当前文轩出版社的主要任务是做好传统出版业务，通过振兴四川出版挺拔文轩的内容优势，在此基础上"以新媒体出版为中心"来推进出版融合发展。因此，我们考虑要发挥文轩多年来在新媒体和网络业务上积累的优势，推进出版融合发展，搭建全新的新媒体及数字出版平台，形成"前有平台、后有内容"的融合发展格局。

（八）进一步加强出版"走出去"工作，拓展"走出去"的广度和深度

出版"走出去"的成效是振兴四川出版的重要体现。文轩要制订"走出去"工作规划，聚焦出版社核心竞争力，凸显差异化产品，形成特色产品集合，在重点国家深耕细作，建立稳定化、常态化的合作渠道，不断提升文轩出版在国际上的影响力。

下半年我们要以北京国际图书博览会为契机，充分利用书展、版权代理、线上版权交易平台等渠道，不断增加新客户，继续在输出地域、语种上寻求突破，进一步加大出版"走出去"的力度，力争今年文轩出版"走出去"有新的突破。

（九）进一步推进"非均衡发展"战略，做好组建天地出版子集团的筹备工作

通过两年多"非均衡发展"战略和"赛马"机制的实施，天地出版社、四川少儿出版社脱颖而出，成为文轩出版的领头羊，

初步具备了成立子集团的条件。从去年及今年上半年的经营情况看，筹建天地出版子集团的条件已经成熟，下半年要加快推进天地出版社子集团组建的各项工作。在总结天地出版子集团建设经验的基础上，公司将适时推进四川少儿出版子集团建设。通过子集团的建设，使其成为文轩出版发展的双引擎。

（十）进一步加强人才队伍建设，实施人才储备工程

振兴四川出版，人才为先。去年我们实施了编辑导师制、首席编辑制等人才队伍建设举措。今年开始我们要推进"100 后备人才工程"，计划用三年时间引进 100 名"985 院校"的优秀研究生，充实和加强出版社人才队伍，文轩将拨出专项资金，解决出版社增加人员影响考核的后顾之忧。所有进入"100 后备人才工程"的人员，两年内的开支均由公司承担。以此进一步增强振兴四川出版的后劲，让编辑人才成为文轩出版的支撑力量，使文轩出版实现可持续发展。

文化产业发展四个建议[*]

6月29日至30日，省委召开十一届三次全会，审议通过了《中共四川省委关于深入学习贯彻习近平总书记对四川工作系列重要指示精神的决定》和《中共四川省委关于全面推动高质量发展的决定》，做出了加快文化强省建设的战略部署。建设文化强省，必须建设文化产业强省，让文化产业成为我省国民经济中的支柱产业。

一、培育若干重点企业

建设文化产业强省，必须构建中小企业"铺天盖地"、大型企业"顶天立地"的产业格局。没有中小文化企业的"铺天盖地"，就没有产业规模，文化产业在 GDP 的比重就难以达标，就不可能形成文化产业的"高原"。没有若干大型文化企业的"顶天立地"，就没有文化影响力，四川文化在全国就难有重要地位，也就没有我们常说的文化"高峰"。

按照"抓大放小"的原则，对省委宣传部来说，一方面，实

---

* 本文为2018年8月14日在四川省委宣传部文化强省建设专题座谈会上的发言摘要。

现中小企业"铺天盖地"的目标，主要靠"面"上的工作，把主要工作和责任放给下面，让各个市州动起来，各自培育自己的重点文化企业，都在"文化强市（州）"建设上有所作为，通过评比形成"赛马"格局，进而在你追我赶的氛围中实现四川文化产业的"高原"。

另一方面，解决大型文化企业"顶天立地"的问题，要靠"点"上作为。也就是说，文化"高峰"建设，需要省级有关部门亲自抓，把工作重点放在着力培育若干家具有全国影响的大型文化企业上。这需要对我省大型文化企业存在的问题提出有针对性的政策措施。一是切实解决我省文化企业面临的体制不顺问题，特别是文化企业多头管理问题。现在很多企业可以说是戴着脚镣跳舞，束缚较多，无法施展拳脚。二是切实解决我省文化企业机制不活的问题，突出企业的市场竞争力，坚决摈弃机关化、行政化办企业的思维与做法。三是切实解决企业发展的激励问题，把对文化企业的支持重点放在发展速度快、发展质量好的企业。最终，通过建设几家标杆企业，对外，要出产品、出品牌、出影响，成为我省在全国的文化地标；对内，要出氛围、出经验、出人才，成为我省文化产业发展的龙头和头雁。

二、校正干部评价标准

重新校正企业经营班子考核评价标准，注重当下经营业绩和发展质量。一般而言，目前文化企业的规模与质量是历史形成的，这个企业的大小、好坏都跟现任干部无关。只有这个企业眼下的发展才跟现任干部有着极大关系。所以，对干部的评价，我们不能以历史形成的规模大小来论英雄，而要以这个企业眼下发展的好坏来论高低。对我们的干部来说，如果我们所从事的事业在我们手里发展壮大了，这样的干部就是优秀的。干部的能力要体现在解决问题、克服困难上。那种喜欢抱怨、爱讲困难的干部，其观念还停留在眼睛只盯"市长"而不盯"市场"的行政化思维上。应该说，每个时期都有每个时期的问题和困难。每个时期的发展都是不容易的，绝不是说过去的事情都是容易的，现在的事情都是难做的；别人的事情都是容易的，我的事情都是难做的。如果说过去事情好做，为什么过去我们没有进入全国前列呢？从难易上说，小企业资源少，发展很难；大企业基数大，增长也难。但小企业基数小，增长相对容易；大企业资源多，也有增长的空间。

所以，大小企业各有难易，关键在于，事业在我们的手中是发展壮大了还是下滑萎缩了。评价企业发展质量的高低，还要把比较的维度放大到全国，要与全国业界做比较，在更大的范围来评价我们的干部做得好还是不好。

现在我们一些干部是"抱着金饭碗叫穷"。手里那么多资源，变不来效益，却还抱怨连天。他们习惯于"会哭的孩子有奶吃"的体制与氛围，好像不说困难就不足以说明他的工作的难度。这里的根本问题在于评价标准不明确、导向激励不清晰。扶持企业做大做强，核心是解决制约企业发展的体制机制问题，而不是简单地给资源给资金。企业一说困难就给钱，这种饮鸩止渴的做法，并不利于企业的发展。每个企业都是有问题的，有问题不可怕，可怕的是你解决不了问题导致经营业绩不断下滑。所以企业不以问题定优劣，而要以发展论好坏。

三、占住内容制高点

文化产业本质上是内容产业，而以文字表达为核心的出版业则是内容产业的基础。没有优质的内容，文化产业就是无源之水、无本之木。因此，甘霖部长提出"振兴四川出版""振兴四川影视"战略，确实抓住了文化强省建设的根本。

而反观四川文化产业，最弱的一块就是内容产业。抓内容产业，一定不能局限于四川范围。以出版产业来说，四川出版落后的一个重要原因就是四川出版固守于四川，长期用四川局部出版资源应对全国出版市场竞争。这种不对称局面必然造成四川出版产业的落后。所以，发展内容产业必须花大力气抢占全国内容资源。我有个观点：抢不到全国内容资源，就守不住四川的内容资源。仍然以出版产业来说，过去四川出版很弱的时候，一方面我们说四川缺乏出版资源，好作者都在北京、上海，以及其他沿海发达地区；另一方面却又有至少16家省外出版单位在四川设立分支机构，抢走了四川大量宝贵的出版资源。这里既有能否抓住资源的能力问题，又有品牌的吸引力问题。

推动我省内容产业的发展，一方面要对我省丰富的历史文化资源进行系统的梳理和深度开发，形成我省特有的"蜀文化"内容矩阵；另一方面要采取多种方式抢占全国优质内容资源，以全国的内容资源应对全国的文化市场，将四川打造成全国内容资源高地。抢不到全国内容资源，就赢不了全国文化市场；在全国文化市场没有应有地位，也就守不住四川本土内容资源。同时，我们还要创新文化内容的开发模式，延伸内容产业的产业链，充分发挥不同所有制企业的优势，借助科技力量，打造一大批高品质的文化IP，壮大我省文化产业的规模与实力。

四、优秀企业要多出人才

文化强省建设，必须要有一大批懂经营、会管理、有较强市场竞争意识的文化产业人才。文化企业人才队伍建设不能只停留在口号上，一定要出实招。针对四川文化产业人才队伍的现实状况，人才选拔特别需要向两个方向倾斜：

一是向优秀企业倾斜。好企业不仅要出经验，还要出人才。这既是对好企业的鼓励，更是对差企业输送最宝贵的人才资源。发展不好的企业，往往观念、见识、能力都有问题。要把优秀企业看作"革命的摇篮"，把优秀企业的优秀人才看作"革命的火种"。在我们众多企业这堆干柴上，需要用"革命的火种"去点燃，让星星之火形成燎原之势。

二是向一线干部倾斜。要树立"将军是打出来的"观念。没有打过小仗，怎么能指挥打好大仗呢？没有挣过"小钱"，怎么可能赚"大钱"呢？从文化企业一线干部中选拔培养企业优秀人才，就是要形成靠业绩说话的良好氛围，形成能者上、庸者下的竞争机制，这样才能打造一支充满活力和市场竞争力的高素质文化产业干部人才队伍。

处理好"车"与"路"的关系
做大做强文轩产业 *

2018年9月10日下午，四川省委常委、宣传部部长甘霖带队调研了四川美术出版社、巴蜀书社等五家出版社之后，主持召开振兴四川出版工作推进会，并做了重要讲话。振兴四川出版工作推进会，是在省委十一届三次全会提出建设文化强省战略的大背景下，在振兴四川出版工作迈入新阶段的特定时期召开的一次非常重要的会议，为当前和今后一个时期我省文化产业发展，特别是文轩产业的发展指明了前进方向。下面我就学习甘霖部长讲话精神，推动文轩产业发展再上新台阶谈几点认识和体会。

一、从两个层面认识文轩产业发展的意义

在振兴四川出版工作推进会上，甘霖部长着眼于新时代治蜀兴川的大局，站在文化强省建设的战略高度，对振兴四川出版工作，特别是文轩产业发展工作，提出了新的目标和要求。甘霖部长的讲话，不仅对文轩产业发展具有极强的针对性和指导性，对我省

---

* 本文为2018年9月19日在新华文轩直属第一党支部主题生活会上的发言，原文刊载于《振兴出版快报》2018年10月总第10期。

的文化产业发展也具有现实的指导意义。甘霖部长的讲话精神，我认为应该从两个层面来加以理解和把握。

第一个层面，建设文化强省需要大型文化龙头企业做支撑。

省委第十一届三次全会提出了加快文化强省建设的战略部署。建设文化强省，必须让文化产业成为我省国民经济中的支柱产业。而建设文化产业强省，必须构建中小文化企业"铺天盖地"、大型文化企业"顶天立地"的产业格局。没有中小文化企业的"铺天盖地"就没有产业规模，文化产业在 GDP 的比重就难以达标，就难以形成文化产业的"高原"。没有若干大型文化企业的"顶天立地"，没有较大的文化影响力，四川文化产业在全国就难有地位，也就没有我们所说的文化"高峰"。按照"抓大放小"的原则，文化"高原"建设主要靠全省各个市州共同努力，而文化"高峰"建设则是省级层面要重点做的工作。

从省级层面上说，推动我省文化强省建设的一项核心任务，就是要构建若干家在全国叫得响的大型文化企业。大型文化企业以强大的品牌影响力和市场竞争力代表着一个地区文化产业发展的最高水平。一座城市、一个地区文化产业繁荣与否与本地区有多少驰名品牌文化企业直接相关，一个大的品牌企业往往能成就一座城市。从某种程度上说，大型文化龙头企业是决定我省文化产业发展"高度"的关键。

新华文轩作为我省出版发行业的主力军，全国唯一的"A + H"双上市出版传媒企业，是我省文化产业的一面旗帜，无论是产业规模、品牌影响，还是在全国的知名度，都是四川在全国有相当竞争力的文化产业龙头企业之一。文轩产业的进一步发展，对于我省文化产业强省建设具有十分重要的意义。甘霖部长的讲话，正是站在我省文化强省建设的高度，表达了省委对文轩的殷切期望：新华文轩在文化强省建设中，一定要勇于担当、有更大的作为。

第二个层面，建设文化强省需要发挥出版产业的基础性作用。

文化产业的核心是内容产业，而内容产业的核心则是用文字来表达的内容产业即出版业。出版是文化产业的"硬核"。如果一个省级文化产业中以文字表达的内容产业没有发展起来，那么用其他形式表达的文化形态就很难达到一个高度。文化行业有一个普遍现象，凡是其他形态的文化产业做得好的省市，往往出版产业都表现突出；反之，出版产业没有做好的省市，其他形态的文化产业都不是很好。

图书出版主要从事原创内容资源的开发和聚集，是文化产业的源头和核心。图书出版在文化产业的重要地位决定了振兴出版是发展我省文化产业的首要任务，从这个意义上讲，"振兴四川出版"就是振兴四川文化产业。振兴四川出版的意义，不仅仅是为了把出版产业做大，还在于通过出版产业的壮大，带动整个文化产业的发展壮大。甘霖部长高度重视振兴四川出版，多次深入出版社调研，与一线编辑广泛交流，多次组织召开"振兴四川出版推进会"，就我的理解，这就是要抓住四川文化产业发展的核心和根本。

文轩作为四川出版的主力军，其发展速度和质量直接影响到四川出版的整体水平；振兴四川出版的成效，直接影响到我省文化产业的根基。甘霖部长的讲话，正是站在全省文化产业发展高度，基于文轩作为我省出版发行的主力军，基于文轩在我省文化产业发展中的重要地位和突出作用而言的。文轩只有加快发展步伐，才能充分发挥出版推动文化产业发展的基础性作用。

二、从两个方面发力推动文轩产业的快速发展

甘霖部长的讲话，既对文轩发展提出了新的目标，也对文轩相关管理部门及大股东提出了新的要求。甘霖部长的讲话隐含了一个产业发展道理：车要跑得快，就要解决好"车"和"路"的问题。文轩要加快发展，不仅文轩内部要解决好动力机制问题，而且文轩外部还需要解决好发展环境问题。这个道理很简单，文轩这辆"车"要跑得快，一方面车要好，路好车不好，车肯定跑不快，就像在高速公路上推独轮车，不管怎么努力也跑不出速度；另一方面路也要好，如果车好路不好，路上到处都是坑坑洼洼，障碍物多，红灯多，岔路口也多，再好的车子也很难跑得快。所以，只有把路好、车好这"两好"结合起来，才能够保障这辆车快速向前。对党委政府和相关主管部门来说，要求"车"跑得好，它们需要把注意力和着力点放在"修路"上，为车跑得好创造更好的环境条件；对企业来说，它们需要把注意力放在"车"怎么跑得快上，充分调动职工的积极性和创造力，不断增强企业内在动力，使企业跑得有力。

甘霖部长的讲话为文轩产业的发展指明了着力的方向。

一方面要解决"车"的问题，也就是文轩自身要进一步增强发展动力。两年多来，文轩深入贯彻落实"振兴四川出版"战略，使出版成为文轩产业发展的新引擎。但同时我们应该清醒地认识

到出版这个引擎的动力还不够强劲，与处于第一梯队的出版传媒集团相比，无论是在规模还是影响力上，文轩都还有很大的差距。甘霖部长在讲话中提出了进入全国第五的目标，我们要瞄准这个目标，实施对标发展，进一步增强出版发展动力。要着力解决内部机制不顺问题，完善公司法人治理结构，充分发挥股东大会、董事会、监事会等的决策与监督作用，建立更加适应市场经济要求的机制；要着力解决活力不够的问题，进一步深化改革，加大激励约束力度，赏罚分明，充分调动广大干部员工干事创业的积极性，让文轩这辆"车"动力更强、速度更快、跑得更好。

另一方面，解决"路"的问题，就是要为企业发展营造良好的环境。"车"的动力强弱是企业的问题；"路"修得好坏则是各级主管部门、大股东的问题。管理部门和股东单位要在尊重市场经济规律的基础上，把文轩作为市场主体看待，充分发挥上市公司的体制机制优势，按照国有控股上市企业的管理要求，依据责权对等的原则，制定科学合理的管理机制，不该管的事情坚决不管，该企业决策的事交还给企业，该由市场决定的事交还给市场。各级主管部门和单位应当把主要精力放在解决文化企业面临的体制不顺、机制不活、激励不够等自身难以解决的问题上，切实帮助企业解决发展的难题，为企业发展保驾护航，让文轩的发展走在一条畅通无阻的高速路上。

文化强省是一个相对概念，是与全国各省比较而言的。各省文化产业的竞争，表现出来的是企业之间的竞争，背后其实也是各省文化产业环境的竞争。从这个意义上说，文化强省建设的过程也是不断增强省际综合竞争能力的过程。

三、从两个角度做好文轩自身产业发展工作

学习了甘霖部长的讲话，作为文轩的主要负责人，我深感责任重大、任务艰巨。"路"应该怎么修，应该修什么样的"路"，这是管理部门和主管单位的事情。文轩作为肩负振兴四川出版重任的主力军，作为四川文化产业的龙头企业，作为一辆需要多拉快跑的"车"，一定要把自己的全部精力放在"车"怎么跑得好、跑得快上面。

文轩拥有出版发行全产业链，业务范围广泛，要推动产业整体发展，不能四面出击平均用力，而要从两个角度抓住产业发展的两头：

一头是要占据行业发展的制高点，构建产业竞争优势。在深入认识产业发展规律，牢牢把握产业发展新趋势的基础上，主动进行前瞻性的产业布局和业务布局，占据行业制高点，抓住产业发展的高端，掌握发展的主动权。

回顾文轩的发展历程，凡是我们主动出击、提前布局并占住了行业制高点的地方，后来都掌握了发展的主动权。11年前，文轩开始布局图书电商业务，2017年文轩网销售突破22亿码洋，已成为全国第三大图书电商，第一大国有图书电商。同样，我们在若干年前就开始布局教育服务产业的升级转型，现在文轩成为了全国教育信息化领域的领军企业。近两年，我们布局新零售书店文轩BOOKS、轩客会书店等，获得了全国书店同行的认可。站在这个制高点上，我们在行业里就有了话语权。今天，贯彻落实甘霖部长提出的目标要求，我们需要研究和思考文轩下一个制高点在哪里，怎样布局新的产业方位。在图书出版方面，我们要把发展的重

心放在出版社,通过成立天地社和少儿社两个出版子集团,抢占内容资源制高点,将其打造为文轩建设全国出版内容资源高地的桥头堡。文轩网走到今天,要思考下一个制高点在哪里,就是要建设"以互联网为依托的全国新型分销商",实现文轩网新的突破。在实体书店建设方面,要通过"多品牌、多团队、多模式"的经营思路,建设行业发展的新高地,进一步提升文轩书店品牌的影响力。

另一头,我们要认清自身的发展短板,采取切实措施改进不足。除了抢占制高点,我们还要对自身进行全面诊断,找到发展的短板,并寻求解决问题的良方。从文轩当前的发展来看,存在着以下短板:一是人才短缺日益显现。人是生产力中起决定作用的要素,出版业是知识密集型产业,发展主要靠人才。没有一支高水平的人才队伍,就难以支撑四川出版业的快速发展。二是融合发展力度不够。当前,新技术不断地催生新业态、新产品、新服务,出版业的融合发展已成为行业发展趋势。新华文轩在做好传统出版业务的同时,也在融合发展方面做了一些探索和尝试,但尚未形成产业规模和市场影响,尚未走出一条可持续的融合发展路子。三是管理创新不足。推动文轩产业发展,管理创新是必经之路,但我们还没有建立起与新业务发展相匹配的激励机制。

总之,省委为我们描绘了四川文化产业的宏伟蓝图,为我们指明了文轩产业发展的前进方向,让我们备受鼓舞。我们要进一步增强振兴四川出版、加快文化产业发展的信心和决心,坚持对标一流,奋起直追,以持续发展的良好态势和不断增长的经营业绩,开创文轩产业发展的新局面,为治蜀兴川大业贡献文轩智慧和力量!

在分析问题、解决问题中稳步向前 *

一、大众出版经营状况有喜有忧

从 2018 年前三季度的经营数据看，文轩出版的经营情况有喜有忧。喜的方面当然是我们有几个社继续大踏步向前：

一是少儿社、天地社保持高速发展态势。今年前 9 个月，两家出版社都保持了利润大幅增长。实际上我们在《振兴出版快报》上公布的数据是考核利润，扣除了一些摊销的费用，前三季度财报利润应该还要高一些。今年前三季度，天地社一家的利润就超过 5000 万元。对于这个情况，一方面我们不能过于乐观，因为还有一些需要摊销的成本要抵消一些利润，年底不会在这个基础上继续增加，但另一方面，我们的数据是与去年同期比较，有这么大幅度的增长，也着实是令人欣慰和高兴的情况。

二是人民社的经营状况今年有明显的改观。去年和前年，人民社的情况很令人担忧。我们说人民社有三大优势：品牌优势、人才优势、资源优势。但是，这两年这三个优势并没有显现出来。值得高兴的是，今年人民社的很多数据都显出一种积极向上的发

---

* 本文摘自 2018 年 11 月 8 日在新华文轩振兴出版前三季度经营分析会上的讲话。

展态势。好些指标的增长都走在各社的前面。去年1~9月人民社的利润是亏损685万元，今年同期利润是正的523万元，利润增加额达到1217万元。我们希望人民社要保持这种积极向上的态势，把三大优势真正发挥出来，成为四川出版的品牌社。

令人担忧的是，我们有四家出版社在去年利润大幅度增长的情况下，今年同期出现利润下降的情况。特别是文艺社，不仅利润大幅度下降（今年1~9月利润减少402万元）还成为唯一一家销售收入下降的出版社。巴蜀社、美术社、辞书社也都出现200多万元的利润减少。

我们反复说到一个理念，即我们对绝对数不是太看重，特别看重的是发展态势是上升还是下降。去年振兴四川出版成效显著，最大的一个特点就是我们每家出版社都有上好的表现，表现出积极向上的态势。今年在去年的基础上，一些出版社出现下滑，表现出不可持续的迹象，这是我们应特别警惕的问题。尽管下滑的指标主要表现在利润上，但这是最重要的指标，尤其是出现在三季度，这对全年的影响很大，需要我们相关出版社引起高度重视。

二、研判问题，找准措施

各社要分析前三季度状况的原因。发展好的社自己心中要知道好在什么地方，这些好的方面是不是可持续；出现问题的出版社，更是要对下滑的原因做出准确的研判，及时解决所面临的问题。这当中，请大家注意几个问题：

1. 认真研判问题。要认真研究前三季度的问题，力争在最后一个季度解决所面临的问题，实现全年的增长。大家要对每期《振兴出版快报》上的数据进行认真分析和研究。我们很多社领导总是习惯于凭经验和感觉做事，既不善于分析数据，也不深入研究问题。要做到科学管理，就要分析数据、研究问题。最近我们得知，一些出版社领导对《振兴出版快报》上公布的数据不以为然，既不横向与其他兄弟出版社进行比较，也不纵向与自己的过去做比较。在这种情况下，我都不知道你怎么做事，怎么决策。你做事的方向在哪里？你的着力点在哪里？凡是发展好的出版社都会注重并且善于研究问题、分析数据。甘霖部长说，他看到数据就兴奋，说到市场就来劲。分析不了数据，看不到问题，找不出症结，你就很难把工作做得越来越好。我看到有的出版社问题明明在东，它却朝着西边走。这是典型的跟着感觉走。

2. 充分估计形势。要充分估计到下一步面临的问题和困难，尤其是书号限制的问题，坚定地走好"三精"出版之路。现在我们面临的现实问题是书号限制。这是今年全国出版界的大势。我们振兴四川出版正在推进之时，面临这么一个情况，确实有点生不逢时的感觉。但是，我们做任何事都只能在既定的条件下，怨天尤人没有用。我们面对的是全国竞争，全国出版界都面临这样的环境，我们只能按照年初确定的"三精"出版理念来做好出版业务。

3. 抓住优质资源。无论是从我们出版社自身满负荷运转的情况看，还是从读者需要读什么的角度看，我们按照老思路已经难有大的发展了，所以我们需要创新思路，这就是我们反复强调的要走高质量发展之路。我最近讲到一个道理，即做出版，大家同样都是做编印发业务，但各个出版社的差距怎么那么大呢？问题就在于你编什么、印什么、发什么。不同的出版社，编印发的内容是不一样的，所以出版社根本的差距在于内容，在于各自的内容资源不同。做出版，不能"捡到篮子里的都是菜"，有什么出什么，一定要把工作重心放在抢抓优质内容资源上。出版社立于主动的制高点在哪里？就在获取优质内容资源的能力。所以，我们要把抓内容资源作为我们占据发展制高点的最重要的事情。振兴四川出版能否从根本上见到成效，就要看四川出版能否在全国建设成为内容资源高地。现在我们处在信息爆炸的时代，人们连免费的内容都看不过来了，难道还要为垃圾内容花钱吗？人们花钱买书，一定是花在精致的内容上。读者只会为精品图书付费。所以，我们不赞成通过上品种、上规模来谋求发展。解决当前出版经营中的问题，最根本的方法就是抓住优质内容资源，提高单品图书的效益。为什么老是强调选题、选题还是选题？道理就在这里。出版社要立于主动，形成良性循环，最重要的工作就是抓好选题。

4. 纠正几个认识误区。针对近期出版社出现的问题，需要纠正几个认识误区。

第一个认识误区：这两年振兴出版，各方面都压得很紧，现在应该轻松一下了。这个问题的背后就是不少人总想回到过去那种懒散无压力的状态。两年前就有这种情况，在振兴四川出版号角吹响的时候，有出版社还提出需要休养生息。现在有压力，很多人不适应、不习惯。实际上，有压力是工作生活的常态。任何优秀的出版社都是在压力中前行的。

第二个认识误区：现在强调社会效益了，新闻出版又划归宣传部直接管理了，所以经济指标要减小。甘霖部长多次讲到两个效益的关系，在多数情况下，这两个效益是统一的，没有好的经济效益就没有好的社会效益。有人认为不出事就是社会效益。极而言之，我们什么都不做就不会出事，但这就有社会效益吗？社会效益也好，经济效益也好，都要拿好书来说话。振兴四川出版，两个效益都要好。如果出事故，那就是一票否决的问题了。

第三个认识误区：有钱才做事，没有钱就不做事。在振兴出版的过程中，文轩公司倡导了很多要做的事情。有人就认为，公司倡导要做的，就要公司拿钱，我做事是为了给公司撑面子，所以公司需要在经济上兜底。比如说，公司要求各社推进"走出去"工作，那么你就应拿钱来让我们"走出去"；倡导做好主题出版，那么主题出版亏损了的，公司就要兜底。这是一个极大的误区。振兴出版涉及方方面面，文轩公司要给各社以指导，也要给予相应的支持，但是必须明确，所有的出版经营活动出版社是主体，做好相关工作，既是出版社的责任，也是出版社自身发展的需要。过去我们习惯花钱做事，做做表面文章，搞点热闹，这说明出版社还没有真正确立市场主体地位。我们需要通过振兴四川出版，让出版社有真正的发展。把"钱"变成"纸"不是本事，我们的能力要体现在把"纸"变成"钱"上。出版社作为市场主体，要主动做好自己本职工作，公司给予必要的指导和支持。我们既不会为了一时的热闹做花钱无实效的事，更不包办应该由出版社做的事。

关于报刊业务，前不久我们把报刊传媒板块也纳入"赛马"

当中，我们希望传媒板块各单位通过参与"赛马"，能够不断发展壮大，为振兴四川出版贡献自己的力量。

过去文轩在资本市场上形象不够好，一个重要的原因就是文轩很多分公司在财报上都是亏损状态。这给外界留下一个印象，即文轩的盈利能力不强，就是"靠教材教辅业务嘛"！去年文轩实现了很好的发展，不仅总量指标很好，而且结构性的情况也很好，我们出版板块的各个出版社扭亏为盈，我们传媒板块的很多机构也实现了微利，总体呈现出一种积极向上的态势。去年总结会上，我讲到火车头道理。过去是老式绿皮火车，一个车头带了很多车厢，车厢越多跑得越慢。现在变成了动车，每节车厢都有动力，车厢越多跑得越快。现在文轩已经从单引擎变为双引擎，以后还要变为多引擎。因此，文轩的机构，不论大小，都是文轩的一部分，都要投身到振兴四川出版的大潮中，实现又好又快的发展。

开创文轩出版"走出去"工作新局面[*]

今天是两个会议套开，两个会议的内容也有联系。除了分析三季度的经营情况，我们还要就加强文轩"走出去"工作做出一个安排部署。

一、充分认识出版"走出去"的重要意义

（一）文化"走出去"必然要有出版"走出去"

改革开放以来，中国经济发展取得举世瞩目的成就，而文化"软实力"却没能在国际社会拥有相应的地位。随着"一带一路"倡议的提出，文化"走出去"进一步上升成为国家战略。

出版"走出去"是对外宣传的重要组成部分。前不久召开的全省外宣工作推进会，新华文轩首次受邀参会并作为唯一企事业单位作大会发言。新华文轩作为全国领先的出版传媒企业、西部文化产业龙头企业，已经成为四川实施文化"走出去"的重要力量，也是四川出版"走出去"的主力军。

---

* 本文摘自 2018 年 11 月 8 日在新华文轩出版"走出去"工作推进会上的讲话。

（二）出版"走出去"是振兴四川出版的重要内容

振兴四川出版，不仅要开拓国内市场，还要努力开拓国际市场。只有把目标放在获取全世界优秀的内容资源、开拓全世界的文化市场，在全世界参与竞争，出版企业才会有更加旺盛和持久的生命力。

全国各省出版集团的竞争，一个重要方面就是在"走出去"上的竞争。目前，各省特别是出版强省，采取多种措施推动出版"走出去"，并且成效显著。以目前的情况看，全国各出版集团在出版"走出去"上的竞争越来越激烈。四川出版必须在"走出去"上在全国争得一席之地，否则四川就不能跻身全国出版第一梯队，就不能说四川出版实现了振兴。

（三）出版"走出去"是文轩自身发展的需要

按照战略规划，新华文轩在新时期的使命是要努力成为具有国际影响力的综合性文化服务集团。因此，我们必须在瞄准国内市场的基础上强化出版"走出去"，获得国际、国内两种资源，赢得国际、国内两个市场，只有这样才能真正提升市场竞争力，实现文轩的战略目标。

二、近年来文轩出版"走出去"工作成效显著

近两年来，我们把出版"走出去"作为振兴四川出版的重要内容来推动，取得了明显的成绩。

（一）版权输出量持续增长

图书版权输出是出版"走出去"最重要的方式，也是我们推动出版"走出去"的工作重点。2015年文轩的版权输出量为85项，2016年为136项，2017年为176项，2018年截至9月底已达230项，呈现持续增长之势。而且，版权输出的国家和语种呈现全面铺开之势。

特别难能可贵的是，从2018年开始，版权输出工作开始由单一、被动的机会性输出，向可持续的规模化输出转型。我们采取合作出版、设立联合编辑部、互换版权、打造产品线等一系列措施，为图书版权的持续性输出奠定了基础，今年版权输出的大部分品种都是在可持续模式下实现的。

（二）"走出去"影响力明显提升

2016年，新华文轩的国际出版综合能力首次进入"中国图书对外推广计划"全国排名前10位。在近两年版权输出大幅增长的情况下，文轩的名次有望进一步提升。另外，根据《中国图书海外馆藏影响力报告》，2018年新华文轩旗下有6家出版社入选馆藏影响力100强，入选单位数量位居全国前列。天地社、文艺社、人民社、美术社、巴蜀社和少儿社分别排名第37位、58位、70位、76位、90位和97位，这从一个侧面反映出文轩出版的国际认可度和影响力得到了有效提升。

（三）部分出版社逐渐找到了切合自身实际的发展模式

在近年的出版"走出去"实践中，多数出版社熟悉了市场、锻炼了人才、拓展了渠道、积累了客户，也衍生出了业态升级的新机遇。

少儿社首创了文轩的对外合作出版，在成功运营中法"熊猫编辑部"的基础上，整合南欧意大利、东欧波黑的资源成立了"欧洲图书中心"，围绕熊猫主题打造具有中国特色文化元素的童书和学汉语读物；文艺社与阿根廷出版社成立"中国—拉美文学合作出版工作室"，精选优秀四川作家及作品，实现中国和西班牙语国家优质文学的积极互动；美术社筹建的"南亚出版中心"被评为"国家文化出口重点项目"，该中心聚焦"图书出版＋文化活动"，计划明年年初在印度挂牌，搭建新华文轩对南亚国家的版权输出平台；人民社与语言桥集团成立"伦敦编辑部"，根据海外市场需求定制系列选题；天地社凭借内容优势，以产品线的形式向东南亚国家输出童书，同时与澳大利亚出版社开展版权互换，并量身定做市场化的社科读物。

多点开花的格局已初步形成，各出版单位以版权贸易为中心，不断融入其他业态，为今后开展融合出版、建设规模化输出平台、落地海外实体机构等产业化运作奠定了良好基础。

三、当前出版"走出去"面临的问题与不足

（一）重视程度不够

长期以来，国际出版没有引起我们出版社的足够重视，仅仅作为出版社锦上添花的点缀性工作，因此，"走出去"工作普遍面临机构不全、人员不专等问题。这种状况与四川出版社的发展

水平普遍较低有关。当温饱都没有解决好的时候，当然说不上层次更高的国际化问题了。

（二）与全国领先单位差距较大

与出版"走出去"走在全国前面的中国出版集团、江苏凤凰、浙江联合出版、中南传媒等集团相比，我们在很多方面都有差距。

一是版权输出数量相差较大。按照中宣部和新闻出版广电总局"中国图书对外推广计划"的统计标准，2016年中国出版集团输出版权最多，为495项，安徽时代出版为243项，浙江联合出版为282项，江苏凤凰出版为220项；单体社中，中国人民大学出版社为289项，北京语言大学出版社为192项。而文轩2018年才突破200项，与第一梯队有不小的差距。

二是在资金投入和工作力度上的差距大。一些领先的出版传媒集团大手笔推进"走出去"。江苏凤凰主打少儿产品及儿童图书发行渠道，2016年斥资8500万美元收购美国出版国际（PIL）童书业务，后者是全球最大的儿童出版业务之一；浙江联合出版的亮点在于联合国际知名童书作者和插画师，共同开发产品在中外发行，同时其下属浙江教育社利用自身的研发优势，面向东南亚及非洲规模化输出中小学理科类教材，效果颇佳；中南传媒聚焦教育出版，一方面将自己研发的教材输出海外，一方面与华为成立合资公司专攻海外教育信息化装备的细分市场。

三是在机构和人才队伍建设上的差距大。很多集团都专门设立了出版"走出去"内容研发机构，配备专门团队，并积极支持出版"走出去"工作人员参与广泛的国际交流与合作，在实践中不断增长才干。相比之下，文轩出版"走出去"业务仍处于初级阶段，在资金投入和做法上还是小打小闹，文轩需要在学习借鉴中不断去赶超。

（三）出版社之间发展不平衡

这两年，文轩在出版"走出去"上的成效显著，但各家出版社发展不平衡，各自的进步差距较大。对"走出去"重视的出版社，思路较清晰，成绩较突出，开始向可持续输出模式转型。但仍有不少出版社还停留在最原始的机会性生意阶段，版权输出数量很少。此外，出版社之间没有形成合力，各自为战，许多存量资源没有发挥出应有价值。

四、下一步出版"走出去"工作的思路与举措

（一）进一步厘清思路

"走出去"是一项系统性工作，慢不得，也急不得，必须实事求是、稳步推进。今后新华文轩"走出去"的工作思路是：以版权输出为基础，以合作出版和实物输出为两翼，以"一带一路"沿线国家和地区为重点，逐步开拓西方主流国家市场。通过建立"走出去"桥头堡，精耕细作，推动内容与渠道协同、线上和线下融合、出版与文化互动，打造全球性内容组织和文化宣传能力，为"讲好四川故事、弘扬中华文化、传播中国声音"发出文轩强音。

（二）进一步完善工作机制

一是各社思想上要高度重视。要把出版"走出去"纳入本社的重要工作常抓不懈，不能当成可有可无的点缀。二是人员机构要落实。社内要明确一位副社长分管出版"走出去"工作，每个社要有专人从事出版"走出去"业务，条件成熟的单位要设立专门机构。三是各社要制定切实可行的出版"走出去"规划。中短期规划要明确出版"走出去"的目标、路径和举措，并持之以恒地加以推进。四是社内要开展对出版"走出去"工作的考核。考核要奖惩兑现，对于年度目标完成好的版贸人员要予以奖励，不能胜任工作的应予以撤换。

（三）注重外向型选题策划

优秀的外向型选题是做好版权输出的基础和关键。各社要在自己擅长的专业领域深耕选题，不能靠四面出击撞大运；要按照省外宣工作推进会的要求，聚焦讲好"中国故事"，重点开发中华文化故事、四川发展故事方面的优秀选题。选题开发要对症下药，要针对特定外国读者的阅读需求、阅读习惯进行量身定做。选题开发视野要宽，注意把开拓国内市场和国外市场结合起来。

（四）设立若干区域性"走出去"桥头堡

深入开展"走出去"工作，必须在海外设立相应机构。由于在海外设立机构经营风险较大，我们鼓励条件成熟的出版社根据自身需要与外方共同设立机构，待发展到一定程度再上升为公司出版"走出去"工作平台，打造成公司区域性"走出去"工作的桥头堡、根据地。

目前我们特别关注三个单位的机构推进情况：一是少儿社以熊猫元素为主题的"欧洲图书中心"；二是文艺社与阿根廷出版社成立的"中国—拉美文学合作出版工作室"；三是美术社在印度设立的"南亚出版中心"。

我们希望这三个单位既要带着出版"走出去"的使命感，又要本着可持续、有实效的经营理念，做好相关工作。待条件成熟，公司将给予资源配置支持，力争使其成为可以为文轩各出版社提供"走出去"服务的版权输出平台。

（五）推动公司多业态"走出去"

除了版权输出，文轩还要发挥多业态、多媒体优势，积极推动文化"走出去"。比如，文轩网与北美华文书店合作建设电商网站，已成为北美地区品种最多、配送最快的线上中文书店。目前，文轩海外电商平台已经在北美、澳大利亚、欧洲三个地区落地，覆盖众多海外华人。

四川画报社配合省委省政府高访，连续八年在美国、英国、法国、俄罗斯、意大利等50多个国家和地区举办"锦绣四川"图片展，向世界人民展示四川绚丽的自然风光、丰富的民族文化和经济社会发展新貌。

四川读者报社联合熊猫基地，挖掘四川独有的熊猫文化资源，开发"看熊猫"系列产品，建设网络视频直播网站，打造"看熊猫"中英文期刊，面向熊猫基地、驻川领馆、航空公司等单位发放，广泛传播熊猫文化。

新华传播公司在 2015 年米兰世博会期间举办"中国彩灯节"，带动川内十余家企业参展，从灯展艺术、演艺、非遗产品、图书等方面为省内企业搭建"四川对外文化经贸交流平台"，吸引数十万人次前往参观，获得中外媒体高度评价。

四川数字出版有限公司通过三大海外渠道向国外累计输出电子图书版权共 1670 个。

这些都是文轩推动文化"走出去"的成果。下一步还要进一步发挥各自优势推动文化"走出去"，要以"产品"和"平台"两方面为重点进行布局，形成"走出去"合力。比如，为利用好熊猫 IP 资源，少儿社等机构通过海外合作，共同策划和出版关于大熊猫的多语种图书，并在海外公开发行；与大熊猫各研究中心和机构等达成战略合作，在大熊猫赠送国出版不同语种的熊猫刊物，广泛传播大熊猫的科普知识和文化，逐渐形成文化交流中心，举办文化论坛，开展文化交流活动；利用"看熊猫"新媒体集群的传播优势，在全球范围推广熊猫文化，构建立体传播体系，同时开发相应的特色文创产品，构建海外文化产品交易平台。

（六）完善考核激励措施

今年年初运营中心与出版管理部共同优化了本年度出版"走出去"的考核体系，赋予了出版"走出去"更多加分，首次将图书落地出版作为加分项。今后公司还要出台系列奖励措施，在年终评优评先中为出版"走出去"工作设立专项奖，对成绩突出的单位、个人、项目进行奖励。下一步，公司层面还要在学习借鉴其他集团经验的基础上，考虑建立"走出去"专项支持资金，切实支持出版"走出去"走得更好、更稳、更有效。

（七）培养优秀出版"走出去"人才队伍

近年来，随着出版"走出去"工作的不断进步，新华文轩涌现了一批出版"走出去"优秀人才，这是很宝贵的财富。目前文轩能独当一面的"走出去"复合型人才还很不够。为大力拓展国际业务，各社要根据业务需要引进和培养出版"走出去"高端人才。公司已经出台了引进高端人才、解决人力成本的计划，引进出版"走出去"人才可以纳入这个计划。人才建设的重点还是要放在对现有人才的培养上。公司要举办各类出版"走出去"业务研讨会、培训学习会，分享行业经验与案例，同时通过组织参加各类国际书展，在实践中提升业务人员的能力。

我们"模样"在变，但初心不改[*]

——《中国新闻出版广电报》记者专访

新华文轩出版传媒股份有限公司是我国第一家"A + H"双上市的出版传媒企业。改革开放 40 年来，新华文轩因改革而生，因改革而兴，积极探索文化产业发展之路，取得了行业瞩目的发展成就。正如新华文轩董事长何志勇所说："40 年来，新华文轩牢牢把握时代机遇，在党和政府的支持和鼓励下，改革的脚步从未停止。全体文轩人发扬改革精神，真抓实干，奋力开拓，在取得显著社会效益的同时，企业自身也得到了前所未有的发展。"

一、改革发展一直走在全国前列

党的十一届三中全会以来，我国出版发行业迎来了历史性的发展机遇，四川的出版社与新华书店也进入了一个新的发展时期。据何志勇介绍，从 1978 年开始，四川出版社突破地方出版社的"地方化、群众化、通俗化"方针，贯彻"立足本省，面向全国"战略，推出了一大批优秀图书，出版"川军"名扬天下。1992 年，四川

---

* 本文为《中国新闻出版广电报》记者刘蓓蓓对作者的专访稿，原文刊载于《中国新闻出版广电报》2018 年 12 月 19 日。

首次组建出版集团，实行政企分开，出版体制改革走在全国前列。

1991年，全省书店沿着"深化改革，转换机制，强化管理，加快发展"的思路，率先开办图书音像批发市场，举办不同类型的书市书展，试行图书推销员制，通过代理制、投资包销等改善供销关系，更新管理技术……通过实行一系列的改革举措，四川新华书店逐步形成集图书购销、集散、运输、结算为一体的大型发行网络。

进入21世纪，四川新华书店改革的步伐迈得更大，走得更快。

2000年，四川省新华书店、四川省外文书店、四川省出版对外贸易公司重组成立了四川新华书店集团有限责任公司，即现在的四川新华发行集团有限公司，开始公司化改造。

2003年6月，四川新华发行集团被中央确定为全国文化体制改革试点单位。同年，四川省委、省政府正式批准将全省各市（县）新华书店国有资产授权集团公司经营。2005年5月，四川新华发行集团集中与主业相关的优质资源，吸纳民营资本和行业内其他国有资本，正式成立四川新华文轩连锁股份有限公司。2007年，新华文轩在香港（H股）上市，成为国内首家在港上市的出版发行企业。

时间来到2010年。这一年对于新华文轩意义重大，因为四川出版集团旗下15家出版单位的100%股权全部整合进新华文轩，由此打通了出版发行产业链，公司更名为新华文轩出版传媒股份有限公司。

2016年，新华文轩在上海证券交易所正式挂牌上市，成为全国第一家"A + H"双上市出版传媒企业。

二、创新前行紧紧抓住时代机遇

曾经辉煌的四川出版，近年来与行业先进集团相比落后了，实体书店在互联网大潮的影响下，也遭遇到转型难题。为此，2016年四川省委宣传部提出了"振兴四川出版、振兴实体书店"的战略部署。新华文轩聚集了四川的主要出版发行资源，在"双振"战略中承担着主力军的重要责任。

两年多来，新华文轩深入推进"振兴四川出版"战略，通过实施反哺出版、"赛马"机制、资源整合、产业链协同发展等措施，文轩出版的产销规模、盈利水平实现历史性跨越，全国市场排名从2015年的第26位提升到2017年的第15位，排名增速连续两年全国第一。据何志勇介绍，文轩出版连续两年超过30种出版物进入全国畅销榜前500名；两家出版社进入全国前100位，其中四川少年儿童出版社进入全国前50位。2018年上半年，文轩大众出版的市场销售同比增长57%，净利润增长了近30倍，全国排名进一步提升到第13位。文轩出版的高速发展，已成为新华文轩产业发展的新引擎。

在实体书店转型上，新华文轩提出"多品牌建设、多团队运营、多模式发展"的思路，根据读者阅读差异化需求推出不同的实体书店品牌，并通过专业化的团队运营和创新性的商业模式，为读者提供便捷、舒适、智能和个性化的阅读服务，打造了从省到市再到县（区），从购物中心到社区、机关和学校的实体书店网络，形成了"大书城顶天立地，小书店铺天盖地"的现代阅读服务网络体系。

　　何志勇告诉记者，2017 年是新华文轩实体书店加速探索发展模式、加快转型升级步伐的一年。

　　在巩固传统出版发行产业优势的同时，新华文轩紧紧抓住互联网发展机遇，通过数字化转型、平台化升级、网络化拓展，推动电子商务、数字出版和出版供应链服务等新兴业态的发展。文轩旗下的四川文轩在线电子商务有限公司，现已形成传统出版物网上销售平台文轩网，数字图书加工、管理、销售平台九月网，以及出版物协同交易平台三大业务板块，2017 年销售规模达 22 亿元，超越亚马逊，跻身出版物电子商务前三名。

　　进入新时代，踏上新征程。"从新华书店到新华文轩，八十载春秋交替，我们始终相伴；从图书发行到内容出版，四十年创新发展，我们一路向前。"何志勇说，新华文轩"模样"在变，但初心不改。面向未来，新华文轩将不辱使命，加快创新发展，争创国内一流的出版传媒集团，努力打造世界知名的文化品牌，为新时代中国特色社会主义文化建设事业贡献力量。

坚持改革创新，争创中国一流出版传媒集团 *

——《中国出版传媒商报》记者专访

《中国出版传媒商报》编者按：作为社会主义文化事业的重要组成部分，改革开放40年来，新华书店始终贯彻党和国家的文化发展战略，承载着人们对知识的渴望，也承担着"国字号"文化企业繁荣图书市场、传播先进文化、满足广大群众精神文化需求的沉甸甸责任。从40年前那个"阅读饥渴"的年代到满城书香的当下，改革开放让新华书店愈发光彩夺目，已成为读者的精神家园、城市的文化名片，成为人们心灵深处的一盏明灯。值此改革开放40年之际，在新华书店转型升级的关键节点，《中国出版传媒商报》特邀请来自全国各地的24位新华领英人物，以"出版发行业革新40年"为主题，从大咖们的视角展现各家企业改革开放40年来的发展历程和变革风采。今日呈现新华文轩出版传媒股份有限公司董事长何志勇专访。

新华文轩出版传媒股份有限公司是我国第一家"A＋H"双

---

* 本文原载《中国出版传媒商报》数字版2018年12月21日。

上市出版传媒企业。改革开放 40 年来，新华文轩牢牢把握时代机遇，在党和政府的支持和鼓励下，改革的脚步从未停止，创新的步伐不断迈进。全体文轩人发扬改革精神，真抓实干，奋力开拓，努力探索文化产业发展之路，取得了行业瞩目的发展成效。

一、振兴四川出版，进军全国出版一流方阵

文轩出版作为四川省出版业的主体力量，承担着传承巴蜀优秀文化、建设文化强省的重要使命。2016 年，新华文轩全面启动振兴出版工作，力争用三年时间完成五年的目标。两年多来，新华文轩强化出版的战略地位，通过实施反哺出版、"赛马"机制、资源整合、产业链协同发展等一系列切实有效的措施，文轩出版的产销规模、盈利水平实现历史性跨越，全国市场排名从 2015 年的第 26 位提升到 2017 年的第 15 位，排名增速连续两年全国第一。文轩出版连续两年有超过 30 个品种进入全国畅销榜前 500 名，均是四川出版史上首次。两家出版社进入全国前 100 位，其中川少社进入全国前 50 位。2018 年上半年，文轩大众出版的市场销售同比增长 57%，净利润增长了近 30 倍，全国排名进一步提升到第 13 位。文轩出版的高速发展，已成为新华文轩产业发展的新引擎。

二、振兴实体书店，从经营产品向阅读服务转型

近年来，随着互联网经济的发展，实体书店所处的环境发生了深刻变化。2016 年，新华文轩全面实施"振兴实体书店"战略，主动适应文化消费新趋势，从经营产品向阅读服务转型。新华文

轩提出了"多品牌建设、多团队运营、多模式发展"的思路，根据读者的阅读差异化需求推出不同的实体书店品牌，并通过专业化的团队运营和创新性的商业模式为读者提供便捷、舒适、智能和个性化的阅读服务，打造了从省到市、县和区，从购物中心到社区、机关和学校的实体书店网络，形成了"大书城顶天立地，小书店铺天盖地"的现代阅读服务网络体系。2017年是新华文轩实体书店加速探索发展模式、加快转型升级步伐的一年。文轩BOOKS九方店探索"书店＋地产"经营模式，Kids Winshare儿童书店深挖细分市场，宜宾购书中心开启二级城市商业综合体书店，文轩云图开创全民阅读新模式……新华文轩通过多品牌实体书店建设，满足细分市场的不同消费需求，为人民群众提供优美舒适的文化阅读环境、文化休闲服务和"文化＋科技"新体验，做强做优出版发行主业，努力从发行渠道商向阅读服务提供商转型。

三、紧抓科技发展机遇，向互联网经济转型

在巩固传统出版发行产业优势的同时，新华文轩紧紧抓住互联网发展机遇，通过数字化转型、平台化升级、网络化拓展，推动电子商务、数字出版和出版供应链服务等新兴业态的发展，不断向互联网经济转型。从零起步的四川文轩在线电子商务有限公司，现已形成传统出版物专业销售平台文轩网，专业从事数字图书加工、管理、销售与数字出版业务的数字化平台九月网，以及为出版发行行业提供全环节服务的出版物协同交易平台三大业务

板块。其中，文轩网在继承中不断创新，采用"自营平台＋全渠道网络连锁""综合旗舰店＋专业店"并行的商业模式，不断扩大销售规模，2017 年实现销售 22 亿，超越亚马逊，跻身出版物电子商务三甲。文轩网在成都、无锡、天津拥有三大物流仓储中心，合计面积达 12.6 万平方米，形成了辐射全国的物流仓储配送体系，常备图书 85 万个品种，订单生成峰值每分钟 10 万单，每秒发出图书 15 册，80% 城市可实现"次日达"。

四、用心服务教育事业，推动教育服务信息化

增强教育服务能力，助推四川教育事业的发展，始终是新华文轩不懈的追求。作为四川唯一拥有教材发行资质的教育服务提供商，新华文轩凭借强大的物流能力、广泛的销售网络及丰富的教材发行经验，自 2005 年四川省开始试点推行中小学教材的招投标起，就不断成功中标四川省中小学教材发行业务，以自身的专业能力成功捍卫了它在四川教育服务领域的"龙头地位"。在连续 40 年实现"课前到书，人手一册"的同时，新华文轩以市场为导向，以更好地服务教育事业为己任，在推进传统业务的转型升级方面也取得了不俗的业绩。新华文轩抓住教育与科技融合发展新机遇，坚持创新引领发展，不断将科技进步的最新成果引入教育服务领域，构建教育产品和服务融合发展体系。经过多年的努力，新华文轩教育服务板块多元化的业务格局已初步形成：从以前的"单一的教材教辅发行业务"，发展成为现在的"以教材教辅为基础，教育信息化和教育装备业务为重要发展方向的三大业务"，基本

实现了对中小学校教学资源、教学设备的全环节、全过程服务覆盖。

进入新时代，要满足人民过上美好生活的新期待，必须提供丰富的精神食粮。新华文轩将把握国家大力发展文化产业的战略机遇，聚焦出版传媒主业，为产业发展插上互联网和资本经营的翅膀，推进传统业务转型升级和新兴业务融合发展，构筑一流内容生产体系、一流教育综合服务体系、一流文化消费服务体系，不断满足人民群众的文化生活新需求，打造最具创新成长性的一流出版传媒集团。

创新高端人才培养模式
助推"振兴出版"再上新台阶[*]

在改革开放四十周年之际，我们相聚在这里，隆重举行新华文轩博士后科研工作站揭牌仪式暨与四川大学、电子科技大学联合培养博士后协议签署仪式，创新高端人才培养模式，助推"振兴出版"再上新台阶。

古人云："盖有非常之功，必待非常之人。"古往今来，任何事业的发展都离不开人才。进入新时代，在我国经济由高速度增长转向高质量发展的新阶段，习近平总书记指出，在发展中一定要坚持人才是第一资源的理念。作为创意产业，出版业必须把人才作为最核心的要素，最大限度地激发人才的创新潜能，进而实现产业的创新发展。可以说，出版业的高质量发展表在产业、里在企业、根在人才，人才是出版产业高质量发展的第一推动力。

作为我国出版改革先进企业，全国唯一的"A + H"双上市出版传媒企业，新华文轩通过深化改革、聚集人才，产业发展取得了显著成效。2017 年，新华文轩实现营业收入 73.5 亿元，同比增长 15.57%；实现利润 9.24 亿元，同比增长 42.69%，是国内盈

---

* 本文摘自 2018 年 12 月 25 日在新华文轩博士后科研工作站揭牌仪式上的致辞，原文刊载于《文轩人》2019 年第 1 期。

利能力最强的出版传媒集团之一。特别是，自 2016 年甘霖部长做出"振兴四川出版"的重要指示以来，新华文轩克服资金缺乏、资源不足、机制僵化等一个又一个困难，应对出版成本大幅上升、市场竞争更加激烈、传统出版市场增长放缓等一个又一个挑战，通过推行"赛马"机制、导师制、首席编辑制等一系列人才建设创新举措，极大地释放了出版活力，在一个平稳的传统出版市场逆市崛起，全国市场排名从 2015 年的第 26 位提升到目前的第 13 位，文轩大众出版从 2015 年亏损 2880 万元到今年盈利 1 亿元，振兴四川出版成效被业界誉为"四川出版现象"。

今年 6 月，省委十一届三次全会做出了加快文化强省建设的战略部署。建设文化强省，需要强有力的文化产业支撑；发展文化产业，需要高层次的人才队伍支撑。为此，新华文轩深入实施创新驱动战略，进一步突出人力资源在产业发展中的基础性作用，在抓好技术型、操作型人才建设的同时，加强高层次人才队伍建设。建设博士后科研工作站，与高等院校联合培养博士后，就是我们推进创新型高层次人才建设的最新举措。在新华文轩的努力和各级主管部门的支持下，2017 年 11 月，新华文轩获得省人社厅批准，设立省级"博士后创新实践基地"；2018 年 10 月，新华文轩获得国家人社部批准，设立国家级"博士后科研工作站"。新华文轩是四川省属文化企业中第一家获得博士后科研工作站及博士后创新实践基地的单位。新华文轩的产业布局涵盖出版传媒全产业链，科研方向广泛，产业课题众多，对立志在出版传媒产业创新创业、发展事业的博士来说，新华文轩是一个施展拳脚的理想场所，也是一个能自由翱翔、充分绽放的广阔舞台，欢迎各大高校的优秀博士们来新华文轩博士后科研工作站,与我们一同书写属于自己的精彩人生篇章!

文化产业高层次人才培养,离不开高等院校的支持。四川大学、电子科技大学是我国著名的高等学府,具有深厚的科研实力、丰富的教育经验和一流的管理水平,为我省高层次人才培养做出了巨大的贡献。四川大学与电子科技大学也是新华文轩的老朋友。新华文轩与四川大学在 2016 年就建立了人才战略合作关系,共同创建了国家级"双创"示范基地。新华文轩与电子科技大学携手合作,创建了国家级"新闻出版业科技与标准重点实验室",共同探索我省新闻出版融合发展之路。今天,新华文轩与四川大学、电子科技大学签署联合培养博士后协议,就是要通过产学研结合,组建卓越的导师团队,投入充足的科研经费,搭建广阔的实践平台,建设高端的学术智库,为我省出版产业的发展和文化强省建设共同培养高层次人才。在未来,我们希望与包括今天到会的更多高校签署联合培养博士后协议,为四川文化强省建设提供源源不断的动力!

今天,新华文轩博士后科研工作站的成立,在新华文轩产业发展史上具有里程碑意义,我们希望以此为起点,为我省文化强省建设培养更多的高层次人才,造就新时代蜚声全国的"出版川军"与"文化川军"!

最后,感谢国家人社部的信任!感谢省人社厅的指导与支持!感谢今天光临现场的各大高校领导的支持!感谢来自全国各地的专家学者!你们的坚定支持就是新华文轩博士后科研工作站扬帆远航的坚强后盾!新华文轩博士后科研工作站将肩负时代使命,履行责任担当,早出成果,多出人才,为四川文化强省建设做出新的贡献!

振兴出版 2018 年度业绩报告 *

2008 年以来，四川出版的市场排名始终在 25~29 位徘徊（全国共 36 家出版集团），2015 年仍处于全国第 26 位。2016 年 8 月，"振兴出版"战略开始实施，新华文轩取得快速发展。2015~2018 年，文轩出版的市场排名从第 26 位上升至第 13 位，市场份额从 0.52% 上升到 1.71%，实现 20 年来（开卷监控市场数据以来）的最高市场占比。

一、销售收入和利润大幅增长，利润首次过亿

（一）大众出版总体销售稳步增长

2018 年，文轩旗下 9 家出版社总体销售码洋为 21.60 亿元，同比增加 5.87 亿元，增长率为 37.32%。9 家出版社的大众图书总收入（不含征订教育产品）为 7.8 亿元，同比增加 2.1 亿元，增长率为 36.84%。整体来看，总收入呈现出稳步增长的态势。

（二）大众出版利润继续保持大幅增长

2018 年，文轩旗下 9 家出版社的大众图书总利润为 1.20 亿元

* 本文摘自《振兴出版快报》2019 年 2 月总第 11 期。

（此为费用摊销后的考核利润，实际财报利润数据还会大一些），比 2017 年文轩大众出版利润的 5100 多万元增加了 6900 多万元，同比增幅超过 135%。2018 年文轩大众出版利润继续保持大幅增长。

2018 年，文轩出版旗下九家出版社的大众出版利润有跌有涨，其中利润最高的出版社是少儿社，利润为 6592 万元，其次是天地社，利润为 4132 万元，第三名是文艺社，利润为 422 万元。辞书社、美术社、巴蜀社的利润有所下降，其中巴蜀社利润下滑主要是因为完成多年前国家重点项目而形成了较大当期费用。

二、市场排名稳中有升，创历史新高

文轩出版 2018 年总体市场排名为全国第 13 位，同比上升 2 个位次，进入全国 36 家出版集团第二梯队第 3 位。文轩出版 2018 年的市场监控总码洋为 9.07 亿元，比 2017 年同期增长 73%；市场占有率为 1.71%，比 2017 年增加 0.44 个百分点；总动销品种 17330 种，同比增加 1878 种；新书品种 3267 种，同比增加 534 种。文轩 2018 年的出版效率为 1.93，比 2017 年度增加 0.38，为近年来最高。从出版效率这一指标来看，文轩出版图书位列全国第 4 位，仅次于中国国际出版集团、陕西传媒和中南传媒。

三、腰部产品逐渐增多，销售结构趋于合理

文轩出版 2018 年共有 43 个品种进入全国畅销榜 TOP 500，比 2017 年增加 11 种。2018 年监控销量 2 万册以上的图书品种为 193 个，比 2017 年多 74 个，其中监控销量超过 50 万册的品种为

4 个，监控销量 30 万～50 万册的品种为 24 个，10 万～30 万册、5 万～10 万册、2 万～5 万册销量级别的品种数均超过 2017 年。文轩出版畅销榜的中间产品品种数逐年增多，销量结构从"⊥"向"△"逐渐转变，腰部得以夯实，"三精"出版成效初步显现。

四、码洋增长远高于品种增长，"减品种、上效益"初见成效

2018 年，文轩出版进入更高层次的出版竞争领域。2018 年 1 月，我们提出"精准出版、精细出版、精品出版"的"三精"出版理念，旨在改变上品种、上规模等传统粗放的出版方式。2018 年，在开卷监控数据动销品种增长率下降的情况下，文轩出版实现了以下三个指标的上升。

一是销售码洋大幅上升。2018 年新书品种为 3267 种，同比增长 20%，较 2017 年 25% 的增长有所放缓，但销售码洋增长率却从 2017 年的 48% 上升到 128%。

二是出版效率提高。尽管动销品种增长率在下降，但出版效率依然从 2017 年的 1.55 上升到 1.93，而在 2016 年之前文轩出版的出版效率都在 1 以下。

三是新品单品销量上升。2015～2018 年各年单品平均销量分别为 995 册、1583 册、2179 册、3044 册，2018 年新书单品平均销量同比增长 40%，是新品品种增长率的两倍。

品种增长率下降的同时，出现销售码洋、出版效率和新品单品平均销量的大幅上升，这意味着单本图书的效益在不断提升，

文轩正在摆脱上品种、上规模等传统粗放的发展方式，逐渐从高速度增长向高质量发展迈进。

五、创新"走出去"模式，版权输出数量大幅增长

2018年，新华文轩版权输出向可持续增长转型，取得显著成效。全年实现版权输出272项，较上年增长近100项，增量为历年之最，其中按可持续模式输出的比例为52%，市场化产品占比66%，持续增长基础明显向好。

以"三精"出版为理念
推进文轩出版高质量发展[*]

　　奋进在振兴出版的征程上，时间总是过得很快，转眼就 2019 年了，振兴出版工作进入第四个年头。出版工作会作为新华文轩的开年第一大会，也已经连续召开四年，凸显了出版工作在文轩工作全局中的极端重要性。三年来，文轩振兴出版工作取得了显著成效，五年目标三年得以实现。振兴出版进入新阶段后，如何进一步加快发展，需要我们深入思考和研究。今天召开这个出版工作会，目的就是回顾和总结振兴出版三年来的经验得失，研究振兴出版进入新阶段后面临的新形势和新问题，统一思想，理清思路，部署下一阶段的振兴出版工作，推动新时代文轩出版向更高质量迈进。

一、振兴出版三年来取得的主要成绩：五年目标三年实现

　　2016 年，省委常委、宣传部部长甘霖同志做出"振兴四川出版"重要指示后，新华文轩制定了振兴出版规划，明确提出销售码洋

---

* 本文为 2019 年 1 月 25 日在新华文轩 2019 年出版工作会上的讲话摘要，原文刊载于《振兴出版快报》2019 年 2 月总第 11 期。

20 亿元、销售收入 10 亿元、利润 1 亿元的五年规划目标，随后又提出了"五年目标三年实现"。在当时文轩出版社普遍亏损的情况下，我们提出 1 个亿的利润目标，很多人认为简直是天方夜谭、遥不可及。三年来，我们围绕这个目标全力推进振兴出版工作，采取突出出版战略核心地位、建立反哺出版机制、推行出版"赛马"机制、整合内外出版资源、实施"非均衡发展"战略、推进产业链协同发展等实实在在的举措，切实解决了出版社长期面临的困难和问题，出版利润实现历史性跨越。

记得 2015 年的时候，文轩出版整体亏损 2880 万元，2016 年实现盈利超 500 万元，2017 年盈利超 6000 万，2018 年利润超过 1 个亿。利润过亿是振兴出版的标志性成果，我们振兴四川出版的第一个愿景变成现实，五年目标三年实现了。另外，经过三年的奋斗，2018 年文轩出版在全国 36 家出版集团中总体市场排名第 13 位，比 2017 年上升 2 个位次，比 2016 年上升 6 个位次，比 2015 年上升 13 个位次，排名增速在全国 36 家出版集团中连续几年排名第一。

出版利润过亿的背后是文轩出版经营管理水平的不断提升，是文轩好书的不断增多，是认同和喜爱文轩出版的读者的不断增多。三年来，我们推出了《米小圈上学记》等双效俱佳的超级畅销书，出版了《中国的品格》《太空日记》《高腔》《红船》等优秀主题出版图书，出版了《汉声中国童话》《汪汪队立大功儿童安全救援漫画故事书》等优秀少儿图书，出版了《马识途全集》《百年陈子庄》等优秀文学艺术图书，出版了《华西医院辟谣小分队医学科普读本》等优秀科普图书，出版了《蒙文通全集》《四川民歌采风录》《十三经恒解（笺解本）》等优秀古籍图书。此外，我们还历史性地完成了国家重大出版工程《中华大典·医药卫生典》3个分典和《中华大典·经济典》7个分典共计超过1亿字的编辑出版工作，为这项从1990年启动至今近30年的重大出版工程交上了圆满的四川答卷。2018年，文轩出版销售2万册以上的图书为193种，比2015年增长近10倍；销售10万册以上的图书为64种，而在2015年仅有2种。图书版权输出272项，比2015年增长220%。

除了市场的认可，我们在社会效益方面也喜获丰收。入选国家重点项目与获得国家级大奖的数量创历史新高。三年来，文轩出版共有33个项目入选"十三五"国家重点出版规划项目，33个项目入选国家出版基金资助项目，8个项目入选国家古籍整理出版专项经费资助项目，8个项目入选中国出版政府奖，9个项目入选中华优秀出版物奖，无论是入选国家级大奖数量，还是入选国家级重点项目数量，均连续三年刷新文轩出版入选该类奖项和项目的历史最高纪录，入选数量也屡居全国出版集团前列。这是对文轩好书的国家表彰，也是对文轩传承和弘扬中华文化的充分肯定。

这些数据让我们看到了振兴四川出版的成效，也看到了四川出版振兴的光明前景。出版数据的增长，给文轩出版带来了几个深刻的变化。

第一个变化也是最大的变化，即出版业务从过去作为文轩的拖累，成为文轩发展的引擎。出版社进入文轩很多年了，但外界长期把文轩看作是一家单纯的发行企业。这一方面说明文轩发行强，另一方面也反映出我们的出版太弱了。发行和出版两个轮子，一大一小，极不协调，这必然使文轩这驾马车跑不快。振兴出版三年来，文轩产业发展取得显著成效，公司总利润连续两年实现大幅增长。2017 年文轩总利润实现前所未有的高速增长，2018 年成为公司总利润又一个高速增长年，其中一个重要原因，就是原来长期拉后腿的出版业务一改颓势，利润历史性地突破 1 亿元，成为文轩新的增长极，成为推动文轩产业发展的新引擎。以前我们是单引擎，现在是双引擎，未来我们希望是多引擎。随着出版的迅速崛起，文轩发行强出版弱的产业格局得到了明显改善。出版与发行两大业务均衡发展，相互促进，文轩产业高质量发展的基础就会越来越牢固。

第二个变化是文轩出版从普遍小、散、弱的局面，转变为大中小结构合理的格局。三年来，我们实施"非均衡发展"战略。在这一过程中，有些出版社脱颖而出，成为大社、名社、强社，有些出版社找到了自己的优势，朝着"小而美"的方向发展，文轩出版形成了大中小结构合理的格局。2018 年，四川少儿出版社全国市场排名第 32 位，天地出版社全国市场排名第 53 位，两家出版社销售码洋占文轩出版总销售码洋的 60% 以上，成为领涨文轩出版的核心力量。2018 年除少儿社和天地社外，还有 5 家出版社年销售码洋突破亿元大关，支撑着文轩出版整体实力的快速提升，使其跻身第二梯队。辞书社、巴蜀社等坚持自身发展优势，聚焦专业出版，成效明显，在各自细分领域努力耕耘。合理的出版结构是文轩出版可持续发展的基础。

第三个变化是文轩出版重拾信心，做强出版主业的士气空前高涨。这个变化是无形的，但也是最重要的。曾几何时，四川出版人信心全失，不仅出版社员工常常被其他业务板块的人瞧不起，出版人自己也垂头丧气，觉得四川出版不可能搞好。"败军之将，焉能言勇。"在三年前刚启动振兴出版工作时，人们对四川出版能不能振兴充满疑虑。三年来，通过公司上下齐心协力，文轩振兴出版工作取得了显著成效，个别社还出现了飞跃式的发展，极大地增强了我们做好出版的信心。面对一年比一年好的数据，一年比一年好的业绩，四川出版的形象和面貌发生巨大变化，文轩出版人用自己的漂亮业绩证明了四川出版人是能够做出版的，是能够做好出版的，是可以不输于任何人的。现在文轩出版人扬眉吐气，士气空前高涨，这与三年前形成鲜明对比。有了这样的信心，我相信，在未来很多年，文轩出版都会走在一条蒸蒸日上的发展道路上。

　　第四个变化是文轩出版已经开启了从数量增长型向质量效益型迈进的新征程。2018年年初我们提出了"三精"出版理念，开始向质量效益型的方向迈进。2018年年中，总局开始限制书号，外部环境也不允许我们继续走数量增长型的老路。在这样的情况下，我们更多地是要靠提高图书的质量、靠单书效益增长谋求发展。2018年文轩出版在品种增幅下降的同时，实现了销售码洋大幅上升，利润翻番。这说明我们的单品效益在上升，"三精"出版开始见成效，文轩出版开始朝着高质量发展的方向迈进。

　　振兴出版三年来取得的成绩来之不易，是全体文轩人团结拼搏、互相协作、一步一个脚印干出来的，它凝聚着在座每一个人的心血和汗水。文轩出版人为四川出版而努力奋斗的日日夜夜将永远镌刻在四川出版的史册上。今天，我们有理由享受这份喜悦，分享这份荣光！

　　我时常说，总结工作谈成绩，研究工作讲问题。今天的会议主要是研究工作，在享受喜悦的同时，我们更要看到问题。我们必须清醒地看到，文轩出版还存在很多问题，进入新的发展阶段，文轩出版也面临着新形势新挑战，需要我们深入研究、精准发力，推动振兴出版向更高质量迈进。

二、文轩出版存在的主要问题："三精"出版任重道远

（一）粗放发展的倾向仍然存在

　　部分社盲目扩大规模。有的出版社没有将思想和行动统一到公司的战略部署上来，仍然在盲目扩大品种，这个情况不仅与公司的要求不相适应，而且与整个大的出版形势也不合拍。这些社的出版结构也不尽合理，出书品种主要集中在少儿文学、名著解读、生活百科、大众健康、少儿科普等方面，体现出版质量的高水平原创图书少，高水准项目储备也不多。

　　还有个别社顾头不顾尾，不重视后期管理。它们只注重跑选题、做项目，忽视了后期管理，结果优质出版资源拿来了，资金和人力也投入了，但由于制作不精细，推出来的一些图书不能令人满意。

　　营销宣传缺乏创新。部分出版社营销宣传工作趋于简单化，座谈会、新书发布会等的后续工作缺乏创新，对图书销量的促进作用不大。营销宣传工作对新媒体的利用还不充分，对营销宣传人员的激励机制还没有真正建立起来。

　　风险管理不到位。有的社风险防控意识还不强，管理也不到位，出版社在对外投资、资产处置等重大事项上存在随意性。

（二）出版质量存在隐患

国家新闻出版总署和省新闻出版局组织的图书编校质量和印装质量检查中，文轩个别社有不合格图书，这几乎都是出书品种仍在不断增长的出版社。这暴露出 2018 年文轩出版在质量管理中存在的问题。这给振兴出版埋下了隐患，"千里之堤，溃于蚁穴"，编校质量和出版事故之间只有一线之隔，不可掉以轻心。提高出版质量是一个系统工程，也是一个长期过程，要高度重视，常抓不懈。

（三）品牌意识不强，知名品牌不多

第一，品牌意识不强。部分出版社没有把品牌建设提到应有的高度，意识和举措都不到位，导致资源投入大，效益收获小。第二，品牌图书不多。目前，文轩出版年销售 1 万册以上的图书已经超过 350 种，年销售 10 万册以上的图书也有 64 种，相比三年前有很大进步，但我们在全国叫得响的只有"米小圈"等少量图书品牌。第三，知名作者不多。好社靠好书，好书靠好作者支撑。三年来我们虽然聚集了一大批好作者、名作者，但相比先进出版集团，我们作者的范围和层次还需要进一步扩大和提升。第四，原有品牌未焕发新光彩。我们对出版社原有的知名品牌资源挖掘利用还不够，比如说四川人民出版社的"走向未来"丛书、四川辞书出版社的《汉语大字典》等。

三、进一步强化"三精"出版理念，推动文轩出版 高质量发展

首先，振兴出版面临的新情况，促使我们必须摒弃规模数量型发展的老路。

一是市场排名升位难度越来越大。振兴出版三年来，文轩出版一路高歌猛进，全国排名不断提升，但势头逐渐减弱。2016 年我们上升了 7 位，2017 年上升了 4 位，2018 年上升了 2 位。按照这个趋势，2019 年我们升位更难了。我们必须清醒地认识到，这两年排名的迅速上升，与 2015 年我们起点太低有很大关系。当我们站在新的起点向前看去，就会发现排在我们前面的出版传媒集团，个个实力都很强大，要超越他们绝非易事。

二是继续上规模越来越难了。就内部来看，我们出版社现有生产能力和现有编校人员的工作量已经达到极限。由此可见，在资源投入短期不能大幅增加的情况下，每年能够出版图书的总量已经达到极限。从外部环境来看，国家推进出版高质量发展，对书号资源进行控制，出版社不能再依靠申请更多书号增加出书品种了。大环境、小环境都不允许我们继续上品种规模了。

三是发展速度和发展质量难以兼顾。振兴出版第一年，我们各出版社全面扭亏，第二年实现全面盈利，2018 年在继续保持全面盈利的基础上，有 3 家出版社出现利润下滑，这提醒我们，如果不改变粗放的发展方式，走质量效益型发展之路，我们的发展速度有可能会掉下去。振兴出版工作是一场长跑，是马拉松，只有解决好出版社发展速度与发展质量相协调的问题，才能跑得稳、

跑得久、跑得远。

其次，总结去年的发展经验，坚持"三精"出版理念，提高单书效益，才是我们正确的发展道路。

为推动文轩出版从高速度增长转向高质量发展，我们在 2018 年年初提出了"精准出版、精细出版、精品出版"的"三精"出版理念。坚持"三精"出版的目的，就是要把握出版本质、回归出版初心、牢记出版使命，为读者奉献更多的精品力作，以精品去赢得读者、赢得市场。一年来，我们在"三精"出版理念的指导下，图书品种效益逐渐上升。一是文轩出版的销售码洋增长高于新书品种增长。根据开卷监控数据，2018 年新书品种为 3267 种，同比增长 20%，较 2017 年增长有所放缓，但销售码洋却从 2017 年增长 48% 上升到 2018 年增长 128%。二是新书单品平均销量显著上升。2015~2018 年的 4 年里，文轩出版新书单品平均销量每年分别为 995 册、1583 册、2179 册、3044 册，2018 年新书单品平均销量同比增长 40%，是新书品种增长率的两倍。三是畅销书品种数大幅上升。2018 年销量超过 2 万册的图书比 2017 年增加了 74 种，进入全国畅销榜 TOP 500 的品种比 2017 年增加了 11 种。随着图书单品效益的提升，我们的出版利润增长了一倍，"三精"出版取得了初步的成效。因此，坚持"三精"出版，是文轩出版实现高质量发展必须坚持的原则和方法，是实现文轩出版全面振兴的根本遵循，我们要坚定不移地进一步强化"三精"出版理念，推动文轩出版从数量规模型转向质量效益型。

基于对出版内外环境的研判，我们确定 2019 年文轩振兴出版工作的总体思路是：以"三精"出版为理念，以品牌建设为路径，推动出版发展方式从规模数量型转向质量效益型，实现文轩出版高质量发展。总的要求是：依靠单书效益提升，实现出版总利润的增长。具体要求是：品种数量稳定在 2018 年的水平上，放缓出版节奏，提高出版质量，提升单品效益，推动出版品牌建设，扩大出版影响。

四、内外兼修，疏堵并举，做好 2019 年文轩出版工作

落实 2019 年文轩出版工作的总体思路和总要求，在经营上要从对内、对外两个方面发力。对内，强化品牌建设；对外，抢抓出版资源。在管理上，要用"引导 + 封堵"的方式，促使出版社走上质量效益型发展之路。

（一）深入推进"三精"出版，加强出版品牌建设

如果说"三精"出版解决的是出版最核心、最基础的高品质内容生产问题，那么出版品牌建设解决的则是高品质内容如何让消费者认同的问题。对出版业而言，产生品牌的前提是产品必须是精品；而精品力作也需要通过形成出版品牌来进一步拓展市场空间。从这个意义上说，加强出版品牌建设是深入实施"三精"出版、推进出版高质量发展的必然选择和必由之路，对文轩出版发展具有重要而深远的意义。

今年我们出版工作的主题就是要推动品牌建设，要找准品牌建设的着力点，构建多层次、多样化的出版品牌体系，进一步提

升文轩出版的品牌影响力。

一要进一步梳理产品线，明确出书方向。在前两年出版品种不断扩张的背景下，出版社要结合自身实际，对标先进出版单位，找出自身的优势和不足，综合各方面要素，确定出版方向，进行产品线设计，做出符合本出版社特点的品牌建设规划，将有限的资源集中在自己优势的出版方向上。

二要大力优化出书结构，构建产品线体系。各出版社要围绕品牌规划，强化选题论证，优化出书结构，在确定的出版领域，要着力构建出版社的头部产品、腰部产品、基础产品结构合理的产品线体系，可出可不出的书坚决不出，大力减少重复出版和超范围选题，坚决遏制粗制滥造、跟风炒作、抄袭模仿和内容平庸的选题。

三要以重点选题为抓手，引领出版社品牌建设。一要注重时代特色，按照中宣部和国家新闻出版署的要求，着力打造习近平新时代中国特色社会主义思想、党的十九大精神、新中国成立70周年、社会主义核心价值观、少数民族文字、中华优秀传统文化等11个高品质主题出版工程；二要注重四川特色，精心实施文轩八大主题出版工程，重点打造四川历史名人出版工程、四川扶贫攻坚出版工程、156项目出版工程、第三极与藏羌彝出版工程等具有四川特色的重点出版工程；三要注重国际特色，要聚焦"一带一路"，把我们的重点产品、特色产品的生产与出版"走出去"工作紧密结合起来，使我们的出版物不仅有全国影响力，还有国际影响力。

四要继续做好出版子集团建设工作，充分发挥品牌社的示范带动作用。去年我们为筹建天地出版子集团做了很多扎实的工作，今年上半年要适时挂牌成立。下一步我们要充分借鉴国内子集团的有益经验，进一步优化天地子集团的内部制度和风险管控设计，充分激发天地出版社的活力，发挥好头羊效应，打造好天地出版社这一品牌，以品牌社引领带动其他出版社的发展。

今年我们还要研究启动教育社的集团化改革，改革的目的就是要充分发挥教育社的出版策划功能、市场开拓功能和教育服务功能，激发创造力，调动积极性。要通过整合内部资源，建立"赛马"机制，推动教育社朝着集团化方向迈进，使其成为文轩教育服务的全新平台，更好地为教育事业服务，更好地抢占省内外教育出版资源。这个改革既是推动振兴四川出版的新举措，也是推动文轩产业发展的新动能。

（二）进一步抢抓优质出版资源，为品牌建设奠定坚实基础

在振兴四川出版的初期，我们的主要工作是解决出版社内部机制和活力问题。当这些问题得到一定程度解决的时候，我们面临的主要问题就是资源不足，要做的主要工作就是抢抓出版资源。出版社的竞争能力，最后都会体现在谁能争取到优质的出版资源上，包括选题资源和作者资源。谁占据了优质的出版资源，谁就掌握了发展的主动权。怎样争夺优质出版资源，出版社需要深入思考，要发挥各自的优势，有所作为，有所突破。特别可喜的是，我们有些出版社在抢占优质出版资源方面有独到的理念和举措，比如在实施"156工程""第三极"等重点出版选题过程中，去物色全国相关领域最优秀的作者，与国际知名出版集团开展合作，

这才是我们应该努力的方向。

在抢占优质出版资源方面，今年要做好以下几项工作：

一是开展对外合作锁定优质出版资源。2019年天地出版社要与知名音频分享平台喜马拉雅开展合作，成立喜马拉雅分社，充分利用喜马拉雅的优质内容资源打造一大批双效俱佳的畅销书。四川美术出版社要与四川美术学院达成战略合作，成立四川美术学院分社，打造美术精品图书。此外，文轩出版要与全国老龄办开展战略合作，抢占内容资源的制高点。其他社也要采取有效措施积极寻求外部优质内容资源。

二是深入挖掘原有品牌资源。在20世纪80年代，几乎每家出版社都有享誉全国的出版品牌，比如四川人民出版社的"走向未来"丛书，四川辞书出版社的《汉语大字典》，四川科技出版社的"菜谱系列"等。进入新时代，"走向未来"等出版品牌仍然是四川出版的独特记忆。四川人民出版社要重新挖掘和塑造"走向未来"品牌，用几年的时间推出新的"走向未来"丛书，用"走向未来"品牌团结一大批代表新时代学术和思想前沿的作者和编委，使老品牌焕发新魅力。其他出版社也要对自己积累的出版资源进行系统梳理，在深入调研的基础上，研究确定哪些资源可以进行新的开发利用，让老品牌焕发新活力，用品牌聚集更多出版资源，用品牌形成更大出版影响。

三是抢抓作者资源，打造作家品牌。作者的知名度决定作品的影响力。在互联网进入千家万户的时代，作者不再单单通过作品让读者了解自己，而是开始展示自己的个人魅力，成为了"明星"。对出版社来说，把作者的书出好、卖好还远远不够，还需要把优秀的、有潜力的作者包装成"明星"来为出版社代言,推出一批"明星作家"。我们的四川老乡郭敬明就是以"明星作家"的模式成功签约诸多作者,他们每个人都有一定数量的固定读者群,具有相当大的市场号召力,这值得我们学习借鉴。

四是善于组织国际出版资源。出版"走出去"是"振兴四川出版"的重要组成部分。我们要坚持双向进出的国际化发展模式,既要推动中华文化走出去,也要善于学习借鉴其他文明的优秀成果。2019年我们要建好"走出去"的区域性桥头堡,推进四川少儿出版社以熊猫为主题元素的欧洲图书中心、四川文艺出版社与阿根廷出版社成立的"中国—拉美文学合作出版工作室"、四川美术出版社在印度设立的南亚出版中心、天地出版社与澳大利亚心界出版社的战略合作等项目,通过实施这些项目在全球范围内组织出版资源。

(三)优化出版管控模式,推动"三精"出版向品牌建设跃进

"三精"出版的落脚点就在一个"精"字上。出书精的前提是管理精。我们要通过强化管理,用"引导+封堵"的方式,把"三精"出版落到实处。在防控风险的过程中,要精准施策、精准激励,不搞大水漫灌、粗放作业。精准激励的前提是精准考核。

一要着力防控两个风险。一个是内容风险。原来出版界有一个说法是"无错不成书",好像大家都觉得图书有质量问题是正常的。但要注意,新时代主要矛盾已经转化,美好生活的需要,中宣部的要求,行业的竞争,都要求我们不能用过去的老思维、

老做法来应对今天的出版工作。质量问题无小事，我们严把质量关，要着重提高内容质量、选题质量、编校质量、印装质量，产品一定要精益求精。再一个是经营风险。有人说，超级大企业距离死亡只有一天时间。我们的事业发展得越快，经营规模越大，潜在的风险就越大。防控经营风险，重在管理。一方面要疏导引导，通过强化"三精"出版理念倡导出版社主动走精细化管理的路子；另一方面要通过调整考核指标来围堵，让那些继续走数量规模型、粗制滥造型道路的走不动、走不通，逼迫各家出版社走上精细化管理的道路。

二要优化考核体系。一是稳定年度利润总目标，强化单品利润目标。今年，公司要调整出版社的考核目标和要求，为出版社实施"三精"出版、打造出版品牌提供更加匹配的条件。今年我们不谋求文轩出版有更高的销售规模和利润目标，出版总利润能够保持在 2018 年 1 个亿的水平就可以了，但是，今年我们有更高的质量目标，有更高的单品利润目标，有更高的全国排位目标。二是优化经济考核指标和社会效益考核指标。振兴出版进入新阶段后，业务导向以"精"为主，考核方式也将随之发生改变，我们在强调社会效益和经济效益的同时，要更重视对库存、在途、资金及造货等风险的防范。同时，公司今年将对社会效益考核办法中的出版导向和出版质量的扣分比重和考核办法进行较大幅度调整，加大防控风险的力度，以进一步强化出版社的质量意识。

三要改革薪酬分配制度，构建与品牌建设相匹配的薪酬体系。今年国家出台了《关于改革国有企业工资决定机制的意见》，四川省政府也印发了该文件，这为改革公司工资分配制度提供了依据、指明了方向。今年我们将贯彻落实国家和省上的相关规定，改革公司内部的收入分配制度，进一步完善工资与效益联动机制，建立健全与劳动力市场相适应、与振兴出版发展情况相匹配的薪酬体系。改革之后，单品效益好、品牌建设好的出版社员工收入应该更好。

四要优化表彰奖励机制，营造品牌建设的良好氛围。为了鼓励各出版社注重品牌建设，公司将在适当时候召开文轩品牌发展大会，交流经验做法，表彰奖励优秀的出版品牌。要评选年度十大文轩品牌图书、年度品牌团队、年度品牌出版社、年度最受欢迎十大作者等，通过表彰产生示范效应，推动出版社的品牌建设工作。此外，要积极申报国家级大奖。国家级的出版奖项历来都是检验出版实力的风向标，也是出版品牌的重要标志。2019 年将举办第五届中国出版政府奖、中宣部第十五届精神文明建设"五个一工程"奖和第七届中华优秀出版物奖评选，这也是对新华文轩三年来振兴出版工作的一次检阅，各相关部门和各出版社要高度重视此项工作，做好组织申报和初选工作，把振兴出版中的精品力作推荐上去，争取取得好的成绩。

（四）加强渠道建设，为出版品牌建设提供强大支持

一是进一步优化渠道支持出版的考核机制，鼓励文轩网、零售、物流、商超等自有渠道继续加大对川版图书的销售推广力度，构建与出版发展相适应的发行能力。

二是进一步明确中盘的定位。中盘事业部虽然已纳入天地出版子集团，但中盘事业部作为文轩本版图书的销售平台不会改变，

中盘为文轩图书出版社服务的功能不会改变，中盘事业部最终将成为一个市场主体的定位不会改变。

三是积极筹备举办首届四川书展。从传统图书集市演变而来的现代书展，其功能早已从单一的图书展销演化为多元化的信息交流、版权交易、形象展示和文化传播等。书展也从出版展销平台转化为一个文化传播平台，成为一个城市的公共文化空间。我们要以创新精神办好"四川书展"，学习国际国内先进书展的成功经验，将"四川书展"打造成为中国西部著名的文化品牌，助力文轩出版的品牌建设。

四是推进与发行强省的战略合作，探索"双向进入"的合作机制，扩大文轩图书的销售。

（五）推动出版融合发展，实现品牌价值延伸

振兴四川出版，一定要走融合发展之路。出版融合发展，首先需要传统出版打下坚实基础。只有我们有了强大的内容资源、有了高质量的版权资源之后，我们才有融合发展的底气，否则就只能为别人做嫁衣。所以做好传统出版仍然是当前振兴四川出版的首要任务。但是，做好传统出版不等于我们在融合发展上无所作为。文轩出版必须在融合发展上有进一步的行动，在业界发出自己的声音。这两年文轩出版在融合发展上做了一些探索，但缺乏成效，更未形成整体方案。今年要着力搭建文轩出版的融合发展框架，形成文轩出版融合发展的总体思路，确定融合发展的重点出版社和特色出版社，让重点社和特色社着眼于自身优势，先行先试，逐步探索出符合文轩实际的可复制的融合发展模式，实现长足发展，将融合出版项目打造成文轩出版新的增长点。

推动教育出版改革　打造振兴出版新增长极 [*]

　　从全国零售市场来看，教育出版市场空间广阔，市场占比高、增幅快。但是，自 2016 年新华文轩深入贯彻落实"振兴四川出版"战略以来，尽管其旗下绝大部分出版社成效显著，四川教育出版社的发展却不尽如人意。2018 年文轩出版总体市场排名全国第 13 位，四川在教材教辅市场的排名为第 20 位，与同类出版集团相比，文轩零售教材教辅图书的贡献率也远低于其他集团。

　　在"振兴四川出版"的战略指引下，文轩教育出版必须推进改革、增强活力，寻找增长新动能。

　　一是要充分认识振兴教育出版的意义。振兴教育出版是振兴四川出版的重要内容。教育出版市场空间广阔，对文轩出版的拉动性强。教育出版是文轩出版的短板，补短板能让新华文轩整体上有更大发展。振兴教育出版，也是为了给文轩出版提供更大的发展空间。在出版高质量发展阶段，"振兴四川出版"工作需要再出发，当前文轩出版新的增长极就在教育出版。根据目前行业和公司发展形势，文轩教育出版需要有一场彻底改革，增强教育

---

* 本文摘自 2019 年 3 月 29 日在四川教育出版社改革专题会上的讲话，原文刊载于《振兴出版快报》2019 年 4 月总第 12 期。

出版社的活力，推动文轩教育出版有更快的发展，有更好的风貌。做好教育出版这篇大文章，是振兴四川出版的必经之路。

二是要站在更高层次上研究教育出版的发展思路与路径。振兴教育出版，推动教育社改革的着力点，要放在增强教育出版的"三大功能"上，即出版策划功能、市场开拓功能和教育服务功能。增强"三大功能"，需要认真规划和部署教育出版社的改革与发展。首先是研究应该建立什么样的体制机制，如何释放发展的活力，增强主动开拓市场的能力，解决好谁来做、以多大的热情和干劲来做的问题；其次是研究市场需求及资源状况，明确市场的需求在哪里，我们的优势在哪里，发展的机会在哪里，找到做事的方向和目标；最后是研究如何做产品、出品牌，推出什么样的产品，塑造什么样的品牌，如何持续地出好书满足读者需要。

三是要切实建立起以"增强活力，增强市场开拓能力"为中心的体制机制。出版业是内容产业，其灵魂在于创新、创意，而创新、创意最终要靠人去开创，要靠高效的机构去组织。当前四川教育出版社最大的问题就在于缺乏内在活力。教育出版社要围绕"增强活力，增强市场开拓能力"这个中心去设计体制机制，建立相应业务分支机构，让业务下沉，让编辑面向教育市场，抢抓出版资源，打造优质出版产品。教育出版面对的是全国性市场，必须依靠超强的竞争力获取全国出版资源，才能在全国教育出版市场争得一席之地。教育社的内部机构，既要坚持专业分工，又不拘泥于专业分工，要通过统分结合、条块融合锻炼出版社及其分支机构的市场开拓能力，用全国的优质教育出版资源塑造文轩的教育出版品牌。

四是要落实教育出版社改革责任，成立推进教育出版社改革的专门工作小组，尽快拿出教育出版社改革方案供大家研究。

看清问题，澄清误区，走好"三精"出版之路 *

2018 年文轩出版取得了辉煌成绩，财报利润达到 1.57 亿元。这个成绩是靠文轩旗下各家出版社共同努力取得的。特别令人欣慰的是，川少社、天地社等一批出版社取得了长足的进步，可以说是创造了四川出版发展的"奇迹"。

从当前来看，文轩出版发展势头好，发展速度快，面貌改变大，与三年前迥然不同。但同时也要看到，我们离进入第一方阵的目标的距离还很大，还存在阻碍发展的若干问题。具体来说，主要是两个方面的问题。

一个是显性的问题，在"好书"数量上，我们与先进集团的差距还较大，除了"米小圈"外，好书总体数量不多。最显著的问题在于，我们的"腰部产品"不多，这是与第一梯队的出版集团差距很大的地方。在出版奖项上，虽然我们去年取得了明显的成绩，但也远没有到可以说社会效益很好了的地步。另外，在若干出版细分领域，我们也做得不好，特别是在教育出版领域我们无所作为，在社科领域的差距也很大。这些都是通过数据能看到

---

* 本文为 2019 年 4 月 9 日在新华文轩落实 2019 年出版工作会精神专题会上的讲话，原文刊载于《振兴出版快报》2019 年 4 月总第 12 期。

的问题。

另一个是隐性的问题，就是观念、思路和举措上的问题，这是导致上述显性问题的原因。在年初召开的 2019 年出版工作会上，公司安排各社规划今年的工作，就是要让大家把思路统一到出版工作会精神上来，切实贯彻落实中央和省委精神，坚持走高质量发展之路，把"三精"出版理念落到实处。但从各出版社报出的规划来看，较多的出版社缺乏深入思考，没有转变发展观念和思路。有的出版社完全是你说你的，我做我的，还是按照惯性思维在走过去的老路，"走到哪儿黑就在哪儿歇"，"捡到篮子里的都是菜"，仍然停留在比较原始的出版状态。有的出版社还自我感觉良好，不认真分析自身存在的问题，总认为是上面的要求太多太高。反倒是我们一些发展得好的出版社有着强烈的危机意识。天地社和川少社近两年的快速崛起不是偶然的，更不是靠撞大运，而是在逆境中突围，通过理念、观念的转变和扎实的经营管理实现的。因此，文轩出版要取得进一步的发展，就必须转变发展观念，调整发展思路，做好发展规划，创新发展举措，将认知和行为都校正到"三精"出版上来。这是振兴四川出版的唯一路径。

当前面临的问题，与一些社长、总编辑对出版发展存在着一些认识误区有关。这里需要对这些认识误区加以澄清。

一是以为讲政治就是喊口号。我们说政治家办社，社长必须讲政治。当前四川出版界最大的政治就是"振兴四川出版"。讲政治绝不是喊口号，而是要用行动和业绩，要用数据和排名来体现我们是如何贯彻和落实"振兴四川出版"的。多出好书，把我们手中的事业发展壮大，才是四川出版人最好的"讲政治"。

　　二是认为社会效益就是不出事。不出事只是我们做出版工作的底线，我们的发展目标是在两个效益统一的前提下，通过提高经济效益实现更大的社会效益。甘霖部长在去年9月10日振兴四川出版推进会上专门为我们阐述了这个道理。现在有些同志认为，做主题出版，没有经济效益也有很大的社会效益。其实主题出版要有好的社会效益，就需要有好的经济效益来体现。中宣部领导专门强调，主题出版不是做给中宣部看的，而是做给读者看的。振兴四川出版的目标之一，就是四川出版市场销量要上升，竞争排名要上升。我们决不能在实践中把社会效益和经济效益割裂开来。

　　三是以为成绩要靠自己说。有的出版社领导觉得自己做得很辛苦，克服了很多困难，理应得到特别的关心和激励。如果仅仅只是辛苦，没有效果，只能说明你的"手艺"有问题。有成绩摆在那里，自己不说也不会丢。"自评"不重要，"他评"才重要。成绩大小要靠数据说话。数据可以反映我们有多少好书、好书的效果、好书的市场（读者）接受程度。一两本好书支撑不了一家出版社，更支撑不了"四川出版的振兴"。我们需要大批的持续不断的好书。如果要说困难，每个社都有自己的难处，就看你怎么利用已有资源去克服困难。领导的职责就是克服困难。

　　四是以为追求单品效益就不需要总量增长。我们多次说到，过去那种依靠上品种求速度的路子，已经难以为继了。文轩出版社必须实施"三精"出版战略，走高质量发展之路。因此，在年初的文轩出版工作会上，我们提出把出版社的单品效益作为重要考核指标。这么要求，并不意味着我们不要总量的增长了。四川出版在总的销量与利润规模上与先进集团还有较大差距，要实现继续升位，仍然需要一定的规模作为基础。实际上，我们追求单品效益提高与总规模增长的目标是一致的，就是要通过追求单品效益实现总规模的扩张。没有建立在单品效益增长基础上的总量增长是不可持续的。所以，我们现在把着眼点放在单书效益上，就是希望通过转变发展方式实现文轩出版的高质量发展。

围绕 2019 年文轩出版工作会精神，我们要注意四个问题：

一是一定要从讲政治的高度认识"振兴四川出版"。从当前的情况来看，"振兴四川出版"并没有在每个社长身上扎根，不是所有人都将其当作自己的使命。我们要用实实在在的业绩和排名来贯彻落实省委的要求，身体力行践行"振兴四川出版"，用事业的发展来体现"讲政治"。

二是一定要在"控品种、提质量、增效益"上狠下功夫。从当前形势来看，因为书号限制，出版社走品种数量扩张的路子已经走不通了；另外，国家对出版物质量有了更加严格的要求。因此，我们要进一步落实"三精"出版理念，在提高出版物质量、追求单品效益上狠下功夫。

三是出版社要进一步厘清思路，明确发展目标和路径。各出版社要研究内外部形势，要有所为有所不为，加强重点产品线建设，打造各自的出版品牌。我们每个社的发展资源是有限的，那就一定要把"好钢用在刀刃上"。各出版社要辩证地看待专业化和多元化的关系。如果出版社的发展路子是多元化，就要在多元化中讲专业化，在不同领域内追求专业化发展。如果出版社的发展路子是专业化，那就要在专业化的基础上追求多元化，进一步做大做强。我们目前正在筹备成立天地出版子集团。文轩出版的子集团建设，要发挥各自优势走特色之路。就天地社来说，要思考如何在做大的基础上做专；就少儿社来说，则要思考如何在做专的基础上做大。少儿社要在少儿出版领域建立全球视野，争夺全球资源。其他出版社也要积极思考、研究自己的发展路子，不能用一个模式套所有单位。

四是要进一步做好"建机制、推改革、重考核、控风险"的工作。"建机制"就是要把"赛马"机制深入到第二阶段，在出版社内部也建立"赛马"机制，增强出版社的内部活力。社长要研究哪些权力要放，哪些要掌控，建立适应出版社发展的内部经营机制。"推改革"就是要通过改革把文轩出版的短板补起来。比如，教育出版市场空间广阔，对文轩出版的拉动性强，但目前来看它是我们的短板。因此，我们就要通过改革，把短板补起来，进而让新华文轩在整体上有更大发展。"重考核"就是要通过考核的激励作用，进一步调动广大干部员工的积极性，要让能干事的、干成了事的同志有想头、有奔头。"控风险"，一个是严控内容质量风险。要落实出版社和文轩两级把关体制，要把内容质量风险降到最低。要明确内容质量的责任主体是出版社，社长是第一责任人。再一个是防控经营风险。要高度重视库存、应收款这两个指标，不能在这两个指标上出现大幅度的增长。

坚守出版本来 推进天地出版子集团建设[*]

"振兴四川出版"战略实施三年来，天地出版社的经营业绩实现了大翻转，从2015年的大幅亏损，到2018年财报利润超过6000万，这在全国也是绝无仅有的。出版工作要讲政治，而当前四川出版界最大的政治就是"振兴四川出版"。显著的成绩证明天地出版社是讲政治的，也说明天地出版社的团队是有能力、有担当的。正是基于此，我们对天地出版社寄予了新的希望，提出了集团化发展思路，让天地出版社能够在更大的平台上更好地发挥四川出版的领头羊作用。

下一步，天地出版社要保持领先发展的良好状态，不忘初心、坚定信心，加快发展的步伐，把思考和规划"子集团怎么建，路怎样走"作为当前的重要工作来抓。

一是要总结经验，始终坚守"做内容，出好书"这个出版本来。总结经验有利于更好地开创未来。天地出版社三年实现大翻转，成绩卓著，最大的经验就是坚守了出版的本来，就是"做内容，出好书"。正是我们不断抢抓内容资源，持续推出了大量的好书，

---

* 本文为2019年4月19日在北京天地出版子集团建设推进座谈会上的讲话摘要，原文刊载于《文轩人》2019年第5期。

才使我们赢得了巨大效益，走上了今天的康庄大道，消除了大家对文轩出版的诸多疑虑。文轩出版的发展，有很多经验可以总结，其中最重要的经验，就是不遗余力地出好书。未来天地子集团的建设，必须紧紧抓住"出好书"这个根本，才能在一条正确的道路上不断前行。

二是要不忘初心，始终肩负起"抢占全国出版资源的桥头堡"这个目标任务。出版的竞争归根结底是争夺出版资源的竞争。只有抢抓到全国的出版资源，才能守住四川的出版资源。全国出版资源的聚集地在北京。为解决四川出版用局部资源应对全国市场的不对称问题，2017 年年初，我们对天地出版社和华夏盛轩进行整合，并把天地出版社的决策中心、运营中心迁至北京。这样做的目的就是要占据制高点，让天地出版社成为四川出版抢占全国资源的桥头堡，形成用全国、甚至全球的出版资源应对全国出版市场的对称格局。天地出版子集团的建设，不能忘了来到北京的这个初衷。未来的天地出版集团一定要发挥地处北京的独特优势，在抢占出版资源、打造一流出版产品上有更大的作为。

三是要面向未来，始终瞄准"融合发展"这个行业方向。纸质书留给我们的好时光不多了，整个行业都在加快发展，我们必须加快步伐，走"内涵和外延"相结合的融合发展之路。天地出版子集团要尽快形成获取资源、做大增量的能力，通过合作、并购等多种形式，将更多的优质资源整合进来，不断做强做大。比如天地社与喜马拉雅的合作，就要树立"融合发展"的理念，面向未来，高举高打，不能只盯着做几本书，要借助喜马拉雅的媒体平台，形成一种内容资源多种形态呈现的能力。

　　四是要立足当下，始终落实"既要有名，更要有实"这个工作要求。天地出版子集团的建设不是贴标签，而是一定要做到"既要有名，更要有实"。我们要设计一套"既能管得住，又能搞得活"的管控模式，要实行分层管理，集团层面要抓好"机构建设、队伍建设、制度建设"等重心和关键，建立科学合理的激励约束机制，走出一条子集团建设的新路子。我们曾说"少儿社要在做专的基础上做大，天地出版社要在做大的基础上做专"。天地出版子集团做专的职责要由各分社来承担，具体业务要下沉到各个分社，各分社要强化质量管理，落实"三精"出版理念，在各自专业领域打造好书。也只有以好书为支撑，天地出版子集团才能真正做到"既有名，更有实"。目前，中宣部、省委宣传部、集团公司都已批准天地出版子集团建设的事宜，天地出版社的发展已经站在新的起点上，需要我们有更大的作为来为文化强省建设增光添彩。

三年三大步，文轩出版快速崛起的秘诀何在[*]

——《出版人》记者专访

《出版人》编者按：2018 年，中国书业迎来大考。机构调整、书号紧缩、成本上涨……一系列因素为书业前景带来变数。尽管大环境转冷，新华文轩出版传媒股份有限公司（下称文轩）却稳住营盘，交出了一份亮眼的成绩单。2018 年，文轩取得营业收入 81.87 亿元，同比增长 11.44%；净利润 9.27 亿元，同比增长 1.12%；扣除非经常性损益后的净利润为 8.67 亿元，同比增长 19.49%。

其中，文轩旗下本版书在大众图书市场的竞争力进一步增强，文轩在全国出版集团中的排名，从 2015 年的第 26 位提升到 2018 年第 13 位，连续两年保持增速第一，文轩"振兴四川出版"的五年目标在三年得以完成。

事实上，从 2016 年开始，文轩出版的发展就进入快车道，并用一次又一次的亮眼表现为业界带来震动。在持续高速增长的业绩背后，是什么样的理念在支撑着文轩出版的发展？近日，《出版人》杂志专访了新华文轩

---

* 本文为《出版人》记者邢明旭对作者的专访，原文刊载于《出版人》2019 年第 6 期。

出版传媒股份有限公司董事长何志勇，探析文轩出版近年高速增长背后的秘密。

《出版人》：从近年来的财报看，文轩的利润增长率保持全国领先水平，出版主业利润增长率创新高，请您简要介绍 2018 年这两项业绩数字的背后，文轩主业的发展状况如何？

何志勇：文轩地处中国西部地区，整体经济发展水平与东部沿海有较大差距，本地基础市场的规模相对较小，加之前几年我们主动剥离了地产、教育投资等多元化业务，所以我们的营业收入规模总体不大。在推动产业发展中，我们更看重企业的发展质量，核心是利润指标的增长情况。

近年来，文轩的销售利润率一直保持在全国领先水平，主业利润也保持连续高速增长状态。2017 年文轩净利润同比 45% 的增幅中，主业拉动的增长占比为 20%，另外的 25% 则由当年销售资产获得的 1.7 亿元所贡献。2018 年在没有资产变现收入的情况下，文轩净利润相较 2017 年略有增加，实际上是主营业务利润的增长填上了这 1.7 亿元的空缺，体现在扣非净利润的增幅上便是接近 20%。

去年我提出，文轩 2018 年发展既要"面子"，也要"里子"。"面子"是表面上的财务数据表现，"里子"是公司实际的主业增长。从表面上看，文轩 2018 年的利润同比增长 0.9%，背后实际上是主营业务相对高速的增长，对这个结果我们还是比较满意的。一家企业的发展，规模很重要，没有一定的规模就没有发展的经济基础，但更重要的是核心竞争力，只有建立在核心竞争力之上的规模才可持续。文轩主业较强的盈利能力，反映出主业核心竞争力的不断提升，企业可持续发展能力不断增强，这让我们对文轩未来的发展充满信心。

文轩主业的快速发展，在很大程度上得益于文轩出版的全面崛起。前几年，文轩旗下9家出版社中，除四川教育出版社之外的8家大众出版社全面亏损。大众出版业务成为文轩产业发展的拖累。在"振兴四川出版"战略的推动下，文轩出版三年实现三大跨越。2016年出版板块实现整体扭亏，2017年实现所有出版社全部扭亏，2018年出版板块利润达到1.57亿元，成为了文轩产业发展的新引擎。出版板块的迅速崛起，彻底改变了过去文轩发行强、出版弱的局面，形成了出版与渠道协调发展的态势。过去，文轩出版和发行两个"轮子"一大一小、一快一慢，这辆车总是跑不快，如今产业结构趋于均衡，使文轩整体得以大步向前。

《出版人》：2010年文轩整合并购了四川出版的主要资源，形成了出版与发行两大主业的格局。文轩的发行能力行业领先，这个能力对文轩出版的发展起到了什么作用？在文轩的产业发展过程中，它又是如何处理出版与发行关系的？

何志勇：过去几年文轩主营业务保持了相对高速的增长，其中出版板块做出了很大贡献。对文轩来讲，这样的结果实际上来之不易。

文轩传统上是一家发行企业。2010年，四川出版主体业务以资本并购的方式进入文轩，公司的名称也从"四川新华文轩连锁股份有限公司"变更为"新华文轩出版传媒股份有限公司"。文轩主营业务因此发生了战略意义上的重大变化，也迎来了全新的发展机遇。但是，当时文轩对主营业务的这种重大变化并没有做好充分准备，在内部仍然延续了过去的思维模式和体制机制，在管控模式上也没有做出相应的调整。

出版业务并入文轩后，打通了出版发行产业链。如何理顺产业链上下游的关系，通过出版与发行的协同发展，实现企业整体价值最大化，成为文轩产业发展的重要课题。过去大家的普遍观点是，作为一条产业链上下游的两端，出版并入发行后便自然解决了产品"出口"的问题，而发行也解决了产品来源的问题。正是在这样的思想主导下，文轩推进出版发行一体化的彻底整合，沿用管理发行的模式管理出版业务。结果，出版业务进入文轩后的若干年里，并没有实现当初预想的"起飞"，而是仍然在低谷中徘徊。

为什么会出现这个结果？在我看来，原因还是对出版与发行的运行规律认识不到位。我经常讲一个道理，即出版与发行虽说是一个大产业的上、下游两端，但实际上它们的业态、性质和运行规律完全不同。发行作为渠道运营商，讲究"规定动作"、严格管理及高效运行，而出版作为创意产业的一环，更讲究"自选动作"、创新创意及工匠精神。对于这两类业务的管控方式应该是有所区别的，单纯用"发行"的思维和模式管"出版"，就好比"跳舞的"变成"做操的"，十分别扭，不但舞跳不好，操也会做不好。正是基于这样的认识，我们对文轩的管控模式进行了调整，赋予出版社更大的经营自主权，解决了用一个管理"模子"套不同"身板"的问题。

除此之外，出版与发行这两个环节如何衔接也是一个问题。人们常说，出版与发行是上下游关系，这应该是就整个行业而言。对一个集团内部来说，出版与发行并非简单的上下游关系，更不是只要"融"为一体，二者就"通"了。因为出版社不能只通过一家书店来做营销，书店也不能只进一家出版社的图书来做销售。实际上，出版要广泛营销，要将一个点上生产的产品辐射到全国各地，而发行则要广泛进货，要将全国无数个点上生产的产品汇聚到一个平台上，出版与发行的产品流向是相向的，而不是顺向的。这个情况说明一个集团内部出版与发行的各自功能和流程并不相同，双方处于不同的供应链中，相互独立运行，这也决定了出版的产品"出口"和发行的产品"来源"并不是天然衔接的。作为同时拥有出版和发行业态的文轩，在内部需要有一个抓手，将两块业务衔接起来。这个抓手就是文轩的中盘。

文轩中盘是早年文轩发起建设的全国性渠道，"上接百家社，下连千家店"，主要解决出版社与终端书店之间供需脱节的问题。随着时代的发展，其经营模式已经落伍。前些年，文轩对中盘进行了多次调整，但总体上它的定位并不清晰明确。2016年，我们重新对文轩中盘进行战略调整，将其作为文轩出版面向全国的经销商，作为文轩本版图书与全国书店的桥梁。文轩实体书店与网络书店也成为中盘的客户，文轩内部出版发行供应链更加清晰，这有力地支持了文轩出版的高速增长。

在出版与渠道的协同配合、共同发力下，文轩出版的畅销图书大幅增加。2015年，文轩出版销售上10万册的图书仅2个品种。经过三年的努力，据开卷数据，2018年文轩出版销售10万册以上的图书已经达到 64 种。2018 年，文轩出版共有 43 个图书品种进入全国畅销榜 TOP 500。这可以从一个侧面反映出文轩出版的发展状况。

《出版人》：2016 年以来，文轩出版一步一个脚印，经营业绩不断攀升，是什么理念支撑文轩出版在激烈的竞争中不断前行？文轩出版快速发展的背后有什么样的战略考量？

何志勇：除了管理上的思考和调整，我们对文轩出版战略价值的重新认识，也对文轩出版的发展起到了至关重要的作用。

我常说，文轩虽然是出版的出身，但却是发行的基因，长期以来实行的是以发行为导向的发展战略。四川出版主体业务进入文轩后，这个战略思路并没有发生根本性的变化。出版社的教材教辅资源被集中到教育出版社后，大众出版业务的发展基本上处于不寄希望、无人重视的状态。结果，大众出版社全面亏损，当初投入大量人力物力并购的出版资源变成了文轩的包袱。

为什么会出现这种状况？这跟当年文轩对出版业务的认识有很大的关系。过去很多人认为，出版社最有价值的资源就是教材教辅，把教材教辅抽走加以集中之后，文轩并购出版的主要目的就实现了。至于大众出版，没有教材教辅业务，一般出版社不可能做大，只会成为文轩的拖累和包袱。所以文轩对于大众出版实行"止血"策略，对大众出版社的要求基本停留在不要让包袱继续增大的层面。这个认识当然有失偏颇。

出版作为内容产业，其市场价值没有地域的限制，好的作品还能引起不同阅读群体的共鸣；产业价值可以无限延伸，优质的

IP可以带动相关产业的腾飞；文化价值还能穿越时空，优秀的作品能够成为永恒的经典。对文轩来说，我们的渠道经营在一个区域市场内基本到了天花板，未来的增长潜力已经不大了。渠道的能量是有限的，但产品的能量是无限的，所以文轩未来要有所作为，更大的潜力还在产品上。我们的渠道主要在四川省内发力，但我们的产品面向全国甚至面向全球发力，产品的发展空间远远大于渠道。所以文轩要实现产业的进一步发展，必须充分发挥出版的作用。实际上，"振兴四川出版"战略，也正是四川省委宣传部主要领导基于对出版的深刻认识而提出来的。

基于此，我们把文轩出版提升为公司的战略性核心业务，制定了2020年的战略目标，并从资源配置、政策扶持等方面做出了制度性安排，彻底改变出版在文轩产业布局中的边缘化状态。也许在其他出版集团看来，这样的定位理所当然，但对文轩来说，这个定位具有颠覆意义。在这个过程中，我们周围也充满了怀疑，曾经的包袱值不值得如此重视。观念的转变有一个过程，随着三年来文轩出版的高速发展，"振兴四川出版"取得显著成效，现在这些质疑的声音已经销声匿迹了。

在振兴出版战略思路的指引下，我们采取了一系列切实有效的举措助推文轩出版的发展。为了解决对出版社资源投入不足的问题，我们全力推进反哺出版工作，一方面为出版注入发展急需的资金，先后完成7家出版社的增资，增资总金额超过3.7亿元，成为四川出版甚至全国出版界绝无仅有的大手笔；另一方面，大力推进渠道反哺出版，发挥文轩全产业链的整体优势支持出版发展。三年来，文轩出版每年一大步地迈进，成为文轩产业发展的新引擎。事实已经证明，文轩出版走上了一条正确的发展之路。

《出版人》：除了战略上的顶层设计外，在推动出版社的发展方面文轩是如何思考的？采取了什么样的举措激发出版社的发展潜力？

何志勇：确实，发展出版光有顶层设计还不够，还必须把出版社的作用充分发挥出来。过去，四川发展出版主要在体制上做文章，搞轰轰烈烈的大改革，把集团化整合作为我们发展出版的主要着力点，以为把集团体制调整了，出版就会好起来了，于是没有真正在出版社的发展上用力。这方面，四川有很多教训值得总结。2016 年，"振兴四川出版"刚启动的时候，是以"集团"为中心还是以"出版社"为中心，内部仍然存在不同意见。当时很多同志认为，四川的出版社干不好出版，那就由集团来亲自操作吧。在我看来，本世纪初我国掀起出版集团化的潮流，通过转企改制上市，为出版业的发展创造了体制优势和物资条件，但是集团化建设不能代替出版社的作用，集团化的目的是为了更好地发挥出版社的作用。发展出版的主体只能是出版社。

为什么要突出出版社的主体地位？主要是因为出版社在出版价值链中居于核心地位。从理论上讲，在现代社会精细化的分工下，个人也可以做出版工作，写、编、印、发都可凭一己之力或者借助社会化出版分工体系来做。但是，要将出版作为商业来运作，要进行产业化的印刷与营销，这是个体出版人很难做到的。另一方面，能不能绕开出版社，以集团化的方式来组织出版呢？这又受到出版商品的特性制约。我们知道，表面上看，出版业生产的都是具有共性特征的图书，但从图书内容来看，几乎每一本图书都是一个独立的商品，每一本图书都需要一个个独立的个体来创作完成，在选题策划、编辑加工、印装设计、市场营销、读者分享等环节都是需要个性化的。在这种行业特性下，如果采取集团化、工业化的运作模式，就会消灭出版的个性、多元的文化价值，最终读者也不会满意，会用脚投票而远离出版业。

正是基于这样的认识，我们提出，"振兴四川出版"要以做实做强出版社为中心。毛主席有一个伟大的发明，就是"把党支部建在连队上"。打仗的基本组织是连队，连队不强，就打不了胜仗。同样道理，在出版传媒集团，也要"把资源投入的重心放在出版社上"。出书的基本组织是出版社，集团一定不能越俎代庖，包办出版社分内的工作。我们对出版社实行简政放权，将选题决策权、渠道选择权、对外合作权、人事任免权、资产处置权等主要经营权下放给出版社。社长在一线打仗，要面临很多实际情况，就由社长去做出决策。集团主要抓导向管理、出版服务，对出版社的出版工作给予指导，为出版社的发展创造有利条件。

把出版社的发展摆在中心位置，只是解决了出版社的地位问题。出版社能不能发展起来，还需要采取措施激发其发展潜力。2016 年开始，我们就在文轩各出版机构推行"赛马"机制。以前文轩内部出版社基本上干好干坏一个样，也没有什么动力发展出版。现在，出版地位空前提高，大家干劲十足，推行"赛马"机制适逢其时。

"赛马"机制最大的一个特点，就是不单纯以规模论英雄，而是在确保各家出版社跑得"稳"的前提下，更加看重各家社的增长比例。因为规模是历史形成的，与你这届社长没有多大关系，我们要看出版社在你这届任上，事业是发展了还是退步了。在"赛马"过程中，规模小的单位与规模大的单位各有利弊，都有增长的难度。规模小，基数小，似乎增长比较容易，但规模小，它有利因素少、资源也少，所以增长并不容易。相反，规模大的单位基数大，要实现同比例增长也并非易事，但是规模大的单位又有资源和有利因素多的优势。所以，"赛马"机制不比规模而比增长率，也更加公平。

为了让"赛马"机制落地，我们引入市场化的评价方式，定期开展经营分析，进行业绩排名。在每季度召开的出版经营工作会上，各社经营指标被悉数列出，说数据，看排位，通过自己与自己比，自己与省外同类目标出版社比，在文轩内部形成你追我赶的良好局面。在出版社内部，现在跟过去比，看增长了多少；在文轩内部，出版社之间比发展速度，看谁跑得好、跑得快；在全国业界，集团层面与全国出版传媒集团进行比较，出版社就与本行业的出版社进行比较。与全国同行比排位，看谁的位次晋升快、更靠前。

"赛马"机制的推行，在文轩出版内部营造了一个有竞争、有比较的氛围，出版活力得到了极大的释放，出版社的观念也悄然发生了深刻变化。过去都去找领导求认可，现在出版社都在拼市场，因为出版社发展得好不好，不是靠领导评价，而是靠数据说话。在"赛马"机制这个氛围中，出版社在你追我赶中实现了快速发展。2015 年，四川排名最靠前的四川少儿出版社也仅排名全国第 151 位，而 2018 年各出版社在大众市场排名均有显著提升，少儿社、天地社进入全国 100 强，分别位列第 32 位和第 53 位。

《出版人》：出版作为创意产业，人才至关重要。文轩是如何看待出版人才问题的？在出版人才队伍建设方面有什么举措？

何志勇：人才重要人人都知道，但怎么重视人才、怎么培养人才、怎么留住人才，却是每个单位面临的难题。2016 年，四川省委启动"振兴四川出版"战略之时，我们最揪心的就是缺人才。无论事业多么宏伟、目标多么远大，最终都是要靠人去干。当时，文轩出版存在着人才队伍青黄不接、人才质量不高、用人机制不健全等诸多问题。为此，我们推进人才强企战略，采取一系列举措解决出版人才匮乏的问题。

我们很多时候谈人才队伍建设，总以为它是一件"高大上"的事情。2016 年，"振兴四川出版"刚起步时，我们内部也有一种声音，认为四川出版没人，要到全国去招聘优秀人才，甚至实行全球招聘。好像不搞个全球招聘就显示不出我们人才建设的气度与水准。对企业来说，能够从外部引进优秀人才固然是一个途径。但是，真正的人才都在岗位上，当今世界根本没有什么闲着的人才还等着你去"三顾茅庐"。所以，我们要树立"人才就在我们身边"的观念，要善于发现和培养我们身边的人才。一方面，我们改变对出版社的"圈养"模式，对出版社实行"野生放养"，将其推向市场，通过市场竞争历练出版人才的能力。另一方面，我们组织青年编校大赛，推行导师制、首席编辑制等举措，着力培养青年编辑人才。三年来，文轩出版一大批人才逐渐成长起来，既有少儿社社长常青这样的领军人才，也产生了天地社、少儿社等亿元编辑部的骨干人才等。

人才培养很重要，但怎么样用好人才，怎么样留住人才才是人才建设的核心。因为这个问题如果处理得不好，就会让自己的企业成为别人的人才培养基地，这是国有企业人才建设中最要警惕的事情。

在这个问题上，我们存在一个比较普遍的观念，就是用感情留人、待遇留人、事业留人，但是这些都不靠谱。感情只能管一时，待遇永远是一个相对的东西，因为人性总是不满足的，用事业留人表面上有用，但是如果没有一个公平竞争的机制也留不住人才。所以最终还是要靠机制才能留住人、用好人。人才机制的核心是竞争，我们推行的出版"赛马"机制，既是出版业务的竞赛，也是出版人才的竞赛。在这个机制下，一批优秀出版人才茁壮成长起来。

对出版单位来说，效益只是体现今天的地位，人才决定未来。特别是进入新时代后，要实现出版业的高质量发展，还必须培养一支具有创造性思维、理论与实践相结合的复合型高层次人才。为此，我们在抓好技能型、操作型人才建设的同时，还着力加强高层次人才建设，希望把文轩建设成人才引领、创新驱动的出版传媒集团。

一方面，我们加强与著名高校合作培养高端人才。2016年我们与四川大学达成了人才战略合作关系，共同创建了国家级"双创"示范基地。2017年我们与电子科技大学携手合作，共同创建了国家级新闻出版业科技与标准重点实验室，探索我省新闻出版融合发展之路。2018年我们与四川大学、电子科技大学签署联合培养博士后协议，希望通过产学研结合培养一流的科研人才，建设高端的学术智库，推出创新的科研成果，为出版的发展提供智力支持。另一方面，我们积极申报建设博士后科研工作站，于 2018 年 10 月获得博士后科研工作站的资质，是四川省文化企业中第一家获得博士后科研工作站及博士后创新实践基地的单位。2019 年 4 月，首批博士后入站仪式举行。通过多措并举，文轩的高端人才队伍建设已经在路上。我们希望，"功成不必在我"，文轩出版能够基业长青。

《出版人》：您的介绍印证了"没有随随便便的成功"这句话，文轩出版今天取得的成就不是偶然的。您对文轩出版的未来有什么打算和期望？

何志勇：振兴出版这三年只是四川出版发展史上短暂的瞬间，虽值得铭记，却还远不值得骄傲。我常告诫我们出版社的同仁们，振兴出版是一场长跑，我们虽然取得了一时的成绩，但还远没有到终点。三年来，文轩的主要经济指标保持了持续稳定增长，但与行业领先的集团还有很大的差距；文轩出版进步很大，但仍排在全国第 13 位，离第一阵营还有很大的距离；文轩出版的畅销书数量有了长足的进步，但优秀的作品，特别是具有显著社会影响力的作品总体还不多。

所以，我们提出，要推进出版对标发展，集团与出版社这两个层面都要跟先进单位对标，向最好的看齐，一个一个往前赶，尽快缩小与领先集团的差距。我们希望文轩出版的全国市场排位进一步攀升，尽快挤进全国前十，并在这个基础上更上层楼。

我们提出，要继续推进"非均衡发展"，让在"赛马"机制中展示出能力的出版社有更好更快的发展，形成大中小结构合理的出版格局。一方面要对在"赛马"中脱颖而出的出版社，通过注入更多资源、建设出版子集团等方式，制定更高的目标，推动其更好的发展，使这些大社朝着"大而强"的方向发展。另一方面，要坚持专业出版、优势出版、特色出版，推动一些中小出版社朝着"小而美"的方向发展。如果把文轩出版比作列车，那么我们希望这趟列车从单一车头拉动的火车变身为每节车厢都提供动力的动车组，由此推动文轩出版整体快速向前。

在发展方式上，我们提出要继续坚持精准出版、精细出版、精品出版的"三精"出版理念，转变上规模、增品种的粗放发展模式，改变出版社"捡到篮子里的都是菜"的"小农式"做法，突出出版特色，坚持优势出版，实现文轩出版的高质量发展。要着力打造文轩出版知名品牌，选准出版方向，从"小众市场"做"大众出版"，以品牌引领文轩出版的高质量发展。

振兴四川出版已经进入第二阶段。在党和政府的支持下，在全体文轩人的共同努力下，文轩出版一定会有光明的未来。我们之所以有这样的信心，不在于我们这三年来取得的业绩。我一直讲，带领一支部队，特别要看重它的精、气、神，这是打胜仗的前提。相对于这几年文轩取得的一些显性的成绩，我更看重的是文轩隐性的一些变化，这对文轩未来的意义更加重大。在这些隐性的变化当中，除了观念的转变、理念的进步，更多地是文轩上上下下都能感受到的一种信心和对未来光明前景的渴望。我们相信，有了这种信心和渴望，文轩出版将继续走在一条正确的大道上，虽然前路还有各种坎坷，但我们终将跨越坎坷，继续加快步伐，向成为全国一流出版传媒企业的目标迈进。

出版融合发展是新华文轩的必由之路 *

一、新华文轩必须走出版融合发展之路

文轩未来的发展方向在哪里,这是我们在制订发展规划、研究未来发展战略时反复提出的问题。这个事情不是某一个人的事情,而是所有文轩人需要不断去思考的问题。文轩的未来,从大的方向说就是融合发展。

(一)走融合发展之路是振兴四川出版的需要

近年来,新华文轩深入贯彻落实四川省委"振兴四川出版"的战略部署,推动出版业务快速发展,用三年时间完成了五年发展目标,成为全国增速最快的出版传媒集团。"振兴四川出版"经过第一、第二阶段,正朝着第三阶段迈进。以移动互联网、大数据、云计算、物联网、人工智能等为代表的新一代信息技术的快速发展,对传统出版带来全方位、深层次、颠覆性的冲击。新华文轩站在新的历史起点,面临新形势新使命新挑战,要想高位求进,谋求新发展,就要顺势而为,走融合发展之路。

---

* 本文是 2019 年 6 月 26 日和 8 月 27 日在两次文轩出版融合发展座谈会上的讲话摘要。

（二）走融合发展之路是文轩渠道转型的需要

传统渠道，无论是实体书店还是网络书店，其主要功能就是把书卖出去。渠道与生产、营销、消费等环节之间虽有关联，但也彼此独立、交融不深。但是在未来，越来越多的渠道会变成平台，并形成强有力的商业生态闭环。平台既进行市场传播，又完成销售转化；既销售产品，又收集需求；既是产品的终点，又是产品的起点。从这个意义上来说，在平台上，内容产品的生产、消费、传播已经深度融合，分不开了。渠道平台化的发展，使渠道有条件去满足读者个性化的需求，同时读者也可以深度参与产品创作与生产。文轩推进融合发展，就是要实现渠道的转型升级，让传统渠道演变为场景化、定制化、个性化的内容场景，更高效地为读者提供阅读服务。

（三）走融合发展之路是文轩占据行业发展制高点的需要

从目前的情况看，文轩的业务在未来三到五年不会有大的问题。但是五年之后或者十年之后，如果我们现在没有布局，就会有大的问题。现在文轩整个出版发行业务都是围绕着纸质书在做。但是，必须看到，纸质书留给我们的好时光不多了。实际上，现在出版市场已经发生了很大变化。纸质书阅读的市场比重在缩小；数字化阅读、碎片化阅读、终端化阅读已经成为主流。新技术不断催生新业态、新产品、新服务，出版业的融合发展已成为行业发展趋势。

我们要在深入认识产业发展规律，牢牢把握产业发展新趋势的基础上，主动进行前瞻性的产业布局和业务布局，占据行业制高点，抓住产业发展的高端，掌握发展的主动权。以我们文轩网为例，过去十多年里，文轩三代董事长都在致力于做这个事情，中间没有任何懈怠和闪失，这才有了今天的发展水平。同样，融合发展也不可能一蹴而就，需要提早布局，久久为功，不可能今天布局明天就见成效。所以，文轩当前把融合发展提上日程，就是在为未来着想，在为未来布局，这样才能占据行业制高点。今天文轩推动融合发展，需要站在行业的发展高度，着眼未来的发展趋势，把问题尽可能想清楚，提前布局，文轩下一步才有发展模式的转型升级，才有更加辉煌的未来。

二、新华文轩走融合发展之路有优势

新华文轩的未来只有开拓创新才能赢得一片新天地。开拓创新不是空想，而是基于文轩的现实和基础，尤其是基于文轩的优势和短板来思考和谋划未来的业务发展。对新华文轩来说，融合发展这个课题，不是做不做的问题，而是怎么做的问题。怎么做，首先就是要研究文轩的优势、劣势。新华文轩在互联网运营、内容生产、探索经验等方面具有推进融合发展的独特优势。

（一）文轩有一个具有全国影响力的互联网电商平台——文轩网

新华文轩有一支深耕互联网运营的专业团队。文轩在线在新华文轩是技术应用最为密集的单位。因为有了文轩网，外界对新华文轩有一种很新锐的品牌形象认知。十多年前，文轩在线率先进入数字化领域，尽管更多是着眼于用互联网的方式运作传统图书，但也是借助互联网搭建的一个平台。这个平台也可以"改造"成为融合发展的平台，这是文轩走融合发展之路的最大优势。同时，文轩旗下的九月网、数字出版公司、读者报社、四川画报社等单位在新技术应用、新业态开发、新模式探索方面走在文轩前列。这是新华文轩推进融合发展、实现出版数字化转型的技术支撑力量，也是文轩融合发展的基础，无视这个基础，我们就会走弯路。

（二）文轩多家出版社在振兴出版中逐渐拥有内容优势

推动融合发展的关键在于内容的多种形态呈现。因此，融合发展的根本在于有更多更好的内容。新华文轩有多家书、报、刊等传统内容出版机构。在实施"振兴四川出版"战略中，文轩出版推出了大量好书，发展成效显著，成为文轩产业发展的新引擎。文轩出版的内容策划能力、版权挖掘能力、市场营销能力及线上线下全覆盖的渠道，形成了较强的团队和品牌优势。出版好书能力的提升，内容优势的形成，为文轩融合发展奠定了坚实的内容基础。

（三）文轩报刊做了融合发展的思想准备和有益探索

新华文轩推进融合发展不是一时兴起，更不是心血来潮。早在四年前，新华文轩对报刊传媒板块的定位和要求，就是为融合发展探路。文轩报刊走融合发展的路子，不仅要讲理想情怀，还要自求生存，能见实效。这些年，新华文轩的报刊机构在各自的领域做了不少融合发展的尝试，这是十分有益的思想准备和探索实践。同时，文轩旗下 9 家出版社在数字出版、有声书、VR/AR 图书、数据库建设、付费课程开发等融合出版方面也做了很多探索尝试，收获了一些经验。经过这几年的探索实践，新华文轩的出版、报刊单位对转型升级、融合发展有了更加清晰的认知，视野更加开阔，技术应用和创新能力得到增强。尽管目前还没有找到一条适合文轩融合发展的有效路径，但这些实践不管是经验还是教训，都是宝贵的精神财富，让我们有了更多现实案例来深入思考融合发展问题。可以说，无论从实践上还是意识上，文轩推进融合发展具备了进入深化阶段的基础条件。

三、新华文轩推进融合发展需要两支队伍

新华文轩推进融合发展需要两支队伍。一支队伍是做内容的队伍，目标是要把文轩作为内容提供商的基础夯实。另外一支是做新媒体和融合发展平台建设的队伍。将来有一天，内容提供商和平台运营机构会有一个胜利会师。那个时候，文轩融合发展就会迎来一片新天地。

（一）第一支队伍主要做好内容，夯实基础

不管融合发展的路怎么走，做出版最根本的东西不可少——内容。只有做好内容，真正成为内容提供商，才能做好出版融合发展这篇大文章。夯实出版融合发展这个内容基础，也正是当前振兴四川出版要解决的问题。对新华文轩来说，要着力做好内容，出好书，任何时候都不能忘了"做内容，出好书"的初心。其实

出版融合发展最终要实现的就是一种内容多种呈现，就是"一鸡多吃"。对于好的内容，纸质书是一种呈现，电子书是一种呈现，包括有声书、课程等各种呈现形态。呈现方式不同，传播方式也就不同，但都是围绕内容在做文章。所以，没有内容这个根本，融合发展就是无米之炊，无源之水。

前不久我参加中信出版的上市仪式，让我谈对中信出版上市的看法、意义。中信出版集团作为我国单体出版社，它的上市具有深远的示范意义。出版企业演变成集团的路径有两种：一种是由多家出版单位横向联合而成的出版集团，形成的是一支"联合舰队"，各省出版集团大都是这个路径；还有一种是由单体出版机构纵向扩张形成的"航空母舰"。过去老是把"联合舰队"和"航空母舰"搅在一起。实际上在整个行业里，少有纵向扩张路径，大部分是横向联合路径。中信出版集团就是由纵向扩张形成的集团，这给我们整个出版生态提供了一个全新模式，其更大的意义在此。曾经有个说法是"小舢板捆在一起成不了航空母舰"。言下之意就是，"小舢板"再多，其战斗力、影响力还是很弱。就文化影响力来说，很多出版集团的众多出版社加起来也抵不过中信出版一家。做文化企业的终极追求是文化影响力，表面是追求规模、利润，其实背后是追求文化影响力。有些人认为做出版仅仅看利润，这就是掉到钱眼里了。当然，出版单位没有利润，就谈不上文化影响力。中信出版集团有强大的文化影响力，就在于它有很多好书和好内容。因此，他们做出版融合发展的基础就更好，做起来就更容易。

为推动出版融合发展，我们现在正在做的振兴四川出版，就是要做好内容。所以，在目前出版社做内容的能力还很弱的时候，我们要求出版社心无旁骛，专心致志做内容，切实补上这块短板。因此，当前我们振兴四川出版，不仅是为了解决当前我们面临的"出版弱、发行强"的问题，而且还是为未来走融合发展之路奠定坚实基础。这不仅有现实意义，还有长远意义。只有当我们在抓内容上已经游刃有余了，推进融合发展才会有所获。

（二）第二支队伍主要搭建平台，聚合资源

当前，文轩在融合发展上要有所作为，要有布局，要有动作，就要搭建平台，建立起融合发展的框架和格局。平台就是经营模式，是双边甚至多边市场的连接器，它既是内容分发渠道又是内容消费场景，还是内容生产场景。由互联网催生的互联网平台经济，是生产力新的组织方式，是经济发展的新动能，对优化资源配置、促进跨界融通发展、推动产业升级、拓展消费市场等方面都有重要作用。可以说中国目前处于平台发展阶段，一切都是在依靠平台，是平台经济。小农经济意识是自给自足，各经营主体自我封闭，是低水平的；平台经济意识是开放合作，各经营主体需要融入大市场，是高水平的。所以，文轩推进融合发展一定要有互联网思维，要开放合作、互联互通，要摒弃我们固有的传统媒体思维。做融合出版，一定不能我写你看、我编你看、我出你看，而是搭建一个平台，让大家写，大家说，大家听，大家看，大家提供信息，大家获取信息。这个平台的用户既是内容的消费者，又是内容的生产者、传播者。所以，文轩推进融合发展需要搭建平台，有了这个平台，我们既能聚合社会资源又能聚合内部资源。文轩推动

融合发展，资源往哪放，力量往哪使，需要有这样一个平台才能形成融合发展的合力。

四、打造平台推动新华文轩出版融合发展

我们谈融合发展不是停留在要不要的问题，而是怎么做的问题。2018年，新华文轩召开融合发展研讨会，研究要不要融合发展的问题；2019年，新华文轩开会研究的重点是融合发展怎么做的问题。我曾经写过一篇关于媒体融合发展的文章，文中提到一个观点：认识和把握一种新生事物，在"门外"看问题与在"门内"看问题是大不一样的。只有进到"门里头"，我们才能看清很多问题，并且很多具体问题可能跟我们在"门外"设想的完全不一致。所以，文轩推进融合发展要进到"门里头"操作。

推进融合发展需要搭建一个平台。这是首先要解决的问题。曾经有一段时间，我们的想法是"外求"。我们想找到一个契机，收购一个平台企业，获得一个好的流量入口，然后再往深做——建立团队、聚合资源、经营用户等。此外，我们还想通过引进技术搭建一个平台。前几年有个项目，当时我们很在意，希望引进这个技术搭建一个平台，然后不断聚合内容，最后包装成一个资本化的项目。但是，通过调查、评估，我们发现那个项目的技术还不够成熟。

最近几年，我一直在思考融合发展到底怎么走。对国有企业来说，寄希望于某个契机或某个技术，用收购的方式买平台，可能并不现实。一方面，找契机不容易。收购对了，当然无话可说，

但是我们很难收购对的企业。因为对的东西，我们看好，别人也看好，会出更高的价格去收购，所以收购错的东西可能性更大；另一方面，操作难度大。如果有个成熟的平台企业等我们去收购，理论上说去收购是对的，但是操作起来有很多难处。国有企业去做收购，受体制机制限制较多，投入大、风险大。所以，收购这件事情很难，障碍多，这让我们反思，靠资本方式收购平台去解决融合发展的平台问题不现实。我们用"笨办法"来做事情可能更现实。

回溯文轩网的成长历程，它从零开始一步步做到今天的规模和影响力，其实就是用笨办法来做成功的。"行有不得，反求诸己。"文轩还是要自己搭建一个平台，也可以利用已有的文轩网、九月网来充当出版融合发展的平台。

建设出版融合发展平台的操作很难，不会一马平川，但是我们至少要把这件事情想清楚。我认为，培育、发展新项目，一定要满足"商业逻辑清晰、盈利模式明确、发展空间广阔"三个标准。同样，文轩搭建平台推进融合发展，也要从这三个维度把问题想清楚。

一是商业逻辑清晰。融合发展这件事更多偏重数字出版、数字图书，内容的集成、出版、推送、发布，其实是讲数字化内容。文轩有一个平台——九月网。九月网过去更多是拿别人的版权来卖数字化产品。这其实已经有了成熟的模式，只不过现在要注入更多功能，赋予这个平台更大的职责，我们要把更多的希望注入到九月网。第一，聚合内容，解决九月网的内容丰富性问题。过去，九月网内容来源单一，内容数量较少，使不出力来。我们现在要把内容的集成通道打通，用愚公移山、蚂蚁搬家的精神在九月网上积累数字版权和内容。内容多了，在营销、推送方式上才能多样化。所以，如何解决九月网内容的丰富性？一方面用传统方式，比如买断版权或者合作分成，即我帮你卖，版权是你的，卖了然后分成，这个路径仍然要走，而且还要扩大；另外，发挥我们自己的力量，把自己的内容（书、报、刊）整合进来。第二，创新营销，解决内容的分发与传播问题。当我们聚合了大量内容过后，如何包装内容、打造内容、推送内容，其实有很大余地。如果九月网的内容很丰富了，我们在推送、营销上创新很多方式，包括电子书、有声书、课程、客户端等若干方式。我们要先有一个"大本营"——九月网，然后我们再思考多样化的营销方式、分发方式、推送方式。尽管喜马拉雅规模很大，但是它并没有占完所有市场。我们可以在九月网中搭建若干垂直细分平台，比如是否可以打造一个"龙门阵"的川话版平台。大家做的川话内容可以投放在这个平台里面。我们也可以把其他内容用川话包装做推送。很多有地方特色、有意思的内容包装成不同的方言版本再做分发。这些方式方法都是我们未来可以去尝试的。从这个角度说，商业逻辑是清楚的：第一，产品有来源；第二，产品有销售平台；第三，产品有需求。

二是盈利模式明确。九月网现在有盈利模式，但是盈利比较难。在大量平台提供免费内容的情况下，我们用收费的方式提供内容就比较难。但也要看到，现在很多付费内容已经逐渐形成势头。比如，一篇好的研究论文，要购买后才能下载。某些图片提供商的盈利模式是粗糙的图片可以免费使用，精致的图片需要付费使用。再比如，过去音乐随便下载，现在下载高品质的音乐要付费。在九月网这个平台上面，我们可以设计若干细分领域，对接不同细分市场，根据不同的客户实行不同的收费模式。以上说的是内容付费的盈利模式，此外还有影响力变现的盈利模式。例如，封面传媒打造"封面新闻"品牌的做法，就是先做影响力再思考盈利模式。2018年，封面传媒有100多万的利润。100多万利润不算什么，但对他们意义重大。他们这个盈利，就是我们一般所说的新媒体企业"羊毛出在猪身上"。100万利润不是靠卖新闻挣的，而是利用封面传媒的影响力，做很多其他延伸性业务而来。比如，给各地建频道、建平台，利用影响力做培训等。对于新媒体企业来说，做这件事本身不赚钱，但做这件事影响出来了，可以靠其他方式盈利。盈利模式可以是"羊毛"出在"羊"身上，还可以是"羊毛"出在"猪"身上。上面说的内容付费这种盈利模式，是"羊毛"出在"羊"身上。其实当一个平台做出影响过后，在"猪"身上找"毛"的机会就多了，可以有更多元的模式去变现。

三是发展空间广阔。传统的图书编辑、营销、发行本质上是独立的工种，是流水作业模式。编辑按自己的理解负责把书做出来；发行负责把书卖出去；营销负责以各种方式吆喝，避免书在深闺无人识。三个环节之间虽有关联，但彼此独立、交融不深。未来，越来越多的流程将由平台来组织，并形成强有力的商业生态闭环。平台既进行市场传播，又完成销售转化；既销售产品，又收集需求；既是产品的终点，又是产品的起点。从这个意义上来说，在平台上，内容产品的生产、消费、传播已经深度融合，分不开了。平台化运营可以更高效地组织资源去满足读者个性化的需求，同时让读者深度参与产品的创作与生产。因此，九月网可以设计若干细分品牌、频道，依托文轩的资源优势，运用新兴科技布局知识服务体系建设，更直接地对接用户，力求掌握细分领域的绝对话语权，这样可能就搭建了一个前景广阔的平台。

承新华辉煌　谱文轩新篇[*]

在全党开展的"不忘初心、牢记使命"主题教育，是以习近平同志为核心的党中央统揽伟大斗争、伟大工程、伟大事业、伟大梦想做出的重大部署。习近平总书记指出，"无论走得多远，都不能忘记来时的路"①。今天，我以"承新华辉煌　谱文轩新篇"为题讲党课，与大家一起交流学习心得。需要说明的是，"承新华辉煌　谱文轩新篇"这句话，不是我发明的，而是当年四川新华书店集团启用"新华文轩"名称的时候提出来的。我以为，当初的这句话，体现了文轩人的情怀、使命和担当，这句话用在今天仍然是有意义的。

主题教育活动的总要求是"守初心，担使命，找差距，抓落实"。我想通过与大家一起回顾历史、回望来路，传承新华精神，明确新时期的使命和责任，推动文轩实现更好的发展。

一、"不忘初心、牢记使命"需要我们传承新华精神

我们新华书店的"店歌"叫《我们的老家在延安》，第一句

---

* 本文为 2019 年 7 月 12 日为新华文轩干部员工讲"不忘初心、牢记使命"党课的内容摘要，原文刊载于《文轩人》2019 年第 8 期。

① 习近平总书记在"不忘初心、牢记使命"主题教育工作会议上的讲话。

歌词是"我们的老家在延安，家门正对着宝塔山"。这句歌词表达了新华书店是我们党直接创建和领导的出版发行机构，是我国社会主义文化事业的重要组成部分。80多年来，我们经历了烽火硝烟、艰辛创业和改革创新、蓬勃发展。在这个过程中，我们始终传承着红色基因，履行特殊的使命和责任，这就是：服务党和国家思想宣传和文化建设的大局，传播科学真理、弘扬先进文化，教育引导群众、凝聚奋进力量。"新华精神"蕴含着深厚的历史意义，承载着党和人民的重托，是我们需要传承的宝贵精神财富。

从2000年开始，适应市场经济改革发展的要求，四川新华书店在王庆董事长及龚次敏董事长的带领下，传承延安新华精神，把握机遇、顺应潮流，围绕建设现代大型文化产业集团的战略目标，积极推进体制变革、机制变革和技术变革，实现了三大历史性跨越，为今天四川新华和文轩的发展奠定了坚实基础。

一是从文化事业单位到国有文化企业的跨越。2000年，四川省新华书店、省外文书店、省出版对外贸易公司重组成立了四川新华书店集团有限责任公司，即现在的四川新华发行集团。2003年，四川新华被中央确定为全国文化体制改革首批试点单位，全面实施公司制改革，注销了各市县新华书店的法人资格，5678名国有事业单位职工解除了与原新华书店的劳动人事关系，全员转换成企业员工身份，竞聘重新上岗，签订劳动聘用合同。四川新华是在全国新华书店系统没有政策支撑的情况下第一家转企改制企业，也是第一家进行全省业务整合的企业。从全行业看，这样一场彻底的变革，到今天为止都还是史无前例、绝无仅有的，这为后来的新华文轩的发展理顺了体制，减轻了发展的包袱。

　　二是从国有发行企业到国有控股上市公司的跨越。为进一步深化改革，拓宽融资渠道，做强做大主业，2004 年 7 月四川新华启动股改上市工作，对发行主营业务的资产、业务、人员进行剥离，引进战略投资者，在 2005 年 5 月 13 日成立了四川新华文轩连锁股份有限公司。在省委省政府、省委宣传部的支持下，通过两年筹备，公司于 2007 年 5 月 30 日在香港 H 股挂牌上市，融资 23.3 亿港币，成为国内首家在境外上市的国有出版发行企业。新华文轩的成功上市，标志着四川新华体制改革迈出突破性的一步，也为企业做强做大提供了更加广阔的空间。之后，我们按照一体化的运行模式，搭建了统一、共享的采购、信息、物流、生产四大业务支持平台，为公司教育征订渠道、零售渠道、中盘渠道、出版事业部提供业务支持。

　　三是从单一的发行企业到出版发行全产业链企业的跨越。为改变四川省内出版资源配置分散，出版发行产业链上、下游企业自成体系，行业整体市场竞争力弱的局面，2010 年，新华文轩进行重大业务重组，四川出版集团 15 家出版单位整体进入新华文轩，新华文轩由出版物发行企业转变为集出版物生产、加工、物资供应、销售和多元文化业务于一体的企业实体。四川新华文轩连锁股份有限公司更名为新华文轩出版传媒股份有限公司。之后，根据发展的需要，文轩内部进行了出版业务资源的整合，特别是将教材教辅业务集中到教育出版社，让其他出版社集中精力走市场化的发展道路。

二、"不忘初心、牢记使命"需要文轩开启新时代新征程

新的时期，省委提出了加快文化强省建设的战略部署，作为我省文化产业的主力军，新华文轩需要勇担重担，要传承新华书店始终传播先进文化的红色基因，秉承新华书店不畏艰难、锐意改革的拼搏精神，以落实省委"振兴四川出版"和"振兴实体书店"为抓手，推动文轩全面发展。

近几年来，文轩人按照不忘初心、牢记使命的要求，推动文轩产业全面发展，很多指标达到历史最好水平，很多领域保持行业领先地位，可以说，文轩人在新时代谱写了新的历史篇章，交出了一份经得起历史检验的新时代答卷。

从总的经营指标看，文轩保持了高速增长态势。营业收入从2015年的57.33亿元增长到2018年的81.87亿元，年均复合增长率为12.61%；净利润从2015年的6.15亿元增长到2018年的9.27亿元，年均复合增长率为14.65%。自2016年回归A股以来，新华文轩经营业绩连续三年稳居出版传媒上市企业前十位。具体来说，文轩在多个方面取得了历史性进步。

（一）资本运作更进一步，搭建双资本市场上市平台

H股上市只是文轩资本市场运作的第一步。2016年，我们又在资本运作方面迈出了更具战略意义的一步，成功实现在上海证券交易所A股上市，成为我国首家"A＋H"双资本市场上市出版传媒企业。"A＋H"股市场联动为我们开展"实业经营＋资

本经营"提供了更为广阔的发展空间。

（二）振兴出版取得显著成效，文轩出版地位大幅提升

新华文轩深入贯彻四川省委"振兴四川出版"的战略部署，推动出版业务快速发展，每年都有一个大跨越。2016年出版板块实现整体扭亏，2017年所有出版社实现全部扭亏，2018年出版板块利润达到1.57亿元，这是在没有计算教材教辅利润的前提下创造的出版利润，刷新了四川出版的历史纪录。文轩出版市场占有率排名也快速提升，从2015年的全国第26位上升到2018年的第13位。文轩出版用三年的时间完成了五年发展目标，成为全国增速最快的出版传媒集团。文轩出版快速发展的显著成效被业界誉为"四川出版现象"。出版板块的迅速崛起，彻底改变了过去文轩发行强、出版弱的局面，形成了"出版＋发行"双核驱动的产业发展新格局。

（三）实体书店升级实现重大突破，经营业绩逆势增长

近三年来，我们站在履行社会责任、谋求产业发展的高度，落实"振兴实体书店"工作任务，按照"多品牌建设、多团队运营、多模式发展"的"三多"理念推进实体书店转型升级，构建"大书城顶天立地、小书店铺天盖地"的垂直纵深阅读服务网络体系，新建和改造书店60余家，总面积达5万平方米，全省170余家不同类型的实体书店，实现了一县一店全覆盖。一批陈旧的实体书店退出历史舞台，一定程度上弥补了文轩在书店建设方面的历史欠账，文轩书店的形象大为改观。我们通过实体书店品牌焕新计划，

深入推进既有品牌升级和新品牌打造工作，形成了"新华文轩""轩客会""文轩 BOOKS""Kids Winshare""读读书吧""文轩云图 24 小时自助图书馆"六大实体书店品牌，逐步树立了文轩书店在行业的品牌影响力。随着实体书店网络的不断完善，文轩的阅读服务能力和经营能力有了显著提升。2018 年，在全国实体书店销售负增长 6.69% 的情况下，文轩书店逆势增长，实现销售码洋超过 14 亿元，同比增长 9.7%。

（四）教育服务业务高位求进，产业链不断延伸

近三年来，教育服务业务充分发挥了文轩压舱石的作用，在推动文轩整体发展、贡献主要经济指标中担当重任，建立了专注教育、遍布全川、高效敏捷、执行有力的营销服务网络体系。在学生人数减少、纸张成本上涨的不利环境下，我们对教学用书等传统业务进行精耕细作，大力拓展教育信息化、教育装备、教师培训、研学实践教育等新兴业务，用不断发展的业绩，一次次突破了天花板。2018 年教育服务实现销售收入 47.59 亿元，同比增长 10.48%，其中教育信息化和教育装备业务快速发展，实现销售 7.56 亿元，同比增长 23.74%。更为重要的是，我们的销售结构得到根本性改变，教辅读物、信息化产品等市场化销售占比持续提高，市场化产品如教辅、教育信息化服务、教育装备等销售占教育服务总销售比例达到 72%，彻底扭转靠教材吃饭的局面，成功实现市场化转型。

（五）文轩网销售进入全国三甲，成为行业转型的标杆

我们从 2007 年开始布局电商业务，经过十余年持续不断的努

力，特别是近年来的不断冲高，文轩网销售规模从最初的不到 100 万元增长到 2018 年的 24 亿元。销售规模在全国新华书店系统排名第一，在国内图书电商中排名第三，先后荣获国家新闻出版总署"数字出版转型示范企业"，商务部"电子商务示范企业"等荣誉称号，2018 年作为两家国有大型骨干电商企业之一入选中宣部"1 + 2 + X"国有网络书店规划，成为全国新华书店互联网转型的标杆。在面向读者建设文轩网的同时，我们发挥渠道、物流、技术等核心能力优势，面向行业，建设出版物协同交易平台，连接了上游 1400 多家出版单位和下游 500 多家发行网点，开展面向行业的供应链赋能业务，提供商品、物流、信息系统、数据、营销支撑等全方位服务，当行业的幕后英雄，助力行业数字化转型升级。目前出版物协同交易平台已形成覆盖全国 24 个省份近 200 家书店的实体渠道分销网络，平台月均订单已超 5 万张，年订单码洋超 50 亿元。

三、"不忘初心、牢记使命"需要文轩走好未来发展之路

通过文轩人前一阶段的努力，新华文轩的发展迈上了新的台阶，进入了新的发展阶段。在这一阶段，我们要在现有发展的基础上，按照中央和省委的决策部署，走高质量发展之路。未来高质量发展之路怎么走？这是我们每一个文轩人都要思考的问题。

只有开拓创新，文轩在未来才能赢得一片新的天地。开拓创新不是空想，而是基于文轩的现实和基础，尤其是基于文轩的优

势和短板来思考和谋划未来的业务发展。因此，文轩业务开拓的方向，就是要在现有业务大格局的基础上向深度、广度、高度这三个维度谋求发展。按照这三个维度，文轩未来要打造四个新的发展平台，即着力打造数字产品运营平台、文创产品开发平台、供应链协同平台和研学实践教育平台四大平台，推进产品形态、经营业务、商业模式和盈利方式的转型升级，找到更多的销售增长点和盈利空间，建设一个富有生机和活力、看得到潜力和未来的文化服务集团。

一是从传统出版经营向数字出版经营延伸。我们还暂时不说转型，因为转型有点放弃原来的意味。今年1月25日，习近平总书记在中共中央政治局第十二次集体学习会上，讲到"推动媒体融合发展、建设全媒体成为我们面临的一项紧迫课题"。我常说对于出版传媒业来说，纸质书留给我们的好时光不多了，整个行业都在加快发展，我们必须加快发展的步伐，走"内涵和外延"相结合的数字化融合发展之路。至于数字化发展这条路怎么走，公司近期正在规划。目前我们已经有一个基本理念和思路，就是要创新组织形态，从"做产品"延伸到"做平台"。未来生产与消费去边界化，产品、服务的供给平台和接收平台直接对接；未来的用户既是生产者又是消费者。作为中间商角色的传统出版传媒企业有被新兴业态边缘化的危险。因此，在推进数字化发展的过程中，我们要找准自己的产业链定位，从"做产品"延伸到"做平台"，重构出版社与作者、读者的关系，重构书店与读者的关系，甚至重构教育服务与学校、教师、学生的关系。将用户聚集到自己的服务平台上，为用户提供知识服务、文化消费服务、教育综合服务。

过去，我们想借助某个契机，通过收购某家企业的方式来搭建我们的数字化运营平台。现在看来，这条路走起来不是那么容易。还是只有用看似笨的办法来走这条路，我们准备把出版数字化发展的任务交给文轩网和九月网来完成，利用文轩网的互联网经营思维和影响力，汇聚我们各方面的优势，整合内容资源，搭建一个数字内容的集成、生产和销售平台，通过不断探索找到一种行得通的商业模式，培育内容变现和影响力变现的能力，逐步形成文轩数字化品牌。这项工作我们要抓紧。就在我们还在思考这个问题的时候，浙江已经行动了。浙江出版集团将博库网络传媒集团、浙江省期刊总社、浙江电子音像出版社、浙江出版集团数字传媒公司 4 家单位整合在一起，组建了博库数字出版传媒集团。这个做法，我们曾经也想过。需要说明的是，文轩公司搭建数字化平台，并不意味着其他单位就不需要做数字化融合发展的事情了。最近天地出版社推出了与喜马拉雅合作的图书《汴京之围》，这就是一个融合发展的案例。以后，每个单位都要结合自己的业务特点和优势，取得更多的融合发展成果。

二是从图书生产经营向文创产品开发延伸。文化产业天然具有创新创意的属性，具有轻资产、重创意的特点。文化产业与其他产业融合，打造衍生文创产品，可以为其他产业赋能，催生新的业态，推动企业、行业，甚至是地区的升级发展。在这个问题上，我们要看到，一方面文创产业是一片蓝海，仅仅一个深圳的文创产业实现增加值就达 2621 亿元，占 GDP 比重超过 10%。另一方面，我国文创产业发展水平很低，除了故宫博物院的文创产品做得风生水起之外，整个行业都处于低层次模仿状态，这给一些有实力的文化企业更多的机会。一个企业要想做好文创，必须具备四个条件：内容、创意、品牌和渠道。文轩是四川省最大的文化企业，具有品牌优势、渠道优势、内容优势、人才优势，比任何一家企业都具有经营文创产业的综合优势。我们的卖场也在经营文创产品，而且销售额很高，占整个零售门店销售规模的40%以上，但这些产品都是借文轩的渠道来卖，不是文轩自己的产品，我们只是赚取销售的点子。所以，在新的发展阶段，要想实现增量发展，我们应该从图书生产向文创产品开发延伸，通过整合文轩的优势资源，开发经营具有文轩品牌的文创产品。

当然，开发文创产品十分复杂，需要有文化内涵、有独特性、有吸引力、符合文轩渠道定位等特性。例如，江苏宜兴紫砂大多数人都知道，但四川荥经黑砂知道的人却不多。黑砂是国家级非物质文化遗产，是荥经独有的特色产品，而且具有很久远的历史。如果我们跟生产厂家合作，打造具有文轩品牌的黑砂产品，就非常适合在文轩渠道销售。昨天，受人引荐，有位非物质文化遗产的传承人来找我，她的传承项目是手工软包皮拖鞋。虽然拖鞋很漂亮，而且是纯手工打造，但它不具有独一无二的特点，而且这种拖鞋的目标客户为高端群体，与书店大多数读者的消费定位不符。今天我提出这个话题，就是希望大家能就文创产品开发做进一步研究论证，我们希望通过建设文轩自己的文创产品运营平台实现文轩新的发展。

三是从文轩网"2C"模式向供应链"2C + 2B"模式转型。近年来，文轩网发展迅速，年销售规模达到24亿元，位居全国第三。

我们很看重文轩网的销售规模，但我们更看重文轩网发展背后形成的强大支撑能力。多年来，我们持续加大投入，推进供应链能力建设，天津仓、成都仓和无锡仓联合组成了覆盖全国、适应多业态的三仓物流体系，近30万平方米的总面积支撑起了文轩网的经营。三仓的在库可供图书达到80万种，全年新出版20多万个品种均可在所有销售渠道同时发布、上架、营销和销售，物流配送能力70%的城市实现次日到达，比肩国内一流电商水平。同时我们还与美国"Infor"公司签订战略合作协议，开发物流应用技术，优化作业流程，提高图书物流的信息化、标准化、智能化水平，物流运作差错率降到万分之三以下，远低于行业万分之六的平均水平。

我们看重供应链的支撑能力，是因为这种能力已经成为文轩赢得市场的核心竞争力之一。这种能力不但可以为自己服务，而且可以为行业服务。现在文轩网的经营模式主要是"2C"，即面向读者经营。未来我们要从"2C"向"2C＋2B"转型，打造互联网时代的图书中盘，面向读者和客户同时经营。我们为读者提供购书服务的同时，要甘当幕后英雄，为想开书店的客户提供全方位的后台支持服务。客户既可以是单位也可以是个人，既可以是国营，也可以是民营。书店既可以是网络书店，也可以是实体书店。前段时间，我们与钟书阁签订了战略合作协议，为其提供后台支持服务。虽然钟书阁连锁书店规模并不算大，但它代表了行业高端客户对文轩的认可。我们希望文轩在线能够通过供应链协同平台的建设，真正打造一个互联网中盘，聚合遍布全国的图书经营者，形成多主体参与、线上线下融合、多渠道纵深的立体化经营体系，共同构建出版发行业的新生态。

四是从教育产品服务经营向教育组织服务经营转型。我们的教育服务业务是从做教材教辅征订起家，而且文轩的教材教辅业务做得很好，完全可以过安稳日子，但我们居安思危，意识到教材教辅业务的局限性，开始探索走市场化发展道路，主动从产品经营向服务经营转型，2013年把"教材发行事业部"更名为"教育服务事业部"，部署了教育信息化、教育装备等市场化业务，有效拓展了市场空间。我们还要看到，无论是教材教辅业务，还是教育信息化、教育装备业务，在目前阶段，从某种程度上说仍属于产品经营。产品经营发展到一定的程度都会达到最高峰值，触及天花板，再想大幅度扩大经营就很困难。所以我们要从教育产品服务经营向教育组织服务经营转型。上个周末，我们和中国新闻出版传媒集团联合在都江堰举办了中国研学实践教育研讨会，来自教育部的专家、全国12家行业单位负责人及省内各地教育部门的领导200多人参会，就研学实践教育进行了交流，并发起成立中国研学实践教育联盟。我们之所以举办这样一个研讨会，就是想联合行业搭建一个平台，传播出版发行业在研学市场的声音，通过行业的资源共享和合作，共同开拓研学服务市场。另外，我们所开展的教师培训业务也属于教育组织服务的范畴。我们要进一步分析文轩长期从事教育服务业务的优势，深入开拓研学实践教育、教师培训等组织服务类业务，为教育服务业务的发展找到新的增长点。

今年是新中国成立70周年，省委为我们描绘了四川文化产业发展的宏伟蓝图，指明了四川出版产业前进的方向。我们要以更

加扎实有效的举措，保持持续发展的良好状态，开创文轩发展的
新局面，为文化强省建设和治蜀兴川大业做出新的贡献！

聚焦"一带一路"
推动出版"走出去"向更高层次迈进[*]

一、推进"振兴四川出版"战略，夯实出版"走出去"的基础

出版"走出去"，首先要有高质量的图书产品做支撑，做好出版工作是"走出去"的前提。2016年以来，新华文轩贯彻落实四川省委"振兴四川出版"的指示精神，通过一系列切实有效的举措推动出版发展，取得了显著成效。

一是出版利润高速增长。文轩大众出版2015年亏损2880万元，2016年实现整体盈利，2017年实现所有出版社全面盈利，2018年实现盈利突破1亿元，达到1.57亿元。2019年上半年，文轩大众出版利润达到1.1亿元，这是在没有教材教辅业务的情况下依靠出好书取得的利润，刷新了四川出版的历史。

二是市场排名大幅提升。据开卷数据，文轩出版2015年在全国36家出版集团的总体市场排名位居第26位，2018年上升到第13位，2019年上半年文轩大众出版市场排名第7位，同比上升6个位次，增速全国第一。

---

[*] 本文摘自2019年7月26日中国出版协会在西安举办的"一带一路"出版"走出去"工作座谈会上的发言。

三是畅销图书数量显著增加。多年以来，在全国畅销书排行榜上很难看到四川出版的身影，2015 年文轩出版销售上 10 万册的图书仅 2 个品种。经过三年的努力，2018 年文轩出版销量上 10 万册的图书上升到 64 种，共有 43 个图书品种进入全国畅销榜 TOP 500，而 2019 年上半年共有 33 个品种进入全国畅销榜 TOP 500。

四是入选国家重点项目与获得国家级大奖的数量创历史新高。三年来，文轩出版无论是入选国家级大奖数量，还是入选国家级重点项目数量，均刷新文轩出版入选该类奖项和项目的历史最高纪录。此外，我们还历史性地完成了国家重大出版工程《中华大典·医药卫生典》3 个分典和《中华大典·经济典》7 个分典共计超过 1 亿字的编辑出版工作，为这项从 1990 年启动、至今历时近 30 年的重大出版工程交上了圆满的四川答卷。

文轩出版的快速发展，为出版"走出去"工作奠定了坚实的基础。

二、聚焦"一带一路"，采取多种方式推动 出版"走出去"

"一带一路"倡议是我国推动对外开放、加强对外合作的一项顶层设计，"一带一路"既是通商互信、经贸合作之路，也是文化交流、文明对话之路。四川地处"一带一路"和长江经济带结合部，具有沟通中亚、南亚、东南亚交通走廊的地理优势。新华文轩紧抓地缘优势，将"一带一路"沿线国家作为走出去的重点，针对旗下出版社的优势和特点，采取版权输出、图书出口、合作出版、设立出版分支机构、渠道"走出去"等多种方式，开拓国际出版市场，取得了较为显著的成效。

一是加强版权输出工作。近年来，新华文轩采取有效措施推动版权输出工作，版权输出数量持续增长。2015年文轩旗下的出版单位输出版权仅有85项，2016年为136项，2017年为176项，2018年增长到了307项，其中303项的输出对象是"一带一路"国家和地区，对"一带一路"国家和地区的版权输出数量位居全国第三位。今年上半年，文轩输出版权220项，比去年同期增长近100%。在2017~2018年度"中国图书对外推广计划"排名中，新华文轩的整体排名从2016年全国第10位上升至第9位，其中，版权输出数量（不含港澳台地区）方面，2018年文轩跃升至全国第4位，地方集团第2位。

二是推动实体图书出口。在开展版权输出的同时，文轩还根据海外市场的需要，做好实体图书的出口，2018年文轩图书出口14余万册，使文轩图书的海外影响力不断提升。根据2018年中国图书海外馆藏影响力研究报告，新华文轩旗下6家出版社进入"馆藏影响力100强"。

三是设立出版海外分支机构。为推动出版"走进去"走得更深、更远，文轩在"一带一路"沿线国家布局出版机构，以此作为文轩出版"走出去"的桥头堡，目前已经成立的出版机构有：四川美术出版社在印度成立的"南亚出版中心"，四川人民出版社在英国共建的"伦敦编辑部"，四川文艺出版社在阿根廷设立的"中国—拉美文学合作出版工作室"，四川少年儿童出版社在美国设立的"北美童书城"、在阿联酋成立的"熊猫工作室"、在印度开设的"熊猫编辑部"。

四是推动发行渠道"走出去"。文轩依托文轩网电商平台，以跨境电商方式开拓海外发行通道。我们从 2017 年 9 月开始，先后与北美、澳新及欧洲荷卢比地区的中文书店合作，共同建成了北美华文书店、悉尼中文书店及荷兰中文书店，覆盖海外华人约350 万，成为服务当地中文阅读人群的网上书店。目前，这三家书店运行良好，最多可提供 60 万种图书选择，最快 5 天可到货，解决了品种少、配送慢的长期难题，逐步成为新华文轩向海外传播中国文化的有效平台。

三、构建长效机制，推动出版"走出去"持续发展

新华文轩作为我国出版"走出去"的后来者，起点低，不具备先天优势，想在短期内通过几个大动作实现快速赶超不太现实。为此，我们从最基础的工作入手，建立可持续发展机制，稳步推进出版"走出去"。

一是对文轩出版"走出去"进行战略性布局。未来的出版竞争不仅是全国的竞争，更是全球的竞争。为此，新华文轩制定了"打造具有国际竞争力的一流出版传媒集团"的战略目标。2016 年四川省委做出"振兴四川出版"的战略部署后，新华文轩把出版"走出去"作为"振兴四川出版"的重要内容，从公司层面进行部署，鼓励出版社根据各自的出版特色和优势开展"走出去"工作。最近，我们还对在振兴出版战略中快速崛起的四川少儿出版社、天地出版社等出版社提出，不要仅盯着国内的资源，更要用全球的视野

和能力去争夺全球优质出版资源，以多种方式参加全球化的出版竞争。

二是实施"赛马"机制，加快出版"走出去"。新华文轩把"走出去"作为出版单位年度考核的重要指标，每月对"走出去"的情况进行比较分析，让出版社自己跟自己比较，既看总量更看增量，看各社"走出去"的发展和变化，在出版单位中形成一种你追我赶的良性竞争氛围。

三是疏通"走出去"管道，建立国际出版交流合作机制。国内出版社受制于语言、文化、地域等限制，缺乏与国外出版商的深度交流，缺乏对国际出版市场的深度了解，因此打通"走出去"的管道非常重要。近年来，新华文轩一方面积极通过参加各大国际书展和国际版权在线交易平台，与各国出版商进行交流合作，另一方面还单独组团到"一带一路"沿线国家，走进国际知名出版机构，与各国出版社进行深度沟通并建立战略合作关系，推动版权双向输出。

四是加强"走出去"的人才队伍建设。做好出版"走出去"工作，人才是关键。近年来，新华文轩高度重视"走出去"人才队伍建设，在公司总部设立了国际出版中心，统筹协调"走出去"工作；各出版单位都设立了专业的部门或岗位专职负责"走出去"工作。为减轻出版社"走出去"人才培养的成本压力，新华文轩还设立专项资金，对出版社新进研究生以上高学历人才给予三年工资补贴，鼓励出版单位引进、培养高层次"走出去"人才，为"走出去"工作的持续开展奠定坚实基础。

四、关于出版"走出去"工作的几点思考

出版"走出去"是一项长期的工作。面向未来,我们将以图书为媒,以更加开放的姿态,通过"走出去"和"请进来"等多种方式,逐步构建国际国内出版资源互联互通、渠道共享共用的合作格局。

面向未来,我们将在几个方面着力,进一步推动出版"走出去":

一是在提升原创精品生产能力上下功夫,在深入把握国际市场阅读需求的基础上,策划更多适合"走出去"的选题。

二是在国际出版本土化上下功夫,鼓励出版单位"造船出海",走"本土化"发展之路,通过合作设立海外出版机构等方式,建立"走出去"的桥头堡,在国外土地上扎根,以本土语言出版更多反映中国文化的图书,并通过海外渠道走近海外读者。

三是在出版融合"走出去"上下功夫,采取"出版+"的模式,丰富"走出去"的产品形态,开发更多高附加值的文化产品,将中华优秀文化推广传播到全世界。

振兴出版 2019 年上半年业绩报告 [*]

一、销售收入和利润大幅增长，创历年同期新高

2019 年上半年文轩 9 家出版社的总体销售码洋为 12.63 亿元，同比增加 2.19 亿元，增长率为 21.0%。

2019 年上半年文轩 9 家出版社的大众图书总销售收入为 4.53 亿元，同比增加 9610 万元，增长 26.9%。

2019 年上半年文轩 9 家出版社的大众图书实现利润（考核利润）0.93 亿元，同比增长 3018 万元，增长率为 47.8%。

2019 年上半年文轩 9 家出版社的大众图书实现营业收入（财报收入）4.81 亿元，比去年上半年增加 1.09 亿元，增长率为 29.17%；实现利润（财报利润）1.11 亿元，同比增长 3127 万元，增长率为 39.37%。这是在去、前年两年高速增长的情况下连续第三年实现高速度增长。

---

* 本文摘自《振兴出版快报》2019 年 8 月总第 13 期，题目为本书选编时所加。

二、单品毛利率大幅增长，出版高质量发展成效显著

2019 年上半年，文轩大众出版单品毛利为 5.11 万元，相比 2018 年同期增加了 1.17 万元，增长率为 29.6%。在总入库品种数减少的情况下，9 家出版社的总体主营业务毛利大幅提升，表明文轩出版开始走上高质量发展之路。

三、市场排名创二十年来历史新高，增速和出版效率均为全国第一

2019 年上半年文轩大众出版市场排名全国第 7 位，同比上升 6 个位次，增速全国第一。这一名次同时也是自开卷监控全国零售市场 20 年来新华文轩大众市场类出版业务所获得的最高位次。

文轩图书在实体店渠道的码洋占有率排全国第 5 位，同比上升 4 个位次；在网店渠道的码洋占有率排全国第 8 位，同比上升 7 个位次。文轩图书在实体店和网店的出版效率双双突破 2.0，实体店更是达到 2.43。

文轩出版 2019 年上半年的市场占有率为 2.19%，同比增长 0.42 个百分点，其中实体店增长 0.76 个百分点，网店增长 0.57 个百分点。总动销品种为 16497 种，同比增加 2256 种；新书品种为 1513 种，同比减少 39 种；动销品种排第 18 位，同比上升 3 个位次。出版效率 2.22，同比增长 0.37，排全国第 1 位，是全国仅有的出版效率超过 2.0 的集团。

四、33 个品种进入全国畅销榜 TOP 500，销售量级品种数持续增多

2019 年上半年共有 33 个品种进入全国畅销榜 TOP 500，同比减少 5 种。其中有 20 个品种进入 TOP 100，TOP 100~200 名次中有 5 个品种。2016 年和 2017 年上市的各有 9 个品种，2018 年上市的有 15 个品种。

2019 年上半年监控销量 2 万册以上的图书品种为 151 个，已超过 2017 年及之前的全年数量，其中 5 万 ~10 万册的品种为 23 个，10 万 ~30 万册的品种为 9 个。按全年时段比例估算，2019 年 2 万册以上的品种数量将超过 2018 年。

五、版权输出数量大幅增长，朝着可持续方向迈进

2019 年上半年文轩实现图书版权输出 220 项，已超过 2017 年全年的输出总量，较去年同期增长 91%。出版"走出去"工作大见成效，初步形成了可持续增长模式。

优化产业结构，增添发展动力[*]

2019 年是推进文轩产业高质量发展的关键之年，转眼间一年的时间已经过去一多半。今天，我们召集全公司各个业务板块的负责同志在一起，对上半年经营状况进行分析，共同研究下半年的工作，通过查找问题、分析问题、解决问题，将上半年良好的发展态势继续保持下去，为公司的高质量发展奠定坚实基础。

一、2019 年上半年文轩经营工作的主要成绩与问题

半年来，文轩的总体发展态势喜人。从财务数据来看，2019 年上半年的公司整体收入为 38.74 亿元，同比增长近 3 亿元，增长率为 8.29%；在同口径可比情况下，公司整体利润为 5.21 亿元，同比增长近 20%。文轩纳入考核的 35 家业务机构中有 19 家的收入是增长的，有 26 家的利润是增长的，这说明大多数单位都在向前发展。在整个行业增长放缓的大环境下，这是非常值得肯定的成绩，可以说上半年公司的总体经营工作卓有成效，为完成全年

* 本文摘自 2019 年 8 月 1 日在新华文轩 2019 年上半年经营分析会上的讲话，原文刊载于《文轩人》2019 年第 8 期。

经营目标打下了坚实的基础。如果下半年不出意外的情况，我们将继续保持高速发展势头，今年完全有希望成为公司的第三个高速增长年。

半年来，公司的主要业务板块呈现出强劲增长势头。特别让人欣慰的是，继大众出版板块崛起之后，今年电子商务崛起，形成了大众出版、电子商务和教育服务"三驾马车"并驾齐驱的产业格局，三大业务板块有力地支撑着公司总体利润的增长。这与过去靠教育服务一个火车头拉动文轩整列火车的情况相比，有了根本性的变化。2019年上半年文轩经营有不少亮点值得点赞。

大众出版业务。今年上半年，文轩出版继续保持高速度、高质量发展，主要经营指标持续向好，出版在文轩产业链中的地位进一步增强，发展新引擎的作用更加突出。一是出版规模稳步、快速增长。今年上半年文轩出版销售码洋为12.63亿元，增长率为21.0%。上半年实现营业收入4.81亿元，比去年上半年增加1.09亿元，增长率为29.17%，呈现出稳步、快速发展态势。大众出版为全公司销售增长的贡献份额超过三分之一。二是利润大幅增长。今年上半年文轩大众出版继续保持了去年高速增长的态势，文轩旗下9家出版社的大众图书利润为1.11亿元，同比增长3127万元，增长率为39.37%。与去年上半年相比，利润有如此大的增幅，着实令人欣慰。今年上半年，出版利润在公司整体利润里占比约为19.29%，与2018年的18.12%相比提升超1个百分点。这是在发行板块利润持续增长的情况下实现的，表明出版在文轩产业发展中的引擎作用更加突出。三是文轩出版在全国市场的地位实现重大突破。据开卷监控数据，2019年上半年文轩大众出版的市场排名为全国第 7 位，首次进入全国前 10，同比上升 6 个位次，增速全国第一。这是有开卷全国出版集团市场排名以来四川出版所获得的最高位次。在市场排名升位难度越来越大的情况下，我们在上半年就实现了 6 个位次的上升，特别令人振奋。四是文轩出版推动高质量发展取得显著成效。2018 年年初，我们提出"三精"出版理念以来，文轩出版朝着高质量发展的方向迈进，取得了初步成效。今年上半年，文轩出版高质量发展的成效更加显著。一是新品入库品种与码洋增速低于老品增速。上半年新品入库品种与码洋分别同比增长-11.9% 与-5.7%，老品入库品种与码洋分别同比增长 12.9% 与 62.3%，彻底改变了靠出新书拉动销售的局面。二是利润增速高于收入增速。上半年销售收入同比增长 29.17%，利润同比增长 39.37%，利润增长率远高于销售增长率，反映出我们的出版质量有大幅提升。三是单品毛利较 2018 年同期增长了近 30%，这说明我们的单品效益在上升，依靠提高图书质量及单书效益增长来实现发展的成效愈发显现。

今年上半年，许多出版社表现亮眼。川少社上半年利润增加了 2500 万元，总额达到 5700 万元，增长幅度为 80%，表现特别突出。这也是少儿社跻身全国出版社前列、同类社第二位的原因，我们为少儿社感到骄傲。美术社的利润也增加了 300 多万元，辞书社增加了近 300 万元，文艺社增加了 400 多万元，利润增幅都超过了 200%。正是由于这些出版社的良好表现，文轩出版的成绩单才十分抢眼，也使文轩出版这一公司发展新引擎的动力更加强劲。出版的快速崛起，是新华文轩产业发展过程中的一个根本性、革命性的变化，我们对大众出版的未来发展充满信心，也对出版板块的未来寄予厚望。

电子商务业务。上半年电商业务剔除内部交易部分后，收入增长 1.5 亿元，同比增长 27.27%。这个增长额约占到公司上半年总体收入增长额的一半。去年上半年，电商业务还处于亏损状态，但今年上半年实现盈利了，账面利润增长了 4000 多万元，剔除内部各种因素后也有 1300 万元的利润增长，由此可见文轩在线在经营上取得了巨大进步。经过多年的精心培育，文轩电商业务终于到了丰收的时节，今年下半年我们将给电商业务赋予更多的发展职责。

教育服务业务。近年来，教育服务板块一直在求新求变，业绩保持了持续增长的态势，可谓高位求进，充分发挥了它在文轩产业发展中火车头的作用。今年上半年教育服务板块收入增长近 1亿元，同比增长近 5%，利润增长 3500 万元，同比增长 7.12%。因为教育服务业务的体量特别大，其业绩的稳定增长对提升公司整体经营业绩具有重大意义。

印制、物流及文轩体育。印制物流板块作为供应链服务平台，今年上半年的经营业绩表现不俗。物流业务上半年收入增长了 535 万元，同比增长 4.06%，利润增长了 155 万元，同比增长 31.90%。印制业务上半年收入增加了 1400 万元，同比增长14.85%，尤其在利润方面。去年的现在，印制业务还是亏损状态，但今年上半年利润增长 463 万元，同比增长了 82.63%。文轩体育也找到了自己的定位，取得了良好的社会效益和经济效益，在今年上半年也有一个上好的经营表现。

年终总结说成绩，半年分析看问题。在看到上半年成绩的同时，我们一定要看到自己面临的问题和不足。因为所有的发展都是在解决问题的过程中取得的，如果我们在上半年就沉醉在成绩当中，不高度重视存在的问题，那么下半年就可能掉下去。

就出版方面来说，一是文轩出版社之间的差距逐渐拉大。从今年上半年的数据来看，第一梯队和第二梯队的差距拉得更大了，少儿社和天地社作为领涨力量一直在迅猛前进，但第二梯队发展相对放缓了。2019年上半年，文轩出版的总体利润是1.1亿元，其中少儿社和天地社两社的利润就达到1亿元，占了整体利润的90.6%。从市场排名来看，少儿社在全国是第15位，天地社是第45位，而第三名文艺社还排在第153位。文轩出版要崛起，首先要通过"非均衡发展"策略，让一部分出版社率先冲出来。天地社和少儿社已经脱颖而出，现在需要其他出版社跟上来。对文轩出版来说，一两个社发展壮大不是目的，我们最终要由非均衡走向均衡，实现文轩出版的整体发展。这才是我们的最终目标。二是部分出版社业绩或排名出现下滑。人民社上半年营业收入同比下降18.87%，净利润下降85.3%；巴蜀社上半年营业收入同比下滑29.16%，净利润下滑234.5%，同比多亏119万元。教育社的市场排名本来就靠后，可今年上半年的排名还在下滑。这些问题尽管都有具体原因，但我们要警惕，要认真反思。

实体书店板块上半年的收入同比下降了4%。从开卷的数据来看，全国实体书店上半年呈现负增长态势，同比下降了11.72%，相比之下，文轩实体书店的情况还是较好的。但是，从分析问题的角度来看，我们经营中还存在着许多问题，把握新机会的能力还不够。虽然零售板块有自己的特殊性，但这不能成为我们不发展的理由，我们要力求到市场中去寻找新的商机，实现经营上的突破。

报刊传媒板块上半年的收入同比下降了9.56%，利润下降更是达到了87%。在新媒体时代，传统媒体业务受到的冲击特别大，这是我们能够理解的情况。但是，我们还是要有所作为，要找到属于自己的方向和领域，在市场上存活下去。活下去，是我们存在的理由；不亏损，也是我们公司要求的底线。虽然报刊传媒板块整体体量比较小，对公司整体影响不大，但也要奋起直追，为公司的发展做出贡献。

在公司经营层面，上半年应收账款在不断增加，应收款的增幅超过销售收入的增幅，这也是需要我们注意和警惕的问题。上面说的这些问题和不足，希望大家高度重视，积极改进。

二、进一步优化产业结构，增添发展动力，推进文轩产业高质量发展

（一）在公司层面，我们要着力做好以下几个方面的工作

一是要进一步优化产业结构。文轩要实现行业升位，就要和先进企业比增速。文轩作为集团型企业，单靠个别产业板块难以推动企业整体向前，所以我们要坚持两手抓。

一手抓跑在前面的，增添发展动力，把绿皮火车变成动车组。这几年，我们从只有教育服务"一个火车头"拉动到教育服务和大众出版"双核驱动"，再到现在"三驾马车"的发展态势，文轩发展的动力越来越强。下一步我们还要把文轩供应链服务打造

为新的发展引擎，这样文轩这列火车的动力才会更强劲。

另一手我们要抓落在后面的，减轻企业负担。我们要高度重视15家销售收入下降和9家利润下降的机构的问题，特别要下决心推动亏损企业的减亏、扭亏工作。扭亏工作虽然无法一蹴而就，但我们要把这个工作持续下去，对有的亏损单位，我们要采取断然措施。对于文轩旗下的企业来说，不亏损是底线，长期靠输血不可持续。

二是进一步增强发展动力。近年来，文轩出版发展速度名列全国前茅，一个重要的原因就是我们在出版板块推行"赛马"机制，自己跟自己比增长，跟全国同行比排位，干好干坏不一样，极大地调动了出版人的积极性，出版社的发展动力十足。接下来我们要把"赛马"机制推广到全公司，推广到各个业务板块内部去，要在全公司形成你追我赶的发展氛围，跑得快的、跑得好的要奖励，跑到后面的要鞭策。公司要进一步发挥目标考核的激励作用，让干得好的有想头、有奔头，让暂时落在后面的加快进度赶上大部队。只有这样，我们才能实现文轩整体的快速发展，进而提升文轩在行业的排名，实现省委提出的进入全国第一方阵的发展目标。此外，在"赛马"过程中，我们也要考虑把各个板块的业绩与其分管领导的考核联系起来，形成高层、业务板块、基层业务部门全面"赛马"的格局。

三是进一步提升发展质量。我们要处理好速度与质量的关系。经过前两年的高速增长，文轩在资源获取、人才储备、管理能力等方面逐渐感到吃力，高质量发展成为文轩持续发展的必然选择。所以，我们从2018年开始推行"三精"出版，在经营分析、目标考核中既看重规模，更看重利润。一年多来，高质量发展取得了明显成效。同时，我们也要看到，高质量发展不等于不要发展速度。当前阶段，我们需要"两高"并重，在较高速度增长的基础上增加了高质量的要求。高速度和高质量是一个问题的两面。我们的全国排名还相对落后，低速度的高质量发展难以实现全国升位，而低质量的高速度发展又不可持续。很多人在这个问题上有误解，认为高质量发展就是把发展速度降下来，认为把发展速度降下来质量就会高。我们不能将二者对立起来，既不能只追求速度不要质量，也不能用高质量发展否定较快的发展速度。我们的要求是又好又快。公司相关管理部门要围绕公司发展的实际，进一步优化各项考核指标，要把高速度和高质量结合起来。

（二）在业务板块层面，要更新观念，加快推进转型发展

大众出版要到出版主战场去一争高下。文轩出版走到今天，已经积累了一定的资源和能力，在全国的市场影响力也显著提升。如果说前几年我们还刚入门，集中精力解决的是生存问题、吃饭问题，那么今天我们就要去出版主战场展示我们的能力与才华。我们要进入主流市场推出精品力作。出版影响力更多体现在主流市场的影响力。近年来，随着振兴出版战略的深入推进，文轩的好书越来越多，但是文轩畅销书还主要集中在少儿领域，在强调思想性、艺术性的社科、文艺等主流出版市场的影响力还很弱。为此，我们要主动聚集高端作者资源，开发具有重大文化价值和市场价值的选题，打造无愧于时代的作品。我们要推动图书出版向文化创意转型。图书本是文化创意的表现载体之一，只是我们

长期躬耕于图书形态而忘记了它的创意产品的本质。所以，我们在思维上要把图书从载体上解放出来，回归到内容创意的本质上来。出版社要把主要精力和资源集中到内容创意上，努力提升原创能力，推出高水平的内容产品；同时要开展 IP 运营，将内容做更多方式的呈现与变现，围绕内容创意进行文创产品等二次产品的开发，通过 IP 衍生产品实现出版资源使用效率最大化。比较可喜的是，有些出版社已经在文创产品上做出尝试，有些也做了相应的规划，这是非常好的开端。我们要加强载体创新，拓展出版边界。当今时代，纸质图书独领风骚的时代已经结束，电子书、有声书、多媒体阅读产品等内容产品不断涌现，不断分流传统图书市场。我们文轩出版要在未来有所作为，就要主动适应用户新的文化消费需求，加强载体创新，拓展出版边界。在前不久的西安全国书博会上，天地社以纸书、有声书同步推出的《汴京之围》受到广泛关注，给文轩出版开了一个好头。

电子商务板块要深入推进转型发展。过去十年，文轩电子商务致力于在纸质图书的网络销售上做文章，取得了行业瞩目的成就。但是，随着近年来全国新华系纷纷开办网络书店，浙江还以博库网为核心建立数字出版传媒集团，注入了更多的资源来推进转型发展，文轩电商业务可以说前有标兵后有追兵，面临巨大压力。为此，我们要在两个转型上做文章，一是从"2C 业务"向"2C + 2B 业务"转型，也就是从单纯的消费者业务向消费者 + 机构业务转型。在我看来，未来实体书店领域既有 2C 的业务，又有 2B 的业务。2C 就是书店面向读者和消费者的业务，而 2B 就是为书店提供后台供应链服务的业务。这两类业务的性质不同，能力要求不同，需要通过一场"行业大分工"把实体书店面临的这两类不同性质的业务区分开来。随着实体书店的发展，迫切需要建立起为书店运营提供后台支持的供应链服务体系。书店的"行业大分工"为文轩电子商务建设"互联网中盘"提供了巨大的机遇。从早年的文轩地面中盘到现今的互联网中盘，文轩有做好出版发行业供应链服务的基础和优势。因此，文轩电子商务要抓住机遇，转型成为专业的供应链服务提供商，将实体书店从烦琐的后台业务中解放出来，让他们专注 2C，去研究读者，为消费者提供优质服务，让开书店成为一件更简单、更容易的事，让更多有情怀的文化人投身到书店事业，从而推动实体书店的振兴。二是从纸书业务到"纸书 + 数字书"业务的转型。从长远来看，随着内容产品形态的日新月异，只是把纸书搬到网上卖的网络书店，终将迎来发展的瓶颈。网络书店的好日子不会太长，文轩网要未雨绸缪、提前布局，推进从纸书业务向数字产品业务的延伸和转型。要利用文轩网多年卖书聚集的用户资源和产品数据资源，从销售图书向运营数字产品转型，从终端走到前端，形成自己的数字产品生产、传播、运营等综合能力，将文轩网打造成新型数字出版运营平台。

实体书店板块要围绕提升经营效益来创新经营模式。上半年，全国实体书店整体都在下滑，这是大环境，我们改变不了，但我们也不能无所作为。近年来，我们按照多品牌、多团队、多模式的"三多"策略振兴实体书店，文轩实体书店变化很大，成绩斐然。但需要注意的是，我们采取"三多"发展策略，核心是要做好经营，不但要解决书店形象问题，最终还是要解决书店效益问题。没有形象，就没有人愿意到书店来，就产生不了效益；没有效益，再好的形象也是空架子，书店也开不长久。所以，我们在解决形象问题的基础上，要着力提升经营效益。下一步我们要朝着"阅读服务＋门店经营"的方向走，不仅要做好阅读服务，还要做好门店经营。零售板块要在全系统推行"赛马"机制，在"阅读服务＋门店经营"上积极探索新的经营方式，在创新中比成效。

教育服务板块要开辟新的发展空间，增强核心竞争能力。教育服务板块是公司的顶梁柱、压舱石，从捅破天花板到站上天花板，销售收入与利润保持了持续稳步增长，为公司整体经营业绩的增长做出了重要贡献。当前，我们遇到的最大问题是学生数量不断减少，因此单纯依靠教材是走不远的，必须要找到新的发展空间。近年来，教育服务在拓展新业务方面卓有成效，从纸质业务到信息化业务，从教装业务到正在大力推进的研学业务，教育服务板块不断在求新求变，取得了明显的成效。下一步我们要从两个方面着力。一方面，我们要利用好教育厅李江厅长来文轩视察形成的良好环境，加强与各级教育主管部门的工作联系，推动全省业务特别是新兴业务的开展，实现企业效益的提升。另一方面，我们要发挥国有文化企业的优势，提高市场竞争壁垒，在教育信息化、研学实践等新兴业务领域着力打造核心竞争能力，力争实现与传统业务相媲美的收益。

印刷物流板块要进一步提升供应链服务能力。印刷物流板块是公司的后台业务，在为公司若干前台业务提供服务支持的同时，也面向市场开展经营工作，成绩显著。随着公司业务的发展，特别是创新业务的不断推进，将对后台支持提出更高的要求。一方面，印刷物流板块要深入研究公司各业务板块的服务需求，提前进行规划和布局，着力提升供应链服务能力。另一方面，面向市场的经营工作要稳中求进，在风险可控的前提下进一步拓展市场，实现经营效益的增长，为公司发展贡献自己的一份力量。

报刊传媒板块要着力抓好融合发展工作。受新媒体冲击等大环境的影响，报刊传媒板块上半年的数据不太理想。但是，媒体转型发展没有回头路，越是艰难越要往前赶。报刊的出路在于融合发展，固守纸媒只有死路一条。所以，我们在融合发展方面对传媒板块寄予了更大的期望，各单位要把更多精力放在融合发展上，要根据自身的资源和优势条件，选准融合发展项目。我们希望，传媒板块在融合发展上的尝试，能与文轩网在融合发展上的实践实现胜利会师。这两大领域会师之日，就是文轩在融合发展上形成产业优势之时。

今年还有一项重要工作，就是办好天府书展，助推四川出版品牌建设。办好首届天府书展，既是省委交给文轩的重要任务，也是文轩自身发展的需要。振兴四川出版和振兴实体书店三年多来，文轩出版取得了显著成绩，实体书店面貌也得到了很大改观。天府书展是一个展示四川出版形象、树立四川出版品牌的极好平台。目前，公司书展领导小组已经做了大量深入细致的工作，接下来相关部门要密切配合，要把各项要求落到实处。我们一定要给全国出版发行同行和全省人民奉献一个满意的书展。

我们的主题出版观[*]

上海是中国近现代新闻出版业的发源地和重镇，在这里举办主题出版论坛意义重大。下面，我结合工作实际，谈一谈文轩的"主题出版观"，这就是"主题出版是主流出版，主题出版是优势出版，主题出版是精品出版"。

一、主题出版是主流出版

自 2003 年国家新闻出版总署组织实施"主题出版"工程以来，主题出版在记录历史、宣传真理、资政育人、弘扬主旋律、传播正能量等方面发挥了重要作用。去年以来，中宣部连续两年发文专门部署主题出版工作。主题出版已经成为社会主流价值的重要引导力量。对出版社来说，主题出版做得好不好，关系到能否占据主流舆论阵地，能否主导主流意识方向，能否满足主流人群需要。由此我们说，"主题出版是主流出版"。

做好主题出版，既是出版人讲政治、守阵地的体现，也是出

* 本文为 2019 年 8 月 13 日在上海举办的"2019 主题出版论坛"上的发言摘要，原文刊载于《文轩人》2019 年第 9 期。

版社进入主流出版领域，形成主流影响的体现。2016 年，四川省委做出了"振兴四川出版"的战略部署。作为四川出版的主力军，新华文轩强化使命担当，把主题出版放在"振兴四川出版"最为突出的位置，树立主题出版是"主流出版、优势出版、精品出版"的理念，着力在"提升出版能力、策划优质选题、强化导向把关、注重出版效果"等方面下功夫。

二、主题出版是优势出版

做好主题出版，需要集中优势，发挥优势，进而形成优势。这就是说，出版单位只有通过集中优势力量，发挥资源优势，才能形成主题出版的出版优势，因此我们说"主题出版是优势出版"。新华文轩主要通过以下几个方面形成主题出版优势。

第一，提升能力。做好主题出版要以出版能力的提升为基础。自 2016 年新华文轩实施"振兴四川出版"战略以来，出版能力得到显著提升。文轩大众出版业务从 2015 年亏损 2880 万元到 2018 年盈利 1.57 亿元，只用了短短 3 年。今年上半年，文轩大众出版的利润达到 1.1 亿元。根据开卷统计，2015 年文轩出版在全国排名第 26 位，2018 年上升至第 13 位，今年上半年已上升到第 7 位，排名增速和出版效率都位居全国第一。文轩出版能力提升，为做好主题出版奠定了坚实基础。

第二，明确定位。作为综合性出版集团，每个出版社有不同的分工。新华文轩根据各社专业特点和优势，明确了每个社主题出版的职能定位。四川人民出版社和天地出版社这两家综合性出版社被确定为主题出版的"主力军"，其他7个专业出版社发挥各自优势，作为主题出版的"方面军"，各有侧重，相互配合，聚集各自优势资源，打造主题出版物。

第三，推行"赛马"。做好主题出版需要充分调动积极性。文轩在"振兴四川出版"的过程中推行"赛马"机制，把"主题出版"作为出版单位考核的重要指标，建立"社会效益＋经济效益"并重的考核评价体系，每年对"主题出版"的情况进行综合比较分析，让出版社自己跟自己比较，着重看增量、看效益、看各社"主题出版"的发展和变化，在出版单位中形成一种你追我赶的良性竞争氛围。

第四，协同配合。做好主题出版是整个文轩的战略性任务。我们充分发挥文轩"线上＋线下"的渠道优势，打通主题出版销售的市场关节，提升主题出版物的市场覆盖面和影响力，"文轩网发行主阵地建设"项目还被中宣部评为"1＋2＋X"新华书店网上发行示范工程重点项目。通过发挥渠道优势，文轩主题出版得到支持，形成文轩主题出版的综合优势。

三、主题出版是精品出版

主题出版不是"应景出版"，不是"任务出版"，更不是"库存出版"，主题出版产品只有做到"既叫好又叫座"才能彰显主流价值，形成主流影响。因此，我们说，"主题出版是精品出版"。围绕出精品，文轩着力抓好以下几个方面的工作：

一是做好选题规划。文轩确定了主题出版的工作思路，"规划先行、抓好重点、突出特色、打造精品、双效并举"。选题规划可以说是抓好主题出版的"牛鼻子"。为此，我们制定了《新华文轩主题出版规划方案》，计划在未来五年内，从全国和四川两个层面打造主题出版八大重点工程。这次在上海书展上，我们将举行的"四川历史名人丛书"新书发布会、"第三极"图书出版工程启动暨签约仪式，就是八大主题出版重点工程之一。

二是强化质量把关。2018 年年初，我们提出精准出版、精细出版、精品出版的"三精"出版理念，切实改变靠品种规模取胜的大众出版模式，提升主题出版的文化含金量。我们的具体做法是：第一，压缩平庸选题，优化选题质量，对出版社提出了主题出版宁缺勿滥的要求；第二，通过建立文轩审读室，形成文轩总部和各出版社的两级质量把关机制，杜绝无效选题和平庸选题。

三是注重出版效果。有特点、有亮点、有看点、有卖点，是我们做主题出版追求的目标。随着文轩出版效率的整体提升，文轩推出了一批导向正确、质量上乘、影响深远、效益显著的主题出版物。例如，《历史转折中的邓小平》与同名电视剧全面上市，深受海内外读者喜爱，畅销 14 万册；《红船》入选中宣部"新中国 70 年 70 部优秀长篇小说典藏"书目，销量突破 15 万册；《中国的品格》入选国家新闻出版广电总局图书"走出去"基础书目库，版权已输出到 13 个国家和地区，销量超过 10 万册。我们希望用更多的主题出版精品，为"讲好中国故事、传承中国文化、弘扬中国精神"贡献力量。

我们的出版人才观[*]

在这万物封藏、孕育希望、蓄势待发的季节，我们相聚在天府书展，共同举办韬奋出版人才高端论坛。我谨代表此次活动的承办单位新华文轩出版传媒股份有限公司，对支持天府书展举办和莅临论坛的各位领导、嘉宾、朋友们表示热烈的欢迎和衷心的感谢！

2016 年，四川省委做出了"振兴四川出版"的战略部署。作为四川出版的主力军，新华文轩深入推进"振兴四川出版"战略，取得了显著成效，出版业务一年迈上一个新台阶，三年实现三大跨越。2015 年，文轩旗下 9 家出版社中，除了教育出版社以外的 8 家大众出版社全面亏损，亏损达 2880 万元，是文轩业务发展的主要拖累。2016 年文轩大众出版总体扭亏，2017 年出版社全部实现盈利，2018 年文轩出版利润达到 1.57 亿元，2019 年上半年，文轩出版利润达到 1.1 亿元。这是在没有计算教材教辅利润的情况下创造的利润，刷新了四川出版的历史纪录。文轩出版的市场排名也从 2015 年的全国第 26 位上升到 2019 年前三季度的第 7 位，

---

* 本文摘自 2019 年 11 月 28 日在韬奋出版人才高端论坛上的主旨发言。

增速为全国第一。出版业务的迅速崛起，彻底改变了文轩发行强、出版弱的局面，形成了"出版＋发行"双核驱动的产业格局，使文轩走上了一条健康的产业发展之路。文轩"振兴出版"取得的显著成效被业界誉为"四川出版现象"。

出版业的发展表在产业、根在人才。文轩出版快速发展的背后是人才队伍的支撑。可以说，人才是出版产业高质量发展的第一推动力。下面我从六个方面简要阐述新华文轩的"出版人才观"：

一是人才建设的成败在理念。企业发展理念先行。在落实"振兴四川出版"的过程中，我们提出了精准出版、精细出版、精品出版的"三精"出版理念，走高质量发展之路。这一理念在文轩出版的实践中见到了显著成效。"三精"出版理念中一个重要的内容就是如何重视人才、发现人才、使用人才。很多时候，我们会认为人才队伍建设是一件"高大上"的事情，2016年，"振兴四川出版"刚起步的时候，我们内部就有一种声音，认为四川出版没有人才，所以要到全国去选拔人才，甚至要来一个全球招聘。其实当今世界根本没有什么闲着的人才等着我们去"三顾茅庐"。我们的认识是，真正的人才都在岗位上。所以，我们树立"人才就在身边"的理念，在"赛马"机制中发现人才，在业绩增长中凸显人才。三年来，文轩9家出版社的班子成员没有从外部招聘一个人，都是从原有人员中培养、成长起来的。我们说："人还是那些人，人已不是那些人。"同样是这些人推动了文轩出版的巨大变化，使文轩出版的面貌三年焕然一新。

二是人才建设的成效在行动。人才队伍建设的重要性可以说人人皆知，但关键在于怎么落地落实。我们树立"将军是打出来的"理念，把"圈养"改为"放养"，把"培养"改为"发现"。我们取消了四川教育出版社以外的 8 家出版社的教材教辅业务，把这些出版社推向市场，通过在市场上真刀真枪的历练，让业绩来证明才干。在这样的机制下，一批出版人才脱颖而出，成为了行业的领头羊和出版社发展的新动力。

三是人才建设的标准在业绩。我们的干部员工是不是人才，要用业绩来证明。文轩出版人才考核评价最重要的标准就是看业绩。总部为出版社铺好路，建立考核评价标准，营造公平竞争的环境，让想干事的人有机会，能干事的人有舞台，干成事的人有奖励。出版社的任务就是把本领体现在"三精"出版上，把目标锁定在出好书上，把力量展示在单品效益提升上，创造一流的业绩。在工作中，我们不看学历、资历、职称，而是看能力、看实力、看业绩。年终对业绩好、跑得快的单位和个人兑现奖励。2018 年文轩有两家发展好的出版社社长拿到的年终奖，远远超过了文轩总经理。

四是人才建设的重心在基层。毛主席有一个伟大的发明，就是"把支部建在连队上"。打仗的基本组织是连队，连队不强就打不了胜仗。同样，出版人才建设的重心在出版社。因为出书的基本单位是出版社，出版社队伍不强就出不了好书、出不了业绩。我们通过对引进一流高校硕士以上毕业生给予补贴、组织青年编校大赛、推行出版导师制等一系列举措，加强出版社人才的引进与培养，一批中青年优秀编辑、业务骨干快速成长起来，产生了明琴这样的策划图书销售上亿元的明星编辑。

五是人才建设的关键在机制。人才培养很重要，但怎么样用好人才，怎么样留住人才是人才建设的关键。这个问题如果处理得不好，就会让自己的企业成为别人的人才培养基地。这是国有企业人才建设中最要警惕的问题。所以，我们既要善于培养人才，更要善于用好人才、留住人才。在这个问题上，存在一个比较普遍的观念，就是所谓感情留人、待遇留人、事业留人。但我们说，这些都不靠谱。感情只能管一时；待遇是一个相对的东西，如果待遇不公，我们也留不住人才；就事业而言，如果没有一个公平竞争的机制，干得好的人不如关系处得好的人，这样也留不住人才。所以，用好人、留住人，从根本上说是要靠机制。2016年以来，我们在文轩广泛推行"赛马"机制，目的就是要给优秀人才营造一个公平竞争的环境，一方面，自己和自己比发展速度，比有没有进步；另一方面，与全国同行比位次，比有多大进步。"赛马"既是出版业务的竞赛，更是出版人才的竞赛。这个"赛马"机制极大地调动了出版社的积极性，是文轩振兴四川出版取得显著成效的关键因素。

六是人才建设的方向在高端。进入新时代，要实现出版产业的高质量发展，必须要有把握产业发展方向、具有创造性思维、理论与实践相结合的复合型高层次人才。为此，我们在抓好技能型、操作型人才建设的同时更加注重高层次人才建设。一方面，我们加强与著名高校合作培养高端人才。2016年我们与四川大学建立了人才战略合作关系，共同创建了国家级"双创"示范基地；2017年我们又与电子科技大学携手，共同创建了国家级新闻出版业科技与标准重点实验室，探索新闻出版融合发展之路。另一方面，我们积极申报建设博士后科研工作站，建成了省级博士后创新实践基地和国家级博士后科研工作站。我们与四川大学、电子科技大学签署联合培养博士后协议，通过产学研结合，建设高端学术智库，为出版产业的发展提供强大的智力支持。

与合作伙伴一道走向美好未来[*]

天府之国——四川，自古文化繁荣、名人辈出。三星堆文明跨越五千年，古蜀文化、三国文化、民族文化、民俗文化、红色文化辉煌灿烂，李白、杜甫、苏轼、郭沫若、巴金、李劼人等群星璀璨。这片深厚的文化沃土，滋养了国内首家横跨"A + H"资本市场的出版传媒企业——新华文轩。

新华文轩从诞生之日起就以"Winshare"为品牌，秉持"分享共赢"的理念，为我国出版产业的发展贡献力量。多年来，我们与全国所有出版社结成供应伙伴，为全国读者提供精品出版物，在支持出版社发展的同时，也实现了文轩网的高速发展。多年来，我们得到全国各地书店的信任与支持，在繁荣当地文化市场的同时也推动了川版图书走向全国、走向世界。可以说，今天的新华文轩，既是四川的文轩，更是全国的文轩。我们与各位合作伙伴组成强大的出版发行供应链，纵横中国出版大市场，为丰富人民群众的文化生活做出了应有贡献。

2016年以来，新华文轩按照四川省委文化强省建设的决策部

---

[*] 本文摘自 2019 年 11 月 29 日在新华文轩首届合作伙伴大会上的致辞，原文刊载于《文轩人》2019 年第 12 期。

署，大力推进"振兴四川出版""振兴实体书店"战略，产业发展取得了显著成效。在文轩总体经济指标保持高速增长的同时，文轩产业格局出现重大变化，长期拖后腿的大众出版业务快速崛起，成为产业发展的新引擎。据开卷数据，文轩出版在全国市场的排名从2015年的第26位上升到2019年前三季度的第7位，刷新了四川出版的历史。四川少儿出版社、天地出版社等历史性地进入全国出版前50强。文轩实体书店转型升级也实现重大突破，经营业绩逆势增长。全国最美书店文轩BOOKS，成为行业新标杆；2018年，在全国出版物零售增长率为-6.69%的背景下，文轩出版物零售实现同比增长10.8%。文轩互联网转型也取得了重大成就，文轩网位列全国图书电商前三名，成为全国新华书店互联网转型的标杆。

"独行快，众行远"，新华文轩产业发展之路越走越宽，离不开合作伙伴长期以来的支持。这其中有人民教育出版社、北京师范大学出版社等与文轩合作，深耕基础教育市场，为四川教育事业的发展做出了突出贡献。还有以中国出版集团、中信出版集团等为代表的全国优秀出版机构与文轩网合作，连续多年创造了"双11"市场销售奇迹。还有以内蒙古新华、钟书阁等为代表的全国各地的经销商们，以实际行动支持川版图书，大大加快了振兴四川出版的进程。借此机会，谨向长期以来支持新华文轩的各位合作伙伴表示衷心的感谢！你们的信任，增添了我们前行的信心；你们的支持，就是我们前进的动力；新华文轩将继续努力，创造更加靓丽的经营业绩，实现与合作伙伴们的共同发展。

今天，随着互联网等新兴技术的发展，出版业面临着巨大的挑战。今天的图书，早已不是唯一的文化来源。在互联网的冲击下，出版业给消费者带来的阅读价值在不断衰减，读者在不断流失，市场在被不断挤占。在多元化时代，如何为消费者创造更大的价值，是整个出版业共同的责任。

今天，我们在此与中国出版的领头羊和地方发行劲旅举行战略合作签约仪式，就是希望通过强强联合，以高品质出版、高质量服务为读者带来更大的文化价值，以好书赢得读者，以服务赢得市场，推动企业的增长方式向更高层次迈进。未来，我们将与合作伙伴一道，反对价格竞争，着力提升出版层次，以高质量的内容为读者带来更大的阅读价值，重新赢回出版的尊严；未来，我们将坚持开放合作，与志同道合的书店同仁一道，深入推进"行业大分工"，共同建设出版业供应链服务大平台，将实体书店从繁重的后台业务中解放出来，专注于前台经营，以高质量的服务为读者创造更好的消费体验，重新赢得读者的青睐；未来，我们还将与业界同仁签署更多的战略合作协议，壮大我们的"朋友圈"，以更多的合作成果来回报合作伙伴，回馈社会大众，推动我国出版业的高质量发展。

"海内存知己，天涯若比邻。"这是唐代诗人王勃在他的好友前往四川时赠予的诗。这既是流传千古的名士风尚，更是我们今天情深谊长的现实写照。祝愿我们的友谊长青！

天府书展：一张四川出版的全新名片[*]

——《中国出版传媒商报》记者专访

《中国出版传媒商报》编者按：12月2日下午，为期4天的2019天府书展落下帷幕。虽然闭幕当天是工作日，但依然有很多人来到展场看书、选书、购书，提着篮子、背着书包、拎着行李箱在收银台排队结账。这种场景在本届天府书展期间随处可见，人们对阅读的热情令人动容。首次举办就能营造出如此浓厚的阅读氛围，天府书展是如何做到的？带着疑问，《中国出版传媒商报》的记者采访了天府书展举办单位的负责人、新华文轩董事长何志勇，听他说说天府书展台前幕后的故事。

《中国出版传媒商报》：天府书展圆满结束，不管是读者还是同行，都纷纷为这次书展点赞。作为首次举办的天府书展，取得这份成绩实属不易。现在回顾首届天府书展，您觉得举办书展的意义是什么？

何志勇：举办天府书展，不是拍脑袋的一时冲动，也不是不顾实际的政绩工程。为什么要举办天府书展？这是因为不论是对

---

* 本文原载《中国出版传媒商报》数字版 2019 年 12 月 13 日。

西部地区、对四川、对成都，还是对新华文轩来说，我们都需要一个综合性的全国性书展。

首先，成都需要一个提升城市形象的大型文化活动。作为四川的省会城市，成都的经济发展与社会建设走在了地方中心城市的前列，已多次名列全国新一线城市榜首，城市形象也有较大的提升。但是，与上海、深圳等一线城市相比，成都的城市形象还有待提升，许多外地人还留有成都人爱打麻将的印象。放眼国内一线城市，很多都通过定期举办大型书展有力地提升了城市形象，而书展也成为城市的一张绝佳文化名片。近年来，成都在城市文化建设上取得了显著成效，书店数量名列全国中心城市前列，是中国"书店之都"，但是成都还缺乏一个文化建设的制高点。因此，成都要与一线城市比肩，还需要在文化建设上打造一个全国性的文化品牌。举办天府书展，将其打造成有全国影响力的文化品牌，对提升成都的城市形象具有重要意义。

其次，四川需要一个标志性的全民阅读品牌活动。党和政府高度重视全民阅读工作，自2014年起，"全民阅读"已连续六次写入《政府工作报告》。北京、上海、深圳等地通过举办订货会、书展、书香节等方式，掀起了全民阅读建设的热潮。四川全民阅读推广工作起步早、举措多、工作实，每年通过开展书香"七进"、校园公益阅读等活动，有力地推动了全民阅读工作的进程。但是，由于缺乏一个集中的、有影响力的全民阅读推广平台，全民阅读的效果与先进省市相比还有较大的差距。因此，举办全国性、综合性的天府书展，打造一个有影响力的全民阅读品牌活动，将有力推动四川全民阅读工作的开展，为四川文化强省建设增添强劲动力。

最后，西部地区需要一个标杆性的全出版行业活动。党和国家提出文化强国战略，西部地区推动文化大发展大繁荣卓有成效。目前，西部各省区的文化发展成效显著，但还没有一个有影响力的全国性书展来集中展现文化建设的成就。作为西部地区的领头羊，四川完全有这个基础，也有这个能力来担当举办大型书展的重任。所以，四川举办天府书展，也是一次放眼全国的文化大布局，将填补西部地区没有全国性大型书展的空白，通过打造文化建设的标杆之作，在西部地区形成文化引领之势，有利于推动西部地区文化进一步发展和繁荣。

对新华文轩来说，我们也需要举办一个全国性书展。

首先，四川出版需要新形象。2016年以前，作为四川出版主体的文轩出版，在全国出版界形象不佳，大家称道的主要还是新华文轩的发行能力。近几年来，我们按照四川省委"振兴四川出版"的决策部署，出版产业发展取得了显著成效，出版实力大幅提升。怎么全面展示"振兴四川出版"的成效？光靠出版几本好书是不够的。"振兴四川出版"不仅要体现在出好书上，还要体现在产业发展上，更要体现在引领行业的形象和气势上。因此，我们需要一个集中展示四川出版整体实力的平台，需要举办一个具有全国影响力的综合性书展。天府书展的举办，可以进一步提升四川出版的形象，增强四川出版人的信心。

其次，新华文轩的发展需要新伙伴。新华文轩从诞生之日起就秉持"分享共赢"的理念，与合作伙伴一起创造了产业发展的良好业绩。当前，随着出版传媒产业链的分工越来越精细，文化企业的增长方式从规模扩张向质量提升的更高层次迈进，更需要出版发行企业精诚合作，共同挖掘市场潜力，为消费者创造更大的阅读价值。通过举办天府书展，吸引更多的业内外优秀企业参展，可以扩大新华文轩在行业内外的影响力，结交更多的合作伙伴，扩大我们的朋友圈，拓展新的合作领域，增加更多的商业机会，为未来整个行业的发展奠定良好的基础。

最后，企业发展需要新动能。作为一家区域性文化企业，新华文轩一直坚持面向全国发展，培养服务全国客户的能力。在产品、渠道等业务领域，在为全国客户服务能力的建设上，我们走在了全国前列。但是，这个能力还没有得到系统性的集中检验。举办天府书展，就是要通过组织举办综合性、全国性的大型活动，来检验我们经营全国市场、服务全国客户的能力，锻炼我们的队伍，通过积累经验、弥补不足，进一步提升我们的综合能力，为文轩产业向全国发展打下坚实的基础。

顺便说一下，每年全国在第一、二、三季度分别举办的三大书展，都在沿海城市。按照一年四季每个季度应该有一个书展的考虑，天府书展填补了余下这个季度中西部没有书展的空白。天府书展确定在每年10月举办，也算是全国出版发行行业书展的收官之作吧。

《中国出版传媒商报》：12 月初，天府书展的举办成了整个行业内的大事、盛事，读者也都纷纷为本届天府书展点赞，请您简要介绍一下首届天府书展都取得了哪些成绩？取得这些成绩的原因是什么？

何志勇：我想用 8 个关键数字来概括一下首届天府书展所取得的成绩。

第一个数字是 110 万。首届天府书展开展 4 天来，人流如织、人潮涌动、人气爆棚，共接待读者 110 余万人次，其中主会场 11.5 万人次，分会场超过 100 万人次，真正办成了"市民阅读嘉年华"。

第二个数字是 2992 万。本届天府书展销售图书共计 2992 万码洋，其中主会场为 405 万码洋，分会场为 667 万码洋，文轩在线为 1920 万码洋（其中省外 1410 万码洋），此外，主会场还销售文创产品近百万元。也就是说，我们创造了实实在在的效益。

第三个数字是 1 亿。在本届天府书展期间，全国共计 80 余家媒体参与天府书展报道，有中央级媒体、行业媒体，也有省市媒体，更包括了微信、微博、抖音、今日头条等新媒体平台，共计曝光人次过亿，四川出版的影响力得到了极大的提升。

第四个数字是 300。在本届天府书展上，来自全国的 29 家出版集团、近 300 家单体出版社欢聚一堂，为巴蜀人民带来了一场文化盛宴。这个数字充分体现出了天府书展在行业的影响力。

第五个数字是 11 万。在本届天府书展上，展出的图书品种多达 11 万种，想读的好书应有尽有，让市民们真正实现了"徜徉在书海"。

第六个数字是 500。本届天府书展除了在世纪城国际会展中心这一主会场外，还在全省各市（州）区的书店、图书馆、学校等相关场所设立了 200 余个分会场，共为四川读者和成都市民带来 500 余场精彩的阅读活动，将优质的名家名师及活动资源带进乡村、带进校园、带进革命老区和贫困山区，通过这些阅读文化活动真正把全民阅读工作做实做深，彰显了书展的文化影响力和社会效益。

第七个数字是 200 万。本届天府书展通过多渠道赠送总价值为 200 万的无门槛全场通用惠民购书券，真正实现惠民让利、回报社会，点燃读者的阅读热情。

第八个数字是 0。本届天府书展对公众免门票，0 费用进场，0 费用参与每场阅读活动，将天府书展办成了真正的阅读公益活动，创造了良好的社会效益。

其实，这所有的数字背后都有一个宗旨，那就是努力让天府书展的书香飘得更远，让文化惠民覆盖的范围更广。

天府书展能够取得这样的成绩，第一，离不开领导的重视。此次天府书展，中宣部和出版业五大行业协会高度重视，四川省委省政府、成都市委市政府极为重视。书展期间，四川省委省政府、成都市委市政府主要领导亲临书展，给予关心和指导。第二，离不开参展商和合作伙伴的大力支持，在临近年关之际，各大集团、各出版社和各书店同仁百忙之中组织参加书展，令人感动。第三，离不开各位文化名家的大力支持。为了阅读事业，各位名家不辞辛劳辗转于各个活动场所，为全川人民带来了精致的文化大餐。第四，离不开媒体朋友的大力支持。在书展前后，中央驻川媒体、主要行业媒体和本地媒体调集骨干力量集中报道书展盛况，各种新媒体也分外"给力"，这为天府书展创造了良好的舆论氛围。第五，离不开承办单位的齐心协力，正是有天府书展举办单位的整体谋划、各方协同配合，才保证了书展各项工作的顺利完成。

最后，离不开每一位工作人员的辛勤付出。在此我谨代表天府书展举办单位向每一位给予天府书展关注、帮助和支持的领导、同行、读者、媒体朋友和工作人员表示诚挚的谢意！

《中国出版传媒商报》：我知道您一直都在天府书展的展会现场，亲身参与了这次展会的全过程，请您谈谈对首届天府书展的整体感受与评价。

何志勇：此次天府书展，从开始筹备到展会结束，我一直参与其中。打一个不太恰当的比喻，天府书展就像自己家的孩子，是我们大家一起抚养它，看着它成长的，所以你让我对其评价，肯定是不客观的，无论如何我都会有自己的主观感情。不过我还是可以谈谈我的感受。

天府书展是全民阅读的文化盛宴。此次天府书展，110余万人、11万种图书与500余场活动共唱主角，人、书、活动形成良性互动，成为服务全国、辐射全国读者、作者和出版人的文化盛事。从这次书展可以看出，成都是一个爱书的城市，来逛书展看书买书的人很多，全家老少齐出动，真正实现了"全民阅读"；成都也是一个懂书的城市，书展现场并不只有畅销书的活动才排长队，成都人有自己的读书品位。通过举办天府书展，一幅覆盖全省的"书香天府"地图已然绘就，"书香中国"版图因其有了浓墨重彩的一笔。

天府书展是天府之国的全新名片。自古以来，天府之国就文明发达、文化繁荣、名人辈出；在新时代，我们要让世界看到新天府的新风采。此次天府书展在办展规模、展陈方式、活动开展等方面全面对标上海书展，这背后体现出我们的雄心就是要借助天府书展，向全国、全世界展示一个全新的四川文化形象，一个"爱阅读、会生活"的天府之国。

天府书展是振兴四川出版的崭新答卷。2016 年 6 月，"振兴四川出版"战略实施，3 年后，以首届天府书展为窗口，四川出版交出一份答卷：截至 2018 年年末，单品种发行 10 万册以上图书增长 70%，文轩图书市场占有率从 2015 年的 0.52% 提高到 2019 年上半年的 2.19%。全省 11 家出版社的全国市场排名大幅提升，3 家进入全国综合排名百强……有振兴出版的务实行动，有川人一以贯之的文化自信，天府书展书写了"振兴四川出版"的崭新答卷。

天府书展也是"文轩精神"的一次生动体现。在此次天府书展的承办过程中，新华文轩充分发扬了敢打硬仗、能打胜仗的拼搏精神。第一次主办全国性的大型书展，我们没有经验，只能摸着石头过河。在这个过程中，没有人叫苦，没有人叫累，成功实现了"高标准的行业盛会"和"全民阅读嘉年华"两个目标。书展在有些方面甚至比已有的全国大型书展做得还好，这是我们"文轩精神"的充分体现。回顾这次书展，条理清晰的展场组织、丰富多彩的活动策划，以及充分利用各种媒体尤其是新媒体营造出的强大宣传攻势，是我们值得总结的成功经验。办展极大地提振了我们的信心，提升了我们的能力，锻炼了我们的队伍，增强了企业的凝聚力，这都是收获。当然，很多事情还可以做得更好，我们期待明年的书展办得更好更精彩。

在我看来，天府书展还是四川出版再次起航的新起点。今年，首届天府书展作为西部地区大型综合书展的代表全新起航，这标志着四川出版在通往出版强省的道路上迈出了坚实的一步。但四川出版的振兴还远没有结束，天府书展更像是一个里程碑。我们实现了阶段性的目标，取得了阶段性的成果，做了一次阶段性的汇报演出。但未来的路还很长，我们将以天府书展为新的起点，继续加快步伐，向全国第一方阵迈进，实现由出版资源大省向出版强省的跨越。

我更期待，天府书展能成为联结出版人与作家、读者与城市文化的纽带。要做到这点的前提，是天府书展要持续不断地办下去。现在已经确定，天府书展明年10月还将与大家见面。时间的力量是伟大的，只有通过经年累月的书香浸润，才能将"天府书展"这一文化品牌烙在每一位读者的心中，让天府书展成为成都、四川、西部地区乃至全国每年最大的文化盛事之一。我们的目标是：把天府书展办成一流的区域品牌、一流的行业品牌、一流的文化品牌、一流的民族品牌。到那个时候，回眸书展留给这座城市的文化印迹，我们会发现，天府书展已经紧紧地将我们与阅读、与这座城市联结在了一起。

2019：新华文轩具有里程碑意义的一年 *

今天述职的 30 位经营单位负责同志，以优异的成绩展示了各自的风采，很好地代表了文轩的形象。通过大家的述职，我们看到了 2019 年文轩取得的骄人业绩。这个业绩也使 2019 成为新华文轩具有里程碑意义的一年。

一、各个业务板块业绩亮眼

（一）大众出版板块

2019 年，文轩出版在连续三年高速增长的基础上，大众出版业务发展再创新高。8 家大众出版社加教育出版社大众图书业务实现营业收入 9.7 亿元，较上年增长 14.5%；绩效后净利润达到 1.72 亿元，较上年增长 9.7%。按照考核口径统计，销售收入增长 15.6%，利润增长 28.3%。

文轩出版的市场占有率排名跃居全国第 7 位，增速继续领跑行业。这也是有开卷市场占有率全国排名以来文轩取得的最好名次。

2019 年，销售 2 万册以上的图书达到 292 种，同比增长

---

* 本文摘自 2020 年 1 月 15 日在文轩经营单位负责人年度述职大会上的总结讲话。

51%。销售 50 万册以上图书 2018 年只有 4 种，2019 年达到 24 种。2019 年出版"走出去"工作成效显著，输出图书版权 418 项，同比增长 36%。

文轩旗下 9 家出版单位全部实现盈利，其中四川少儿出版社表现最为突出，在 2018 年高增长的基础上，乘势而上，2019 年的利润接近 1 亿元，创造了全国少儿出版新的奇迹，也创造了川少社新的历史。其他出版社也都交出了一份满意的答卷，美术社、科技社都取得了不俗的业绩，整个出版板块全面向好。

值得一提的还有中盘也实现了新的发展，为出版的振兴发展贡献了力量。

（二）实体书店业务

2019 年，零售连锁事业部进一步明确了市场经营主体定位，以"多品牌、多团队、多模式"的发展思路，深耕书店业务，发展成效显著。2019 年，在全国实体书店的销售额下降 4.24% 的情况下，文轩实体书店业务逆势上扬，主营业务收入较上年增长 1.9%。

（三）文轩网业务

文轩网近两年发展迅猛，在 2018 年首次实现扭亏为盈、创造了 100 多万元利润的基础上，2019 年，文轩互联网业务同口径利润增长约 2500 万元，成为文轩新的利润增长点。

（四）教育服务板块

2019 年，教育服务业务继续肩负文轩主力军的重任，经营业绩高位求进，利润增长 8000 余万元。教材业务占教育服务业务总销售的比例进一步降低，仅占27%，更多的增量来自市场化业务，从根本上改变了教育服务业务的销售结构，优学优教、研学教育、一木环保、教师培训等各种新业务的发展，代表文轩人永远走在一条创新之路上。教育服务在市场环境不好、业务周期性影响较大的情况下有如此增长，可谓老当益壮、难能可贵。

除了上述主要业务板块外，其他各板块的表现也可圈可点。

物流经营板块：2019 年，物流收入增长 8000 余万元，其中第三方业务增长 6500 万元，增幅为 37%。

生产板块：物资公司 2019 年的第三方市场化销售收入较上年增长 33.3%，利润增长 158%；新华印刷厂 2019 年的经营业绩也实现大幅增长，成绩突出。

新媒体板块：新媒体及报刊传媒全年考核利润增长达 52%，值得肯定。

文轩投资：2019 年，文轩投资实现净利润 4000 万元，同比增长 8000 余万元。

文轩体育与文轩美术馆成功实现扭亏为盈，文轩体育还实现了较大幅度的盈利。

二、2019 年文轩经营呈现出四大亮点

2019 年新华文轩的经营呈现出满园春色、百花齐放的景色。回顾 2019 年，有四大亮点值得我们去回味、品味。

（一）利润总量迈上新台阶

在连续三年高速增长的基础上，2019 年文轩经营业绩继续保持高速增长，净利润达 11.39 亿，同比增长 22.19%。这标志着新华文轩已进入全国出版集团 10 亿利润俱乐部。过去我们说文轩有行业影响，但实际上文轩的利润一直排在全国同行的第 8 到 6 位，与第一梯队有较大的差距。如今我们进入 10 亿利润俱乐部，在行业的排位也会有明显提升。可以说，2019 年是文轩发展史上具有标志意义的一年，是 21 世纪第二个十年的完美收官，也为 21 世纪第三个十年的发展奠定了坚实的基础。

（二）产业结构实现根本改善

近年来，文轩以振兴四川出版为抓手，致力于推动主业发展，夯实基础、补足短板，内部产业结构持续向好。近三年来，文轩产业结构实现了三级跳跃。一是从过去的教育服务单核驱动，变为出版、发行双轮驱动；二是从出版、发行双轮驱动，变为出版、发行、电商三驾马车的格局；三是 2019 年，文轩产业结构进一步优化，呈现出三驾马车强力拉动与众多推力共同推动的全新格局。这种推力与拉力的结合，更加优化了产业结构，可以确保在未来若干年里文轩的整体产业发展稳步向前。

（三）社会影响全面提升

2019 年，文轩除了在经营目标上取得全面胜利之外，其他领域也是成绩骄人。对一个伟大的企业而言，它不仅要有良好的经营业绩，还要有很好的社会影响和行业影响。新华文轩要向着伟大的企业迈进，需要不断扩大和提升影响力。2019年，文轩在产品影响、渠道影响、事件影响、舆论影响等方面都有上佳表现。

在产品影响上，文轩推出了大量精品好书，荣登各类奖项榜单，这是过去文轩出版乃至四川出版不曾有过的情况。下一步我们要继续努力，集腋成裘，集小胜变大胜，在众多小奖的基础上，获得更多大奖。与此同时，文轩出版"走出去"工作也有显著进步。2019年版权输出增长36%，达418项，文轩的国际影响力有了明显提升。

在渠道影响上，2019年是文轩接待各省考察学习交流人员最多的一年。文轩实体书店已成为行业的标杆，站上了实体书店建设的制高点。文轩网在图书行业有着特殊的重要地位，为新华文轩赢得了极大声誉。

在事件影响上，2019年文轩做了很多工作，大大提升了文轩的声誉，其中首推2019天府书展。首届天府书展的成功举办意义重大，为以后天府书展的举办开了个好头。我们团结协作、攻坚克难，首届天府书展实现了"高标准的行业盛会"和"全民阅读嘉年华"两大目标，得到了领导、同行、读者的广泛赞誉，极大提升了文轩在全国的品牌影响力。

在舆论影响上，2019年新华文轩受到舆论广泛关注。在前不久的2019年度书业评选中，我本人获得"年度出版人"奖项，是唯一两次获得该荣誉的获奖者。这个大奖不是颁给我个人的，而是颁给新华文轩的。舆论关注我们，有助于文轩声誉的提升。要成为一个伟大的企业，需要有行业声音和舆论影响。这几年，我们一些负责同志通过各种方式宣讲文轩的主张，很好地传达了文轩的声音，这为文轩未来事业更大的发展营造了良好的外部环境和舆论氛围。

（四）风险管理更加到位

在今天走上前台述职同志的背后，还站着很多人。这些幕后的同志做了大量的管理、协调、安保、风险防控、合规管理等工作。正是大家的通力合作才确保了新华文轩2019年的高质量发展。

2019年，我们很好地规避了重大风险，使我们能够顺利地完成各项经营任务。一是规避政治风险。文轩每年推出上万种出版物，我们做到了坚守正确的出版导向，这是各个方面的同志共同努力的结果。二是防控质量风险。质量是生命线，确保质量不出问题，需要每个岗位都发挥工匠精神。三是规避经营风险。出版经营，稍有不慎就容易出现库存、回款等方面的风险。我们经营质量的不断提高，得益于管理部门和经营机构的共同努力。四是防控廉洁风险。如果业绩上去了，人却垮掉了，最终是一票否决，一事无成。这几年，我们加强党风廉政建设，把纪律挺在前面，把廉洁纪律与业务开拓紧紧连在一起，营造了大家干干净净做事、正正当当拿钱的良好氛围。

我们说，振兴四川出版是一场长跑。我们在这个过程中，既要跑得快，也要跑得稳。2019年，我们可以自豪地说，我们实现了又好又快的发展，这是所有文轩干部职工共同努力的结果。

最后，用一句前年我说过的老话表达我的感想："人还是那些人，人已不是那些人；文轩还是那个文轩，文轩已不是那个文轩。"我们要成为新的文轩人，再造新的文轩；我们正在成为新的文轩人，正在创造新的文轩！

出版业未来十年的坚守与变革[*]

——《出版人》记者专访

  《出版人》编者按：进入 21 世纪后的二十年被书业同仁普遍看作"有风"的二十年，来自人口、技术、政策的多重红利推动了中国出版业的高速发展，我们取得了令全世界同行艳羡的成就。而从 2018 年的机构改革和 2019 年的经济承压开始，宏观政策和产业环境的急剧变化也为出版业的未来带来了诸多不确定性。在"高质量发展"的口号下，"内容为王"能否真正成为行业新常态？面对日新月异的新技术和随之而来的全新商业模式，哪些力量将会对这个传统行业造成根本性冲击？又有哪些力量可以为我们所用，进而化为行业新的"风口"？新的十年开启之际，《出版人》杂志策划推出"未来访谈——书业的下一个十年"系列报道，邀请到业内最具前瞻性和引领力的意见领袖，就所设计的宏大命题发表见解。近日，《出版人》杂志对新华文轩董事长何志勇进行了深度采访，并于 12 月 30 日发布《未来访谈｜何志勇：出版业未来十年的坚守与变革》一文。文章中，何志勇

---

  * 本文为《出版人》记者邢明旭对作者的访谈，原文刊载于《出版人》2019 年第 12 期。

董事长站在产业发展的视角对过去十年的中国出版发行业进行了总结，同时分享了他对中国出版业未来十年的思考与研判。

　　如果说 2010 年到 2019 年是中国出版舰队在体制改革的大潮中破浪前行的十年，那么新华文轩出版传媒股份有限公司董事长何志勇无疑是其中重要的扬帆领航者之一。上任以来，何志勇凭借自己置身出版产业前沿的深入思考与洞见，带领新华文轩走出低谷，一举扭转 2015 年文轩旗下多家大众出版社亏损的局面。2019 年上半年，文轩大众出版实现利润 1.1 亿元，彻底改变了长期以来四川出版社靠教材教辅生存的局面；四川出版在全国市场的影响力也大幅提升，文轩出版的全国市场排名从 2015 年的全国第 26 位上升到 2019 年第三季度的第 7 位，排名增速位居全国出版传媒集团第一。何志勇带领文轩大众出版崛起的"文轩现象"，成为近年来中国出版业披荆斩棘道路上不可多得的精彩样本。2019 年岁末，在中国书业即将步入新世纪第三个十年的特殊时刻，《出版人》杂志专访了新华文轩出版传媒股份有限公司董事长何志勇，请他与读者分享他对中国出版业未来十年的思考与研判。

知识服务将成行业"风口"

《出版人》：2010~2019 年是中国出版急速成长的十年，站在产业发展的视角上，这段时间应当如何总结？在这十年中，中国出版行业有哪些突出的收获？

何志勇：党的十八大以来，出版业整体实力不断增强，出版传媒集团成为出版产业的中坚力量。出版业体制改革也取得了新的进展，在坚持出版权特许经营的前提下，江苏、北京、湖北等省市推进制作与出版分开试点工作；青岛城市传媒股份有限公司、南方出版传媒股份有限公司、新华文轩出版传媒股份有限公司等一批企业相继上市。另外，出版业转型升级取得重要成效，部分出版集团，特别是一批专业出版企业努力打破时空和终端界限，在内容、载体、平台、服务等方面融合创新，取得了较好的成效。同时，出版业的国际视野进一步拓宽。中国出版业已经形成了版权、实物、资本和文化交流的立体化国际合作新态势。

十年来，我国出版业走过了一条波澜壮阔的发展之路。今天我们回首过去，我认为出版业最大的收获就是树立了信心，增加了底气。回想十年前，业内外对纸书消亡的预测此起彼伏，"2018年是出版业大限"的观点大行其道。很多出版人还发出了"红旗到底能打多久"的疑问。但是，经过出版人十年的奋斗，我们不但在汹涌的互联网大潮中站稳了脚跟，还取得了较快的发展，出版业作为内容提供商的地位也更加凸显，这就是我们未来发展的最大底气。

《出版人》：出版行业（或者说纸书出版）在下一个十年的核心价值是什么？如果整个行业会在这十年中遇到一个新的"风口"，它会在何时、因何而到来？

何志勇：在我看来，不管在十年前、当前，还是在未来十年，出版行业的核心价值只有一个，那就是所提供内容的价值。我们看到，近些年互联网、新技术对出版产业的冲击，并不是要消灭收费的内容，而是改变内容生产、传播与消费模式，通过市场机制筛选出有价值的内容，并实现内容价值的最大化。未来，数字化浪潮可以继续改变内容生产与传播方式，但改变不了内容给消费者带来的价值本身。今天正在发生的消费升级会让内容消费成为下一个十年最大的社会需求。从目前的情况来看，出版业仍然是高品质原创内容的主要生产者，这种优势让出版业在互联网时代基础性产业的属性更加凸显。可以说，在新的十年、新的时代，出版的地位依然牢固，出版的价值不仅没有降低，反而还有所提高。

最近，四川在省委的支持下举办了"2019 天府书展"。出乎举办者和参与者意外的是，大量读者涌进书展现场，天府书展成为了一场盛大的阅读嘉年华。这说明什么？说明读者需要阅读、需要好的内容，说明内容消费的黄金时代、出版业的黄金时代还将持续。在这个过程中，知识服务会成为未来行业的一个"风口"。知识服务是出版业的第二次产业升级。知识服务兴起的背后是人们的时间碎片化、音视频普及和竞争压力增大等所带来的终身学习需求对利用传统图书获取知识方式的挑战。对传统出版单位来说，应对这个挑战，可以从专业知识服务切入，面向专业化机构提供知识服务解决方案，同时拓展大众知识服务。事实上，传统出版单位转型为知识服务商，存在着互联网企业所不具备的优势。可以说，传统出版社拥有的作者资源使得每本书都是才华的演绎；通过图书积累起的读者，每个人都是知识付费的精准用户；图书的编辑和策划者，每个人都是知识付费的项目制作人。

《出版人》：2020 年之后的十年，中国的读者群体在年龄、地域、受教育程度上可能出现哪些新的趋势？城镇化、"二孩"政策、高等教育的普及、跨语言阅读能力的普遍提升等社会现象是否会催生新的阅读需求？

何志勇：我认为，未来十年中国的阅读市场将出现一系列变化。首先是物质"中产"向精神"中产"的转变。随着经济社会的不断发展，第一代"中产"阶层将越来越注重精神、文化的享受，并催生新的阅读需求，形成支撑中国阅读市场的中坚力量。倒过来说或许更准确，未来"中产"的标准，将更多地体现在文化消费和阅读需要上。精神层面的消费需求将是"中产"的标配，也将对未来文化市场产生广泛的影响。其次，读者群体的低龄化与高龄化并存，童书市场仍将保持热度和持续增长。老龄社会的来临，将给出版市场带来高素质的阅读人群。最后，出版市场将呈现下沉与中心化同步发展的格局。未来十年，随着中国城镇化的加快推进，会产生一代新市民群体，在出版供给侧改革的推动下，出版市场将向三、四线城市（镇）下沉。另一方面，一、二线中心城市仍将承担起出版主流市场的责任。70 后、80 后的中产阶层和 90 后、00 后这两代新兴消费群体将主导阅读市场的风向。

出版业从来不缺自我革新的能力

《出版人》：进入 21 世纪之后，面对日新月异的技术，全球出版行业一直对纸书的未来怀有疑虑，也诞生过许多有关纸书消亡的预言。在本世纪的第三个十年，纸质书是否面临彻底的颠覆？如果纸书就此离场，出版行业还能继续存在吗？

何志勇：顺应时代潮流，出版业数字化是一个方向。但是，出版业的数字化是一个演化过程，这种演化是逐步的，需要时间。数字平台现在还不够成熟，决定了它还不足以颠覆传统出版，电子书、有声书也有缺陷，很难像纸质图书一样带给人亲近感，这又决定了它们不能完全代替纸质书。在未来，纸质书和数字化产品将找到各自更适合的阅读方式，浅阅读将通过数字化方式进行传播，深阅读的读者则倾向于选择没有太多干扰的、功能单一的纸质图书。各有所需，各取所需，这是最好的方式。

即便纸书终将消失，也不意味着出版的终结。出版的价值在于实现知识从私人空间向公共领域传播，并不因承载知识的载体变化而变化。一方面，阅读不会消失，出版的需求也不会消失；另一方面，出版业从来都不缺自我革新的能力。从竹简到纸书，从图书电子化到网络出版，从 AR/VR 到今天热门的区块链技术，我们会发现，每一次技术的进步都在推动出版业大步向前。因为，不同时代的出版从业者们，一直都在思考如何让传统出版业更好地与时俱进。未雨绸缪，利用新技术发展出版业永远是出版人的使命，这也是出版这个行业几千年来生生不息的根本原因。所以，不管未来内容的载体形态如何，出版业都终将存在。

《**出版人**》：技术浪潮下，互联网技术公司与内容融合的步伐正在加快，在未来十年中会对出版行业带来哪些影响？对于涉足内容的互联网巨头们，出版业会普遍采取怎样的态度？竞争、合作、依附，或是其他？

何志勇： 可以预见，互联网企业在未来将不断推进自己的全生态体系布局，这对出版业将产生明显的影响。一方面，互联网产品将分流受众的注意力，进而直接影响出版市场规模；另一方面，传统产业由于生产组织方式落后、生产效率低下，其资源、用户等都将被纳入互联网企业的生态体系，出版核心功能之外的业务还会逐渐被消解。而互联网巨头创新内容生产组织与传播方式，将给出版业带来改变自身的动力与压力。未来，互联网巨头们将创新出更多内容生产组织和传播方式，不断挑战出版业的内容生产"头牌"地位。出版业则将在压力之下持续变革，拓宽出版的边界，深化出版的内涵，创新出版的模式，从而在竞争中实现发展。虽然互联网企业在过去十年迅速崛起，但我们可以看到，它们并未真正深入到传统出版业的巨大内容资源存量之中，在高质量的知识内容产品供给上仍力不从心，需要与出版机构进行合作。所以，面对汹涌而来的新势力冲击，传统出版机构不会坐以待毙，而是将积极地依靠自身巨大的资源优势，运用新兴科技布局知识服务体系建设，从自身优势的垂直领域纵深切入，更直接地对接用户，力求掌握细分领域的绝对话语权。传统出版业将依托这种独特优势，进行新的布局和拓展，谋求新的属于自己的领域。

《出版人》： 人工智能、区块链、物联网、AR/VR 等时下备受关注的新技术，您认为哪一项会对出版行业带来最直接、最革命性的影响？

何志勇：在我看来，区块链在未来会对出版行业带来最直接、最革命性的影响。因为在未来，相较于内容的表现形式和内容的生产方式，如何保护内容版权及解决分发问题是出版业发展更加迫切的问题。互联网开启的数字时代赋予了普通个人零成本复制、秒速传播的能力，消解了传统出版产品生产与传播的稀缺性。在这种环境下，侵犯版权几乎不需要什么代价。原来出版业侵权主要以盗版书形式存在，如今，大量网络侵权则成为主要表现。而维权成本又十分高昂，维权对象较难确定，内容版权的保护变得十分困难。近年来区块链技术的迅猛发展，给长期以来出版业难以解决的版权保护带来了希望。采用区块链技术，使版权注册或交易的整体链条清晰可查，极大地降低了维权难度，出版方不再担心是否被盗版，也不用担心盗版查无对证，这将使出版业真正进入一个价值最大化时代，进而改变整个出版产业的生态。

出版业产生"独角兽"将成为新常态

《出版人》：2010 年到 2019 年，是中国出版行业竞争格局日益明朗的十年，无论是国有企业还是民营企业，都形成了一些具有较强实力与影响力、具备平台优势的头部企业。这一格局在未来是否会发生变化？出版行业会是"零和博弈"还是会有新的蓝海增量？互联网独角兽式的突然崛起是否同样会发生在我们这个行业？

何志勇：出版业只是内容产业里的一个分支。未来十年，将会是内容产业蓬勃发展的时代。因此，应该把出版业的竞争放到更广阔的空间去审视才能看清未来。诚然，如今出版业的头部企业已然成形，已经具备较强的竞争优势。但是，从更广阔的内容产业来看，出版业的头部企业其实都很弱小。互联网巨头通过技术、资金、流量优势，以网络文学为主要形式，进行内容的创作开发和产业衍生，不断抬高文化消费壁垒，形成了内容创作—内容版权—内容衍生—内容传播—内容消费的生态闭环，对创作者和消费者的吸引力日益增强，产业发展势头越来越迅猛。在未来，这类互联网巨头必然会利用先进的技术、巨大的流量和巨额的资本介入传统出版领域，利用其资本优势和生态优势不断吸纳优秀作家，利用流量平台优势不断吸引消费者，从而在传统出版领域异军突起，对未来的市场格局造成更大的冲击。

如果说我们曾经有个零和博弈，那一定是发生在一个固定的圈层之内。因为圈层限定了范围，限制了数量，资源非此即彼，市场你多我少。未来，在出版业与互联网深度融合的背景下，产品形态发生改变，传播渠道发生改变，消费群体发生改变，消费方式发生改变，出版市场早就不是原来那个出版市场了。互联网一方面对传统出版业的商业模式形成冲击，另一方面又催生出了新的蓝海市场，极大地拓展了出版业的发展空间。在这个产业融合演进的过程中，什么都可能发生。比如，原来出版业各个经营主体的数据可能没有多少价值，如今，如果有第三方企业来收集整合这些数据，那它产生的价值就不可估量。所以，换一个角度看问题，出版业产生所谓的独角兽企业更会成为产业发展的新常态。

《出版人》：作为一种产品，图书未来还有哪些迭代的可能？未来，围绕图书内容和营销展开的竞争还会催生出哪些新玩法？

何志勇：未来的图书究竟以什么样的形式出现，凭我们现在的想象力无法准确预料。就像福特说的，汽车没出现时，人们只会想要一匹更快的马。站在现在，我们想象中的未来的纸质图书，可能既可以扫码后直接听书，也可以扫码以后看配上文字的影像，还可以戴上特制眼镜进入虚拟现实的场景，从单纯的"看"书转变为"走进"书，形成"可见即可得，可得即可读"的一体化图书出版体系，但这也只是大概率事件。可以确定的是，随着科学技术日新月异的发展，人们会创造出更为先进、更为便捷的阅读载体。在市场竞争方面，电商的崛起和厮杀把出版业带进了"超微利时代"。但随着消费者文化产品需求层次的提高，出版业以价格为主导的营销，将转变为品质营销、精准营销，在这样的背景下，一些新的图书销售模式在未来将会得到大发展。

首先是多渠道联动，为用户提供内容场景体验。未来的图书营销渠道多元化趋势将愈加明显，流量的场景将不断发生变化，用户购物的场景可能在微博、微信或直播平台，甚至在意想不到的新的应用场景中。在未来，用户在哪里，图书销售就在哪里。针对不同渠道用户的特点，对流量渠道进行精细运营，将传统的图书营销演变为场景化、定制化、个性化的内容场景体验。

其次是精耕会员，提供多维度会员服务。通过大数据、云计算等新兴技术的运用，绘制自己的用户画像，深入分析会员客户的选择偏好、使用行为、付费习惯，通过会员制等模式，细分用户群，对用户进行分类打标、细化服务。

最后是定制出版，图书出版和营销深度融合。未来，定制出版作为一种全新的出版模式将会得到较大发展，在这种模式下，图书销售与出版不再是两个割裂的产业环节，二者相互融合之下将为出版业带来新的发展活力。

《出版人》：大型电商和实体书店的竞争尚未尘埃落定，众多新的细分渠道正在快速生长，图书销售渠道未来发展的趋势会更集中还是更多元？

何志勇：随着文化消费分层特征日益凸显，用户需求更加个性化、品质化，未来的渠道竞争必然呈现多元化趋势。原来实体书店一枝独秀，后来网络书店崛起，包括当当、亚马逊等大型网店，以及天猫等平台。下一步将会出现社交店、移动店等新业态，它们将和现在的实体店一起，构成面向终端的直接销售渠道，构成图书零售的新空间，所以从历史来看，渠道分散是一种趋势。传统的图书编辑、营销、发行本质上是独立的工种，是流水作业模式的。编辑按自己的理解负责把书做出来；发行负责把书卖出去；营销负责以各种方式吆喝，避免书在深闺无人识。他们之间虽有关联，但彼此独立，交融不深。但是在未来，越来越多的渠道会变成平台，并形成强有力的商业生态闭环，平台既进行市场传播，又完成销售转化；既销售产品，又收集需求；既是产品的终点，又是产品的起点。从这个意义上来说，在平台上图书的编辑、发行、营销已经深度融合，分不开了。渠道平台化的发展，使渠道有条件去满足读者个性化的需求，从而深度参与产品创作与生产，这将对传统出版流程带来深远的影响。

《**出版人**》：高素质的出版人才已经是当下行业的普遍痛点，这一痛点是否会持续存在？未来行业有哪些地方能够吸引人才？靠什么来培养、来挽留优秀的从业者？

何志勇：出版业是一个特别需要人才支撑的行业。出版人才队伍建设越来越成为整个行业关注的问题，也是出版业未来发展的难题。当前，不论民营还是国有，图书出版业对青年人的吸引力越来越弱，留不住精英人才，即使留在出版社里也是身在曹营心在汉，想着有朝一日被互联网公司相中去拿高薪。这与20世纪的情况相比，差异十分明显。那个时代赋予出版社编辑令人尊敬的社会地位和相对不错的收入水平，已经被现在互联网企业的年薪、成长性、工作条件等实实在在的硬条件比下去了。如何吸引和留住优秀人才，我认为要从三个方面着力：

首先，要树立"人才就在身边"的理念。很多时候，我们会认为人才建设是一件"高大上"的事情，需要搞轰轰烈烈的招聘，不计成本的招才引智。事实上，与其临渊羡鱼，不如退而结网。我们要树立"人才就在身边"的理念，要从我们身边去发现人才、培养人才、使用人才，特别是要把我们的专业出版人才培养成适应互联网市场的新型复合型人才。"人还是那些人，人已不是那些人。"这或许就是出版业的人才建设之路。

其次，要在实践中培养人才。优秀的人才都是从实践中涌现出来的，都是在战场中锤炼出来的，所以我们要树立"将军是打出来的"观念，把"圈养"改为"放养"，把我们的队伍放到广阔的出版大市场去提升素质，放到与互联网企业的竞争中去历练能力。只有这样，出版人才队伍才顶得住压力，扛得住风雨，才能承担起出版业创新发展、转型发展的重任。

最后，要善于利用机制留住人、用好人。在这个问题上，存在一个比较普遍的观念，就是所谓感情留人、待遇留人、事业留人。但我认为，这些都靠不住。感情只能管一时；待遇是一个相对的东西，如果待遇不公，就留不住人才；就事业而言，如果没有一个公平竞争的机制，干得好的人不如关系处得好的人，也留不住人才。所以，与其用感情留人、待遇留人、事业留人，还不如靠机制留人。要用好人、留住人，从根本上说，要靠机制。

后 记

　　本书是我 2016 年以来在振兴四川出版过程中的一些研究文章、媒体访谈和内部讲话的一个杂烩。把体裁各异的文章集结在一起，有两个维度，一是聚焦振兴四川出版，辑录的都是有针对性地讨论、研究振兴出版的文章；二是基本按照时间顺序来编排这些文章，从这个时间顺序，读者可以看到文轩出版是怎么一步一步朝前走的。所以，尽管本书所收文章体裁各有不同，主题却是集中的，是这几年振兴四川出版历程的一个反映。书写出来总是给人读的。选编的两个维度决定了这本书不是给一般读者看的，因为它缺乏可读性。这是一本专业图书，是给出版业业内人士看的，是给对出版发展有情怀有思考有研究的人读的。

　　记得 2015 年年底，我到新华文轩了解了文轩出版的状况后感到十分揪心。2016 年，四川省委提出"振兴四川出版"战略，这给了新华文轩一个巨大的发展机遇。作为新华文轩的董事长，我站在一个特殊的角度，理所应当要有更多的思考，承受更多的压力。特别令人自豪的是，振兴出版有了一个完美的开局。短短几年时间，四川出版发生了根本性的转变，已经立于时代的潮头，这不能不说是一个奇迹。四年振兴出版是文轩人共同的记忆。文轩人为振兴出版而努力奋斗的日日夜夜，无论是艰辛的探索实践，还是奋发的精神面貌，都是每个文轩人值得铭记的历史，也理应成为当代中国出版史的宝贵财富。

看得见多远的过去，就能走得到多远的未来。总结成绩，是为了让我们走得更有底气，更有信心；看到问题，是为了让我们走得更加稳健、更为遥远。振兴出版是一场长跑，是持久战。在四川出版的发展历程中，振兴出版这四年只是一个片段。但开始要有好的状态，起跑很重要。我们很幸运，开始阶段的状态不错。欣慰之余，我们也要清醒地看到存在的问题，留下的遗憾。这些不足与遗憾，既是期许，也是下一阶段需要思考的问题，也可以作为未来努力的方向。我们现在所做的，更多是为未来的发展奠定一个基础。

做出版的人，其实一直都在做着两件事：一是记录，二是传播。文轩振兴出版的历程不是一马平川，背后是一个个鲜活的"故事"，里面既有迷茫、冲突，又有行动、结局。这些"故事"既有关于公司的，也有关于业务机构的；既有关于一件事情的，也有关于一群人的。这些"故事"可以说是带着我们振兴出版的"土味"。这些"故事"可以反映文轩振兴出版"原生态"的工作状态；透过这些"故事"我们可以看到思路咋个想的、事情咋个做的。所以，有人提出，振兴四川出版的这段历程不应该尘封于历史，不应该只是静静地立在文件夹里，躺在抽屉里，而应该梳理出来，让人了解、供人批评、催人向前。我接受这个意见，把这段历程以文集的形式记录下来。或许对未来，这是一份有益的甚至是难得的史料，因为振兴出版还要继续下去，研究和思考也要更加深入。

2008年，我在《时代呼唤更多的出版家》一文中说："出版的功能是传承。我们的出版工作者在传承文化、传承历史的同时，也应该很好地把自己的经验和主张通过出版的方式传承下去。这是一代又一代出版人的责任。"整理出版此书，也算是尽到了一个出版人的责任。

振兴四川出版，必须提到一个人，那就是四川省委常委、宣传部部长甘霖同志，是他提出"振兴四川出版"的号召，并将振兴四川出版上升到省委文化强省战略的高度。不仅如此，甘霖同志身体力行，深入出版社研究分析问题，指导工作。以我在四川文化圈子里几十年的经历，我还少有见到一个省部级领导对出版事业的发展如此上心，又如此熟悉。没有甘霖同志的重视和支持，不可能有四川振兴出版的显著成效。老实说，看到身为高级领导的甘霖同志那么认真，我们也大受激励，定当更加认真。毛主席那句话说得好，世界上怕就怕"认真"二字。只要认真，大家都下深水，苦干加巧干，就不愁没有好的结果。

2020年的春节注定是不平凡的。在这个特别的春节里，我们正在经历一场没有硝烟的战争。新型冠状病毒肺炎改变了我们的假期生活状态，居家让我们停下了脚步。比起平日，我们有了更多的时间去学习、去思考、去总结。对我来说，我也有了更多时间去完成课题研究，并把振兴出版过程中的资料整理出来，汇编成书，盛装我们共同走过的那段历程，于是就有了这本《出版沉思录：振兴之路》。

顺便说说，用《新时代出版业高质量发展若干问题思考》一文作为本书代自序，是想借用这篇文章的主题表达一个意思：振兴出版的过程，其实就是我们推动出版业高质量发展的过程。

特别感谢老领导柳斌杰为本书作序。

最后，还要感谢赵学锋、刘定国、张纪亮、杨稀贵、孟庆发、李润权、杨锐等同志为此书的资料收集整理、编辑出版所做的大量工作。

鉴于认知局限，本书内容定有不少错讹之处，望业界朋友和广大读者批评指正。

何志勇

2020 年 2 月 15 日